GRAFOLOGIA PARA TODOS

Dados Internacionais de Catalogação na Publicação (CIP)
(Câmara Brasileira do Livro, SP, Brasil)

Xandró, Mauricio
Grafologia para todos / Mauricio Xandró ; | tradução Ruth Rejtman |. — São Paulo : Ágora, 1998.

Título original: Grafologia para todos.
Bibliografia.
ISBN 85-7183-538-1

1. Grafologia I. Título

98.0326- CDD-158.1

Índices para catálogo sistemático:

1. Grafoanálise : Psicologia aplicada 158.1
2. Grafologia : Análise da personalidade : Psicologia aplicada 158.1
3. Grafologia : Psicologia aplicada 158.1

GRAFOLOGIA PARA TODOS

Mauricio Xandró

ÁGORA

Do original em língua espanhola
Grafologia para todos

Tradução:
Ruth Rejtman

Revisão Técnica:
Paulo Sergio de Camargo

Capa:
Nelson Mielnik

Editoração Eletrônica:
Acqua Estúdio Gráfico

Editora Ágora Ltda.
Rua Itapicuru, 613 – cj. 72
05006-000 – São Paulo, SP
Telefone: (11) 3872-3322 Fax (11) 3872-7476
http://www.editoraagora.com.br
e-mail: agora@editoraagora.com.br

Palavras do autor

Foi para mim uma grande alegria a publicação no Brasil de minha obra *Grafologia para todos*. É um texto atual, que está servindo para os cursos de primeiro ano, e é de fato um *Estudo morfológico da escrita*, ao mesmo tempo que uma obra de introdução ao tema.

Qualquer pessoa que quiser saber em que consiste a grafologia encontrará nesta obra uma resposta clara e documentada, que será a primeira pedra do edifício mental grafológico.

Os atuais grafólogos espanhóis iniciaram os primeiros passos por meio deste livro, uma vez que nosso método de ensino é o mais concreto e divulgado em nosso país e nos países irmãos, que incluem a América Latina e o Brasil.

Espero que, agora, os estudantes brasileiros possam adquirir a nossa obra de iniciação mais moderna, sem as dificuldades que uma importação da Espanha acarretaria.

Agradeço ao sr. Paulo Sergio de Camargo e à Editora Ágora que se interessaram pelo meu livro e o verteram para o português.

Novembro de 1997
Mauricio Xandró

À memória do professor-doutor Bonifácio Piga Sanchez-Morate, da Real Academia de Medicina, ex-diretor da Escola e Cátedra de Medicina Legal, vice-decano da Faculdade de Medicina (Complutense), agradeço em nome da Grafologia espanhola, que ajudou a dar os primeiros passos pela Universidade.

A todos os professores que divulgam nosso método com êxito, aos alunos que nos acompanham ano após ano, como homenagem à sua fidelidade e entusiasmo. E a todos aqueles que o lerem, pois para eles escrevi este livro.

Maio de 1993

Sumário

Apresentação à edição brasileira

Talvez a maior honra que um discípulo possa ter na vida é apresentar uma obra de seu mestre.

O professor Mauricio Xandró deu-me o grato privilégio de mostrar ao público brasileiro o livro *Grafologia para todos*.

A profícua obra de Xandró nos leva a mais de 23 livros e uma vida dedicada à pesquisa, ao aprimoramento e à divulgação da grafologia como ciência que visa a aperfeiçoar o ser humano. Nesse caminho, o professor expande sua obra por dezenas de países, em especial os de língua latina.

As pesquisas de Xandró têm o caráter inovador e são sempre motivo de citação de renomados pesquisadores. Convém lembrar que seus pioneiros estudos das teorias de Adler e as correspondências grafológicas são fonte de referência para grafólogos de todo o mundo.

O mestre também nos brindou com seu Sistema de Reforçantes, que dinamiza e nos dá maior precisão no estudo dessa ciência.

O livro *Grafologia para todos* é um marco, quer pela maneira simples, direta e eficiente como é escrito, quer por trazer novas luzes na pesquisa da Grafologia Indutiva Alfabética, quando estuda de maneira primorosa a letra D.

Trata-se de obra obrigatória na estante do profissional e do iniciante. Porém, o que mais impressiona no professor Xandró não são seus profundos conhecimentos de grafologia ou sua biblioteca particular com mais de cinco mil títulos a respeito do tema e, sim, a preocupação com o desenvolvimento do ser humano.

Em sua breve estada no Brasil, em 1994, mostrou-se inteiramente a par dos problemas de nosso país e ciente das responsabilidades que todos temos para com o próximo.

Mais do que um livro de grafologia, tenho a felicidade de apresentar aos leitores brasileiros uma parte da brilhante obra de um humanista e cidadão do mundo.

Paulo Sergio de Camargo
Grafólogo, especialista
em recursos humanos

Prólogo à 7ª edição espanhola

Alegra-nos saber que a sexta edição deste livro tenha se esgotado em poucos anos, sinal de que continua vivo e despertando interesse em leitores espanhóis.

A primeira edição foi posta à venda em 1972 e, em 1982, editada três vezes em Madri, Barcelona e Bogotá. Agora trabalhamos com nossa própria editora e estamos satisfeitos com o ritmo de venda que esta obra vem apresentando.

Na verdade, os centros de ensino que adotam nosso método têm aumentado muito – Alicante, Barcelona, Bilbao, Córdoba, Coruña, Orense, Osuna, Palma, Pontevedra, Valência, Vitória e Zaragoza –, e considerando-se apenas os centros diretamente autorizados pela Sociedade Espanhola de Grafologia, que lhes confere o diploma correspondente. Se levarmos em conta os alunos que executam nosso método de forma clandestina, plagiando-o descaradamente, o resultado é que metade da Espanha segue os ensinamentos derivados de nossa metodologia.

Também os países da América Latina e Brasil estão utilizando como guia tanto este livro como *Grafologia superior* em seus ensinamentos, conforme pudemos comprovar por meio de relatos espontâneos de professores e pessoalmente em nossa viagem ao Brasil. Já assinamos contrato para publicação desta obra em português.

Nossos livros mais populares são os que foram traduzidos em primeiro lugar, como ocorreu com o *Grafologia elementar*, que pode ser encontrado em inglês e português.

Uma das maiores aspirações de um autor é ver sua obra traduzida e vendida e a outra é continuar no mercado, publicando uma edição após a outra, o que comprova que tudo o que foi escrito continua em vigor.

No final do livro acrescentamos uma relação de grafólogos hispano e sul-americanos. Se algum deixou de ser mencionado, por favor, mandenos o nome que o incluiremos futuramente nas próximas edições.

O autor continua por trás de sua obra. Qualquer comentário, esclarecimento, dúvidas ou curiosidades podem ser comunicados ao meu endereço postal: 40.099 de Madri – 28080.

Madri, março de 1977
Mauricio Xandró

O teste grafológico

Além das palavras do grande psicólogo francês, preocupado em avaliar a inteligência, que são o melhor preâmbulo para esta obra, começarei o primeiro capítulo com frases de Ludovic Carrau:

"Se todo mundo sabe que os diferentes traços de caráter se manifestam em cada pessoa por gestos determinados, por que não devem ter valor representativo os movimentos ou gestos limitados que aparecem nos traços de nossa pena ao escrever?"

É verdade que o grafólogo é capaz de desvendar o segredo dos pequenos movimentos da pena e deles deduzir a personalidade de quem os traçou.

Podemos dizer que a grafologia ou ciência da escrita – utilizando uma linguagem moderna – é um profundo e exaustivo teste de personalidade, sem que com esta expressão esgotemos as possibilidades ou as limitemos a isso unicamente.

Por isso, a grafologia exalta a imaginação dos pesquisadores, e a psicologia experimental que sempre olhou a grafologia como um irmão menor, esfarrapado e incapaz, começa a vê-la em sua justa dimensão como companheiro mais velho e digno, hábil, útil, inclusive capaz de dar-lhe a mão e colaborar para que juntos consigam resolver os muitos problemas que se apresentam ao querer abarcar a alma do homem. E fazem bem em confiar nesse meio, porque a grafologia pode dar à psicologia uma nova visão e enfoques inéditos graças a seu sistema eficaz e de simples aplicação. Devemos pensar que o ato de escrever, regido pelo cérebro, traz à tona, de forma direta, manifestações subconscientes surpreendentes. Mas não apenas o cérebro influi no ato de escrever, como também o sistema nervoso e circulatório, responsáveis por transtornos somáticos, deficiências viscerais etc. O ato de escrever, quando realizado mecânica e espontaneamente, no homem adulto, reflete sua interioridade. Portanto, é o caminho para descobrir primeiro a personalidade do autor; depois, sua saúde mental e física.

Posso confessar que não encontrei nem conheço nenhum sistema psicológico isolado, nem bateria de testes, que possam penetrar tão profundamente na pessoa, com tantas possibilidades e garantias de acerto como a grafologia.

Alguns psicólogos dizem que a grafologia não existe, que existem grafólogos – somente alguns –, pois a grande maioria deles não é capaz de penetrar na mente do homem.

Esse argumento pode ser usado contra qualquer ciência, porque acredito mais no psicólogo sem testes do que nos testes sem psicólogo. Se a isso juntarmos os aficionados que proliferam pelo campo grafológico, que se contentam em ler um livro e elevar-se à categoria de mestres, teremos muitos dos males desta ciência sem proteção.

A grafologia é um método de investigação que possui diversas escolas. Algumas, imperfeitas. Mas não se pode culpar a grafologia do que é comum a todos os ramos do conhecimento humano. Não há dúvida de que há pessoas, em primeiro lugar, mais capazes ou com maior aptidão para esse ramo; em segundo lugar, com maior conhecimento ou com mais prática, e outras, ainda, que usam métodos de pesquisa à altura dos tempos atuais.

Há vários anos venho me ocupando da grafologia, e mais adiante relatarei como isso aconteceu. Pensei em minhas limitações e deduzi que minha visão do ser humano seria subjetiva e incompleta. Não é verdade, pois o gesto gráfico é mais imparcial quando não executado diante do indivíduo que pode nos influenciar. Eu estava acostumado a conhecer o homem por meio de entrevistas, e me pareceu impossível chegar até ele, sem estar em sua presença.

O que está acontecendo comigo é o mesmo que acontece com um alpinista que almeja chegar ao topo da montanha que vê da sacada de sua casa, e que torna pequena a cidade onde vive. Porém, uma vez que atinge essa altura, entrevê ao longe novos horizontes, mais altos e mais agradáveis, que estimulam sua vontade de saber mais. E quando chega às metas tentadoras que via ao longe, novas alturas o desafiam.

Quando se aprende e se domina um sistema grafológico de um dos mestres existentes na Espanha ou em outros países, consideramos atingida uma das etapas, o cume seguinte que nos desafiava e nos tentava. Mas isso não é mais que o primeiro passo na ascensão de uma ciência que está começando, apesar de já ter completado um século de sua fundação.

Depois, ao ver outras elevações ao redor – outros sistemas ou escolas –, tratamos também de alcançar essas metas e dominamos uma série de princípios diferentes que ampliam nosso campo de visão e nos possibilitam novas descobertas. Mas algo mais importante ocorre dentro de nós quando começamos a entrever *algumas leis gerais de interpretação*.

Então, achamos que alguns dos princípios aprendidos de uma ou outra escola não se encaixam nessas leis gerais e se prestam a um trabalho de fortalecimento, dentro da lei, que confirmam os erros do princípio aprendido. E esta já é nossa terceira ascensão grafológica.

Após o terceiro ápice, achamos que descobrimos um terreno virgem, porque podemos tanto confirmar como negar aquilo que intuímos. Novos caminhos tentadores se descortinam, e estamos diante de um ponto apaixonante. É quando se inicia o que existe de verdadeiramente sugestivo nessa aventura. O leitor estará comigo, pois é uma experiência surpreendente tentar entrever a personalidade humana, baseando-nos nos traços das letras.

Assim, simplesmente, esbocei meu caminho nessa ciência-arte.

Aquele que quiser chegar lá e pretender usar este método não deve pensar em dedicar-lhe pouco tempo, nem se considerar mais inteligente do que os outros. Nos caminhos que levam ao conhecimento grafológico encontramos muitos grafólogos desistentes. Não adianta ser psicólogo ou médico, nem ler muitos livros ou assistir a conferências para tornar-se grafólogo. A grafologia deve ser vista como uma carreira de nível superior, à qual devemos dedicar grande empenho. Em caso de dúvidas, leia novamente o caminho por mim percorrido. Para ser grafólogo não basta seguir um único sistema, mesmo que com ele se possa chegar a entrever a personalidade humana. A grafologia é um método de introspecção, que exige muito trabalho, abnegação, humildade e companheirismo.

Honestidade e companheirismo são qualidades fundamentais aos que se dedicam a ensinar e a fim de que possam trocar experiências e pesquisas que irão projetar luz para muitos.

Em *Grafologia para todos* pretendo ensinar o caminho para se chegar ao ápice da profissão de grafólogo.

Não direi, como um charlatão, que "qualquer pessoa está capacitada", mas que é um método interessante, que ajuda a clarear as idéias, a não contradizer sistematicamente o que se ignora, além de permitir que se tente a sorte porque você, precisamente, pode ser um dos que, no futuro, abrirão novos caminhos ao conhecimento grafológico.

PRIMEIRA PARTE
INTRODUÇÃO AO TEMA

Sinto que a grafologia, *desenvolvendo-se como uma planta silvestre, já deu belos frutos, merecendo que futuramente lhe seja aplicada uma cultura mais racional. É uma arte do porvir.*

(Alfredo Binet, em 1900, quando submeteu à prova a grafologia representada por Crépieux-Jamin e colegas. De sua obra *Grafologia e ciência*, que reúne esta experiência.)

Movimentos grafológicos

Quero ser objetivo e desejo não utilizar muito espaço para detalhar a história da grafologia. Creio que o que pode interessar ao estudioso, mais do que as minúcias dos aspectos históricos e anedóticos da questão, é o momento e o autor de descobertas transcedentais no desenvolvimento dessa ciência.

Quero que aqui constem os nomes de todos aqueles que trouxeram algo a esta luta desigual para consolidar um método, para acabar com o mistério e o improviso das primeiras descobertas, para solidificar os conhecimentos, chegar a leis gerais de interpretação que são o verdadeiro caminho para a formação de escolas e métodos.

A primeira pedra do edifício histórico da grafologia foi assentada por Camilo Baldi que, em 1622, publicou o primeiro tratado impresso, em Bolonha.

Na França foi fundada uma escola grafológica, que recebeu os primeiros conhecimentos do abade Flandrin e do verdadeiro fundador do método grafológico, o abade Jean Hippolyte Michon (1806-1881). Michon é o verdadeiro fundador do método grafológico, e de sua escola procedem todos os movimentos grafológicos, com exceção da escola italiana do padre Moretti. Seus discípulos fundam as mais importantes escolas do mundo: a francesa moderna, a alemã, a inglesa e a norte-americana.

Na França, um grupo de cientistas da escrita, entre os quais se destacaram Jules Crépieux-Jamin e Solange Pellat, elevou a grafologia a ciência, modificando e evitando alguns dos erros de Michón, considerando a superioridade ou a inferioridade do grafismo como ponto de partida para a interpretação.

Na Alemanha, o grande caracterólogo Ludwig Klages chega a conclusões gerais semelhantes, propondo o sentido positivo (+) e negativo (–) de um grafismo para chegar à sua interpretação. Faz muitas contribuições caracterológicas e é pioneiro e fundador da Escola Grafológica Alemã.

Na Suíça, Max Pulver consolida os princípios desses antecessores, projetando uma nova luz na interpretação ao descobrir o áureo caminho dos símbolos que explora de forma sistemática: símbolos do papel, dos gestos etc.

Há uma escola, digamos, separada, que procura seu próprio caminho. É a escola do padre Girolamo Maria Moretti, que demonstra um novo sistema e uma nova classificação de sinais que revaloriza e compara, aperfeiçoada depois pelo padre Lamberto Torbidoni. Este pode ser considerado o movimento clássico italiano, adaptado e atualizado.

Outro avanço importante no campo grafológico é o que se registra na Alemanha com os trabalhos de Rafael Schermann, que causam um verdadeiro alvoroço nos meios grafológicos, já que este sábio e minucioso pesquisador pretende demonstrar que se pode chegar ao subconsciente pelo gesto escritural. É ignorado e considerado louco. Seu seguidor, Curt A. Honroth, emigra para a Argentina, onde se estabelece e forma uma equipe com o dr. Ribera e o professor Zarza, desenvolvendo e aperfeiçoando a descoberta de Schermann.

Dessa maneira, o leitor tem uma visão panorâmica dos movimentos mais importantes no campo das descobertas grafológicas universais.

A grafologia começa quando Camilo Baldi publica, em Bolonha, um livro sobre *Como conhecer por uma carta manuscrita o caráter e a natureza do autor*.

Fiandrin e outros ilustres religiosos fundam uma escola grafológica nos arredores de Paris.

Michon, homem de ampla cultura e entusiasmo, põe nome à ciência, funda a Sociedade Grafológica de Paris e publica várias obras sobre o tema.

Crépieux-Jamin e Pellat elevam a grafologia a ciência, classificando os grafismos e observando as leis dos movimentos.

Na Alemanha, Klages faz importantes contribuições.

Max Pulver aplica à interpretação a nova lei dos símbolos, símbolo do papel – campo gráfico que simboliza o tempo e o espaço –, texto, assinatura etc.

Moretti estuda o ângulo, a largura, a haste etc., para chegar ao caráter. Esses trabalhos de investigação oferecem um caminho a ser considerado. Na época atual, seu seguidor, o padre Lamberto Torbidoni, empreendeu a tarefa de perfilar melhor as interpretações.

A escola emocional, que procura nos movimentos quebrados repercussões emocionais, é fundada por Schermann e aperfeiçoada por Curt A. Honroth e seus colaboradores.

Como espanhol, também tenho vontade de comentar sobre a grafologia em minha pátria.

Há uma figura que se destaca por sua honestidade profissional e por anos de dedicação, pioneira do movimento grafológico espanhol e ibero-americano, seguida e respeitada por todas as escolas de língua castelhana, cujos discípulos não posso citar, pois é uma legião de autores os que se confessam seguidores dessa grande mulher que foi Matilde Ras. Atualmente, sua sobrinha continua o trabalho que ela começou.

Augusto Vels realizou um enorme trabalho de ensino, compilação, método, tanto na interpretação de traços como no caminho racional para chegar à descrição da personalidade. Hoje, é uma das figuras mais importantes do movimento grafológico de nosso país. Seus discípulos são madre Almela, Permuy Castañon etc.

Carlos Muñoz Espinalt multiplicou o número de obras sobre o tema, tanto por meio de seus próprios livros como os de seus discípulos. Os discípulos a que me refiro são: Francisco Lacueva, Adolfo Nanot Viayna e Mária Rosa Panadés.

Finalmente, nós mesmos, dentro do ambiente grafológico, criamos escola por meio das reforçantes.*

Este método tem a grande vantagem de formar uma série de grupos, nos princípios teóricos ou experimentais, que foram sendo testados e comparados, além da longa prática e a pesquisa detalhada. Foi principalmente o teste de Rorschach, o teste "Z" e as entrevistas pessoais, que mais confirmaram os acertos desse novo enfoque da disciplina grafológica.

De modo geral, esse é o caminho na Espanha e fora dela; essas são as escolas mais representativas e seus autores mais importantes. Ao final, na bibliografia sobre o tema, encontram-se citadas obras de estudiosos que não chegaram a formar escola, mas que figuram entre o cabedal de conhecimentos que um grafólogo deve ter em nossos dias.

O campo da investigação está aberto. É preciso continuar, mostrar nosso empenho, deixar aos demais, com honestidade, aquilo que conseguimos, pois o saber é patrimônio de todos e não pode ser enterrado como uma moeda estéril.

---

* Reforçantes: Eficiente sistema criado por M. Xandró para realização de análises grafológicas. (N.E.)

Foi meu propósito que essa breve e simples visão panorâmica servisse de guia ao leitor, além de proporcionar uma idéia sobre os homens que tornaram possível o grau de perfeição que hoje o sistema grafológico alcançou.

Igualmente, entre os grafólogos há falsos profetas que "predicam" métodos revolucionários que nos falam figuradamente, é lógico, de uma descoberta incrível, capaz de desbancar a velha e imprestável grafologia. Se não são homens de má-fé, são pobres ingênuos que esquecem os esforços sérios e sensatos que durante cento e poucos anos realizaram os pesquisadores de todo o mundo, em todos os níveis, no campo da pesquisa grafológica.

Somente na união das leis universais citadas, somente na reunião entre os investigadores de boa vontade está a verdade e a ciência. O charlatanismo e o desprezo pelos outros acabam se condenando a si mesmos.

O que podemos esperar do grafólogo?

Responderei rapidamente a essa pergunta com uma definição que se tornará clássica: o limite das possibilidades de interpretação está unicamente nos conhecimentos daquele que executa o trabalho.

Descrever a personalidade, e até onde, depende do sistema que adotamos, já que cada professor tem um, quase sempre formado pelas mesmas matérias-primas: os gestos gráficos e sua combinação.

A excelente grafóloga belga A. M. Cobbaert propõe uma descrição muito útil da personalidade, que se refere a determinados elementos classificados em três esferas, que ela denomina assim:

Esfera intelectual: que agrupa os sinais de cultura, a rapidez, as formas de memória, o tipo de visão etc.;
Esfera do caráter: na qual se reflete tudo o que corresponde à extroversão, à introversão, à emotividade, à vontade, à vitalidade etc.;
Esfera social: mostra a forma de suas relações com os outros, a sinceridade, a consciência no trabalho, a eficácia etc.

O que se torna evidente é que cada grafólogo deve preparar seus estudos, seu material e seu trabalho de maneira a chegar ao resultado de forma devidamente organizada, que permita que a visão ou o perfil da personalidade sejam claros para a finalidade a que se propôs.

Matilde Ras, a grande mestra dos grafólogos de língua espanhola, propõe a seguinte ordem: *Inteligência*, *Vontade*, *Moralidade* e *Detalhes complementares*, o que supõe uma ampla organização da personalidade.

Cada grafólogo tem de organizar seu trabalho de forma a poder atingir sua finalidade. Mas essa finalidade pode variar, dependendo de sua meta. Cada grafólogo deve procurar com precisão a descrição da personalidade, seguindo uma pauta que o ajude a ver o indivíduo nos pontos que lhe interesse comparar.

Mas, precisamente por isso, não pode trabalhar à vontade, descrevendo a personalidade como se fosse um quebra-cabeças, senão que precisa dispor o material de modo que o leve a um perfil humano regular, ponderável, que pode inclusive ser avaliado em números, naqueles aspectos que interessam à nossa finalidade. Voltarei a esse tema para esboçar meu próprio método a respeito do perfil psicológico da personalidade.

Continuando, quero esmiuçar o conceito de que o grafólogo poderá chegar até onde lhe permitam seus conhecimentos. Quero deixar de lado a idéia admitida por alguns psicólogos de que a grafologia é uma ciência empírica por onde os grafólogos caminham, graças à sua intuição. Dizem que nossas conclusões são produto de irreflexões momentâneas, semi-telepáticas, intransferíveis, nas quais se sobressai mais a intuição do que a ciência. É verdade que aqueles grafólogos que querem ir além de suas possibilidades têm de usar esses recursos extra-sensoriais, cujas probabilidades de acerto são comparáveis a qualquer meio cabalístico. Mas eles – mesmo que assim pensem – não são grafólogos. A grafologia, assim como a matemática, necessita de um estudo morfológico, sério, científico, no qual nosso trabalho seja, depois, baseado.

Por isso, quero rebater o conceito das limitações grafológicas e das possibilidades e aplicações desta ciência.

O grafólogo científico experiente pode falar de:

- Sexo
- Idade
- Saúde mental
- Saúde física
- Temperamento segundo as descrições clássicas ou modernas
- Caráter
  - Inteligência
  - Vontade
  - Comportamento
  - Detalhes complementares
- Evolução da personalidade
- Conflitos psicológicos

Esses trabalhos e achados não representam tudo o que um grafólogo pode oferecer, pois referem-se apenas à sua capacidade de penetrar no indivíduo, com o objetivo de descrevê-lo e valorizá-lo, inclusive por intermédio de uma avaliação numérica.

Mas esse trabalho pode ir mais longe. Podemos aplicá-lo às diversas especialidades em que o homem precisa obter informações sobre os outros, e vou citar algumas das áreas a que o grafólogo pode dedicar-se:

- Na pesquisa histórica, pois por meio do procedimento grafológico a psicologia pode ser estruturada e julgada à luz dos modernos conhecimentos.
- É útil ao criminalista, pois o ajuda a compreender melhor o delinqüente, não só no campo caracterológico. São importantes os trabalhos de Crépieux-Jamin e Max Pulver nesse campo.
- Na área educacional – escritas infantis, aptidões latentes – e de orientação profissional, a grafologia está começando a destacar-se pelos resultados positivos da colaboração entre grafólogos e psicólogos ou educadores, que ajudam a avaliar a personalidade e suas possibilidades, por meio de novos pontos de vista.
- Nesse terreno convém acrescentar que a grafoterapia pode propiciar uma ajuda excepcional ao educador, pois o campo escritural lhe permite tentar modificar as condições de seus alunos.
- Na seleção de pessoal a grafologia vai muito longe, já que sua projeção abarca a personalidade total, antes de conhecer o candidato. Isso evita perda de tempo, possibilitando um conhecimento mais profundo dos que foram considerados os melhores, dos que já foram classificados e de quem podemos ter uma imagem mais clara na hora da entrevista e quando forem fazer outros testes.
- No noivado e no casamento podem vir à tona incompatibilidades que dificilmente seriam detectadas por outros meios e das quais pode depender a felicidade do casal.
- Os peritos calígrafos mais competentes estudaram grafologia. Entretanto, unicamente os métodos caligráficos não oferecem a amplitude de visão que se obtém com o estudo do indivíduo e sua personalidade.
- "Conhece-te a ti mesmo" é um dos pensamentos mais revolucionários, pois permite o conhecimento imparcial da personalidade, sem que seja necessária a presença do analisado, põe a descoberto suas falhas, seus problemas de personalidade e, muitas vezes, ajudam-no a superá-los. Para isso, os conhecimentos psicológicos do grafólogo são imprescindíveis.

As diversas aplicações da grafologia nos ajudam a conhecer a outra pessoa. Às grandes empresas interessa ter o maior número possível de informações sobre os empregados, representantes, clientes, a fim de que possam ser adequadamente motivados.

Há notícias que confirmam a utilização da grafologia durante a guerra para que pudessem conhecer o caráter dos generais e adotar táticas que surpreendessem o inimigo.

Temos utilizado a grafologia para verificar as possibilidades de vitória em competições esportivas, baseando-nos tanto na agilidade e força física, como no estado emocional do atleta perante a luta ou competição.

Tracei uma idéia desses diversos campos para responder às indagações que fiz a mim mesmo ao começar. No entanto, sabia de antemão que ao terminar teria de acrescentar algumas frases, pois o que acabo de escrever, me desculpem, é um jeito muito meu de ver as coisas, e não disse ainda em que a grafologia pode servir ao homem. Também auxilia o médico no diagnóstico de doenças psíquicas e somáticas. Serve ao educador para penetrar no subconsciente do aluno. E também para se conhecer o grau de culpabilidade diante de determinados acontecimentos.

Não posso descrever toda a abrangência da grafologia porque sempre deixamos de mencionar algo, mas é preciso deixar as dificuldades de lado e afirmar que:

"A grafologia é uma arma imprescindível para se penetrar no 'santuário' da personalidade humana."

Não importa se julgamos, estudamos, educamos, castigamos, combatemos. A grafologia sempre irá nos revelar os valores reais, as possibilidades, as limitações que nos levarão à meta a que nos propusemos, seja ela qual for.

E termino com as mesmas palavras que comecei: a grafologia não tem mais limitações do que aquelas impostas pela falta de conhecimento.

A escrita, melhor que a grafologia, é uma manifestação espontânea individual, um teste natural, cujas enormes possibilidades estão apenas esboçadas. É preciso seguir uma aprendizagem adequada, derrubar obstáculos, praticar sem esmorecer e especializar-se. Depois, pouco a pouco, uma luz dentro de nós surgirá. Veremos claramente tudo aquilo de que necessitamos para entrever o mistério da alma humana, que fica materialmente aprisionada nos pequenos gestos que a pena traça ao produzir esse fenômeno único na criação que somente o homem produz e que chamamos escrita.

SEGUNDA PARTE

OS OITO GRANDES GESTOS DA ESCOLA CLÁSSICA FRANCESA

Atualmente, são numerosos os pontos de partida pelos quais têm-se tentado esclarecer os traços diferenciais de cada indivíduo.

A grafologia *tem a vantagem de nos dar uma imagem fiel do indivíduo, feita por ele mesmo, sem intermediários e sem o risco da inibição e do nervosismo que toda prova psicotécnica produz, quando o sujeito se sente "examinado".*

(Augusto Vels, *Diccionario de la grafologia*, 1972, Cedel.)

Gestos gráficos ou morfologia

Da mesma maneira que gesticulamos e nos contraímos involuntariamente quando falamos ou nos movimentamos, assim a caneta nos trai, muitas vezes, gesticulando e acompanhando com nosso típico modo de escrever.

Avaliamos nossos gestos gráficos a partir das diferenças que eles apresentam segundo os padrões caligráficos As letras que fogem ao padrão podem ser consideradas largas, grandes, estreitas etc.

O ABC da morfologia é constituído pela série de gestos clássicos difundidos por Crépieux-Jamin e os modernos avanços no estudo de Símbolos, Gestos Gráficos, Assinaturas, Rubricas, e a análise das Letras Importantes devemos a Max Pulver.

O que chamamos de o ABC da grafologia clássica é formado pelo material que Crépieux-Jamin dispôs em sete grupos e que, modernamente, passamos para oito, conforme seguem:

- Dimensão da escrita
- A Arquitetura gráfica
- Estudo das linhas
- Tempo de execução
- Relevo dos traços
- A inclinação das letras
- Coesão das letras
- Estudo das margens

Completados, como já dissemos, pelos seguintes grupos morfológicos:

- Envelopes
- Gestos gráficos
- Símbolos mais importantes de tempo e espaço
- Valor da assinatura e rubrica
- Análise das letras isoladas

Nos capítulos seguintes irei detalhando a morfologia e as interpretações de cada variedade gráfica contida nesses grupos gerais.

O grafólogo deve dominar perfeitamente esse ABC clássico e sua moderna derivação simbólica, se quiser depois interpretar adequadamente a personalidade sem vacilar. Se se esforçar ao máximo nesse primeiro passo, não terá de adivinhar nada, não terá de guiar-se por impulsos espontâneos, pois se apoiará num método seguro que lhe permitirá descrever, sem erros ou temores, o perfil pessoal de cada analisado.

Qual o material mais adequado para um estudo grafológico? Sabemos que uma escrita é necessária, sim, mas qual a melhor?

O documento que contém mais elementos ponderáveis e que será submetido a uma série de normas ou leis perfeitamente compreendidas, e que levará a assinatura ou rubrica de quem escreve é, precisamente, a carta. Uma carta que contenha um texto, com assinatura e rubrica, é o elemento ideal.

Nem sempre é possível encontrar documentos que estejam feitos com aquelas penas de ponta de aço, que refletiam muito bem as mudanças de pressão e raspavam o papel quando a raiva se apoderava de nós.

Temos de nos guiar pela suave e traidora bolinha da caneta esferográfica que encobre muitos dos movimentos e facilita a rotação, somente restando a força da pressão a que está sujeita a forma da escrita. Sobre superfícies duras diminui a impressão do sinal gráfico.

O papel sem pautas é preferível ao pautado.

Quanto ao texto, o mais adequado é o espontâneo, feito sem preocupações com normas ou correções. Como complementos podem-se usar ditados ou cópias, apontamentos e qualquer outro material escrito.

Mas o material principal deve ser uma carta de duas folhas, com a assinatura e rubrica de quem se submete à prova.

A carta é um documento que nos obriga, primeiro, a fazer um cabeçalho, margeá-la depois e nos dirigirmos de forma protocolar a uma outra pessoa. Nessas obrigações vemos a cultura, a cortesia, a distinção e a ordem de quem escreve.

Se consideramos os símbolos de tempo e espaço, vemos como o papel é aproveitado, se o escritor se situa cordialmente ou distante, se se reafirma ou se contradiz ao assinar etc.

Com uma só escrita vemos somente o momento psicológico de quem escreve. Para se ter uma visão panorâmica, precisaremos de documentos de outras datas para podermos separar o que é acessório dos traços típicos e perduráveis do caráter. Assim, com uma carta manuscrita que contenha assinatura e rubrica podemos traçar perfis aceitáveis da personalidade.

A SUPERIORIDADE DE CRÉPIEUX-JAMIN E O SENTIDO POSITIVO DE KLAGES

Em 1871, quando surgiu a grafologia, o abade Jean Hippolyte Michon iniciou seus trabalhos com duas teorias – entre outras –, que mais tarde cairiam por terra mediante uma comparação mais séria:

a) o valor fixo dos traços em sua interpretação;
b) a ausência de um traço oculta a ausência da virtude ou o defeito que representa.

Crépieux-Jamin, na França, e Klages, na Alemanha, simultaneamente, descobrem que os traços não podem ter uma interpretação igual em todos os casos. Os defeitos e as virtudes não são os mesmos, nem nas pessoas cultas, nem nos incultos.

Também não é verdade que a ausência de um traço signifique precisamente a ausência de uma virtude ou de um defeito. Se já os primeiros grafólogos que nos precederam – Crépieux-Jamin e outros, seguindo um sistema de resultantes (misto de significados) – chegaram a descobrir o erro dessa afirmação, quanto mais nós, que exigimos a união de uma série de traços e sinais para chegar a uma síndrome que *sempre deve ser o resultado da soma de vários elementos* representativos. Por isso, já sabemos que o valor de um só traço, salvo raras exceções, não revela mais que uma direção, nunca um conteúdo psicológico. Assim, essa segunda afirmação de Michon não tem fundamento.

Neste capítulo, quero ensinar a forma de proceder na interpretação psicológica, partindo dos grupos e do resultado a cada classe de gestos: tamanho, forma etc.

Tenho utilizado os sinais + (Mais) e – (Menos). E entendo que o sinal mais (+) esteja revelando o sentido positivo do grafismo; as interpretações que se agrupam sob essa cruz serão aplicadas unicamente às pessoas cultas e de alto nível, portanto, a utilizaremos quando a pessoa analisada revelar sinais de superioridade em sua escrita. Por outro lado, tudo o que menciono sob o sinal menos (–) é para ser aplicado a pessoas cuja escrita revela sinais de inferioridade.

Resta um terceiro grupo (+ –). Este sinal apresenta uma interpretação genérica – a mais segura –, que serve tanto para pessoas de nível mais alto como para as de nível mais baixo. Fica claro, assim, que o primeiro grupo de interpretações, sob o duplo sinal (+ –), é geral para todos.

Nos casos em que tivermos dúvidas, deveremos nos ater ao que agrupamos como (+ –) , pois têm oferecido maiores garantias de acerto num maior número de casos. De qualquer maneira, deve-se levar em conta o valor relativo dos sinais e o papel que as reforçantes representam em todas as interpretações.

Para Klages, o sinal (+) manifesta o sentido positivo na escrita. Para Crépieux-Jamin, indica superioridade. Superioridade e sentido positivo são dois termos análogos e que desempenham uma função muito similar na interpretação, mas que se descobre na escrita por caminhos diferentes. Isso prova que ambos os investigadores não se plagiaram no método e que viram, ao mesmo tempo, a necessidade de atribuir um valor fixo aos traços.

Em breve vamos estudar a forma de determinar se uma escrita pertence a uma pessoa instruída ou inculta. E vamos ver o que ambos os professores dizem a respeito.

Método de Crépieux-Jamin

(Detalhado mais amplamente em minha obra *Grafologia elemental*)

Trata-se de estudar os elementos que correspondem à **superioridade-inferioridade** em geral, que é o que nos interessa agora. Jules Crépieux-Jamin detalha depois as diferenças entre **superioridade-inferioridade** tanto no plano intelectual, volitivo e moral, estudo que não interessa agora, já que o conceito de **superioridade-inferioridade geral** é suficiente para podermos aplicar às interpretações. Em geral, existem cinco grupos de síndromes que nos guiam:

Superioridade (+)	Inferioridade (–)
Atividade	Inatividade ou preguiça
Sensibilidade	Frieza ou insensibilidade
Moderação	Paixão ou falta de controle
Simplicidade	Complicação
Distinção	Mau gosto, grosseria

Seguramente, esses podem ser considerados os principais elementos da personalidade. É curioso que tanto Le'Senne como uma série de pesquisadores, entre os quais figuram Crépieux-Jámin e Corman, além de Augusto Vels, citem e considerem sempre na avaliação da personalidade os conteúdos da **atividade**, **sensibilidade** ou **emotividade**. Mesmo não estando de acordo com as classificações caracterológicas, temos de reconhecer a importância que foi dada a esses elementos que também encontramos agora neste livro. A seguir veremos os traços da escrita que correspondem a cada um dos cinco aspectos positivos e negativos:

SUPERIORIDADE OU SENTIDO POSITIVO DO GRAFISMO

Atividade: Letras, inclusive pontos e acentos, ligadas à letra seguinte. Traçado rápido e ascendente. Mistura de ângulo e curvas. Pingos do "i" e cortes do "t" preferivelmente normais, firmemente traçados e situados ligeiramente à direita.

Sensibilidade: Vibração das letras quanto a diferenças no grau de inclinação. Diferenças de tamanho, de direção. Nas pessoas emotivas, a pressão às vezes é leve, pouco apoiada, e o traçado é, preferencialmente, inclinado. Predominam as curvas.

Moderação: Traço sóbrio, reto, moderadamente inclinado ou invertido. Os finais das palavras são curtos ou ausentes. Margens: a da esquerda normal ou pequena, mantendo a linha de cima a baixo. A da direita existe, mas é pequena e regular. Assinatura situada no centro, ligeiramente à direita ou à esquerda. Velocidade moderada.

Simplicidade: Maiúsculas de tamanho proporcional às normas ou ligeiramente menores. Simplificações. Espontaneidade no traçado.

Distinção: Escrita solta, maiúsculas ligeiramente elevadas, margens cuidadas, traçados em geral de bom gosto e com certa preocupação de clareza.

INFERIORIDADE OU SENTIDO NEGATIVO DO GRAFISMO

Preguiça ou inatividade: Linhas que caem. Traçado pesado e muito curvo. Barra do "t" fraca ou ausente. Lentidão no traçado. Letras pouco enérgicas e às vezes pouco legíveis.

Frieza ou insensibilidade: Geralmente, letras retas, de noventa graus. Predomínio da escrita angulosa. Monotonia, regularidade e ausência de movimentos inchados.

Paixão ou falta de controle: Letras muito inclinadas para a direita, tombadas, de mais de 135 graus. Escrita de velocidade precipitada e grandes movimentos da caneta. Maiúsculas unidas às minúsculas seguintes. Pingos do "i", cortes do "t" e finais das palavras longos e projetados para a direita. Margens: da esquerda, grandes ou aumentando progressivamente de tamanho; da direita, ausente e com letras que quase saem do papel. Assinatura situada muito à direita.

Complicação, presunção: Escrita alta e inchada nas maiúsculas, que aparecem muito trabalhadas e com mau gosto. O traçado normal é complicado.

Mau gosto, vulgaridade: Margens descuidadas, tanto à esquerda quanto à direita. Ausência de margens. Margens ocupadas com textos que se prolongam. Textos que se cruzam. Vulgaridade e lentidão na formação da escrita. Erros ortográficos e de redação, que aumentam essas características. Retoques exagerados. Formas rebuscadas e extravagantes.

Para encerrar este tema vou dar uma idéia do sistema que Klages emprega e que é detalhado admiravelmente por Augusto Vels em sua obra *Escritura y personalidad*, da Ed. Miracle.

Klages considera positiva uma escrita harmônica e rítmica: "Ritmo é contrário à monotonia, à regularidade mecânica, ao cronômetro e à repetição graduada".

"O ritmo é reconhecido pela distribuição do volume gráfico sobre o espaço em branco da página, na vibração do espaço entre o perfil das palavras" (Pulver). No equilíbrio, sem regularidade, de todos os aspectos gráficos, na "disciplina quase inconsciente, na submissão a uma ordem de esforço de uma cadência da marcha" (Trillat).

Eu aconselharia a quem quer descobrir o sentido positivo ou negativo do grafismo, revelado na harmonia, que gire a escrita, que a afaste um metro e a contemple fotografando, sem ansiedade nem angústia, o equilíbrio e a harmonia que existem entre o volume escrito e o fundo branco.

De qualquer maneira, seguindo um ou outro método ou o que melhor se adapte à sua personalidade, você poderá determinar em quais escritas existe o sentido positivo-superioridade (+) e em quais o negativo-inferioridade (–) e, então, aplicar as interpretações mais adequadas, de acordo com o que vem a seguir.

Dimensão da escrita

Começamos, agora, a estudar as diferenças do modelo caligráfico. Dizemos que uma escrita é grande quando ultrapassa a norma. Deve existir harmonia entre as maiúsculas e as minúsculas, e também entre as diversas partes da escrita.

Dizemos que a escrita é **Grande** quando o corpo médio, ovais, a altura do "i" minúsculo etc., for superior a 3,5 mm. A altura das letras "g", "d", "p", "b", por exemplo, seria de 3,5 mm, 1 cm, e 2 cm para a letra f que une a crista e o pé.

Convém esclarecer alguns pontos extremos. Chamamos de crista as partes que vão para cima, no "k", "h", "b" , "d", "l", "t" e a parte superior do "f", que tem uma prolongação para cima e para baixo, conforme representa a figura 1. Também as letras "g", "j", "p", "q", "y" e algumas vezes o "z" possuem pés na parte inferior – figura 2.

Entendemos por corpo médio os ovais, altura das letras "m", "n", "u", e a haste do "i". Veja figura 3.

h 1 cm.

Figura 1
Altura normal numa
crista de escrita grande.

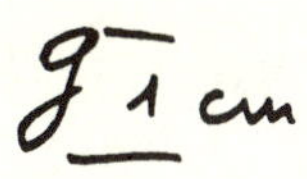

g 1 cm

Figura 2
Altura dentro da norma
com um pé de escrita grande.

A letra "f", ou em seu defeito de prolongamento da escrita total para cima ou para baixo, num módulo grande de corpo de 3,5 mm deverá ser de 2 cm (figura 4).

Figura 3
Normal, na altura do corpo médio da escrita grande.

Figura 4
Altura normal da letra "f" (crista e pé) na escrita grande.

A dimensão das maiúsculas deve ser três a quatro vezes o tamanho do corpo médio e podem alcançar a mesma dimensão da letra "f" minúscula, ou seja, para um corpo médio de 3,5 mm deve ser de uns 2 cm (figura 5).

Figura 5
Altura normal das maiúsculas na escrita grande.

Dentro da escrita grande, a medida pode duplicar-se em todos os aspectos, mas para ser corretamente interpretada o aumento terá de ser proporcional.

ESCRITA GRANDE, INTERPRETAÇÃO
(de 3,5 a 4,5 mm)

+ –	+	–
Extroversão	Grandes intenções	Orgulho
Visão global	Generosidade	Vaidade
Síntese	Entusiasmo	
	Confiança em si mesmo	

Escrita muito grande, interpretação
(+ de 4,5 mm)

+ –	+	–
Supercompensação do sentimento de inferioridade	Extroversão, vitalidade Generosidade, até esbanjamento	Megalomania Presunção

Escrita normal

A escrita normal tem um corpo médio que oscila entre 2,5 mm e 3,5 mm, que é a medida normal dos padrões caligráficos e não possui significado interpretativo.

A definição de escrita **pequena** pode ser considerada a que apresenta no corpo médio das minúsculas "m", "n", "o", "a", "i", tamanho menor que 2,5 mm. E os prolongamentos das cristas ou pés, 7 mm. A extensão das maiúsculas ou a soma das cristas e pés não ultrapassará 2,4 mm; no caso do corpo médio, 1,5 mm. Não obstante, para melhor compreender essas medidas, organizei um quadro de equivalências que se encaixa na norma proporcional dos cinco tipos de escrita: grande, muito grande, normal, pequena e muito pequena.

Escrita pequena, interpretação
(de 1,5 a 2,5 mm)

+ –	+	–
Introversão Detalhismo	Análise Observação Especialização	Mesquinhez Astúcia Horizontes curtos Miopia espiritual

Escrita muito pequena, interpretação
(– de 1,5 mm)

+ –	+	–
Minúcia, observação aguda. Leves falhas na vitalidade física	Senso de economia	Introversão que chega à neurose obsessiva Perde-se nos detalhes e não alcança a visão global

Quadro de dimensões normais

Correspondências e tolerâncias dentro da média espanhola e ibero-americana

GESTOS → PARTES ↓	MUITO PEQUENA	PEQUENA	NORMAL	GRANDE	MUITO GRANDE
CORPO CENTRAL (CC)	– de 1,5 mm	de 1,5 a 2,5 mm	de 2,5 a 3,5 mm	de 3,5 a 4,5 mm	+ de 4,5 mm
PÉS OU CRISTAS	de 2 a 3 vezes o cc	de 2 a 3 vezes o cc	de 2 a 3 vezes o cc	de 2 a 3 vezes o cc	de 2 a 3 vezes o cc
MAIÚSCULAS	de 3 a 4 vezes o cc	de 3 a 4 vezes o cc	de 3 a 4 vezes o cc	de 3 a 4 vezes o cc	de 3 a 4 vezes o cc
SEPARAÇÃO DE LINHAS	de 2 a 2,5 vezes o cc	de 1 a 2 vezes o cc	de 0,5 a 1 vezes o cc	de 0,25 a 0,50 do cc	de 0,10 a 0,20 do cc
SEPARAÇÃO DE PALAVRAS	de 1 a 2 vezes o cc	de 1 a 2 vezes o cc	de 1 a 2 vezes o cc	de 1 a 2 vezes o cc	de 1 a 2 vezes o cc
LARGURA DAS LETRAS	de 70 a 75% do cc	de 70 a 75% do cc	de 70 a 75% do cc	de 70 a 75% do cc	de 70 a 75% do cc
LARGURA ENTRE LETRAS	de 70 a 75% do cc	de 70 a 75% do cc	de 70 a 75% do cc	de 70 a 75% do cc	de 70 a 75% do cc

Se observarmos a altura, encontraremos as escritas **sobreerguida**, quando for mais alta que larga (figura 6) ou bem **rebaixada**.

Figura 6
Grafismo de Don Felipe V. Alto, grande, sobreerguido. É um tipo de escrita que mostra realeza.

Existe desproporção entre o corpo médio da escrita, oval, **m**, **n**, **u** e os prolongamentos superiores das cristas e pés (figura 7).

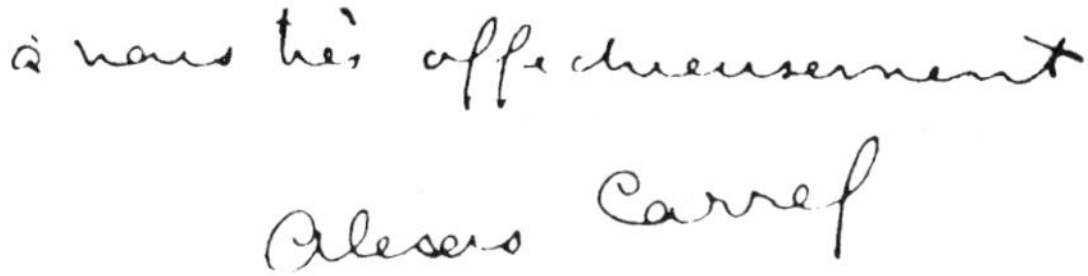

Figura 7
Grafismo do dr. Alexis Carrel, Prêmio Nobel de Medicina. Escrita rebaixada, pequena, na qual as proporções altas ou baixas não chegam à tolerância estudada.

ESCRITA SOBREERGUIDA, INTERPRETAÇÃO
(+ alta que larga)

+ –	+	–
Orgulho	Consciência do próprio mérito	Altivez
Distinção	Independência	Menosprezo
		Despotismo
		Rebeldia velada
		Exaltação
		Vaidade

ESCRITA REBAIXADA, INTERPRETAÇÃO
(Cristas e pés menores que a norma)

+ –	+	–
Modéstia	Humildade	Resignação
		Depressão
		Astenia
		Inibição

No grafismo podemos encontrar as variantes de tamanho **uniforme** dentro da palavra **crescente** e **decrescente**.

ESCRITA UNIFORME, INTERPRETAÇÃO
(= tamanho na palavra)

+ –	+	–
Naturalidade	Franqueza	Rotina
Constância nos afetos	Prudência	
	Apego e fidelidade às idéias	

ESCRITA DECRESCENTE, INTERPRETAÇÃO
(Vai de + a – na palavra)

+ –	+	–
Delicadeza	Habilidade	Impenetrabilidade
Observação		Dissimulação
Dedução		Ironia

ESCRITA CRESCENTE, INTERPRETAÇÃO
(Vai de – a + na palavra)

+ –	+	–
Credulidade	Diz o que pensa	Falta de tato
Assombro	Candura	Exagero
Indução	Inocência	Imprudência

Escrita **uniforme**, veja a Figura 7. Escrita **decrescente** é a que corresponde à assinatura de Azorín (figura 9) e **crescente**, a do tenista Manuel Orantes (figura 10).

Figura 8
Assinatura de Jorge de Bagration, corredor de automóveis, que classificamos como escrita pequena.

Figura 9
Grafismo de Azorín, considerado um exemplo de escrita *decrescente*, própria do grande observador que ele foi.

A seguir verificaremos na escrita do grupo **dimensão** quatro variantes que analisam o grau de largura da escrita e o grau do espaçamento das linhas.

Figura 10
Assinatura do grande tenista Manuel Orantes, que faz uma escrita *crescente*.

Elementos que contêm importantes interpretações no que diz respeito à confiança em si mesmo, no primeiro caso, e ao aproveitamento do tempo, economia ou esbanjamento, no segundo, com uma série de concomitâncias.

A escrita *Larga* ou *Ampla* é mais larga ou extensa do que alta, conforme figura 11.

Figura 11
Grafismo do ator Francisco Valladares, de letras largas no sentido positivo, sinônimo de confiança em si mesmo.

Escrita larga, interpretação
(Estendida na horizontal)

+ –	+	–
Confiança em si	Calma	Ênfase nos estilos
	Altivez	Presunção vaidosa
	Prodigalidade	Caráter temerário
	Amor ao conforto	Precipitação
	Generosidade	Afetação
	Cordialidade	
	Benevolência	

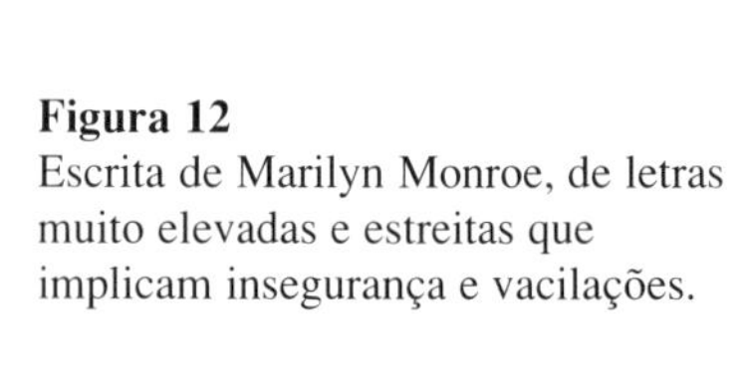

Figura 12
Escrita de Marilyn Monroe, de letras muito elevadas e estreitas que implicam insegurança e vacilações.

Escrita estreita é aquela em que as letras de uma da palavra se estreitam, se condensam com medo de ocupar espaço, como se vê na figura 12.

ESCRITA ESTREITA, INTERPRETAÇÃO
(Apertada no sentido horizontal)

+ –	+	–
Inibição	Atenção	Insegurança
	Concentração	Vacilação
	Economia	Temor
	Reserva	Timidez
		Mesquinhez
		Avareza

A **escrita espaçada** é aquela que tem uma separação ampla entre as linhas, deixando a página pouco cheia pelo excesso de branco entre as linhas do texto, conforme figura 15.

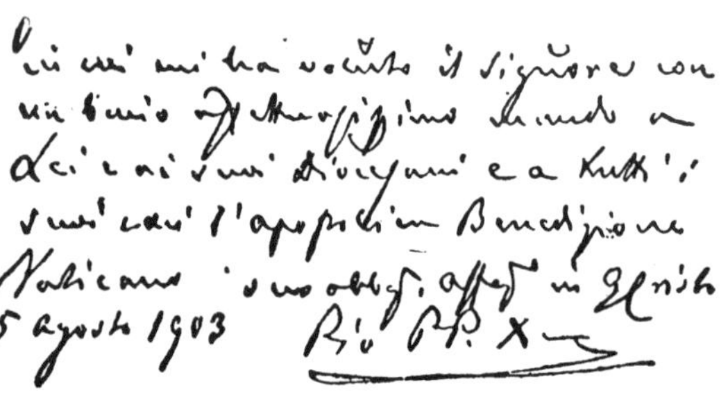

Figura 13
Manuscrito do papa Pio X, concentrado, claro e legível.

Escrita espaçada, interpretação
(Ampla separação das linhas)

+ –	+	–
Generosidade	Inteligência clara	Esbanjamento
Caráter aberto		Desatenção
	Maturidade	Dispersão do pensamento
		Tempo mal aproveitado

Vejamos a escrita de linhas **concentradas**, aquela em que há uma separação bem ajustada entre as linhas. Veja figuras 13 e 14.

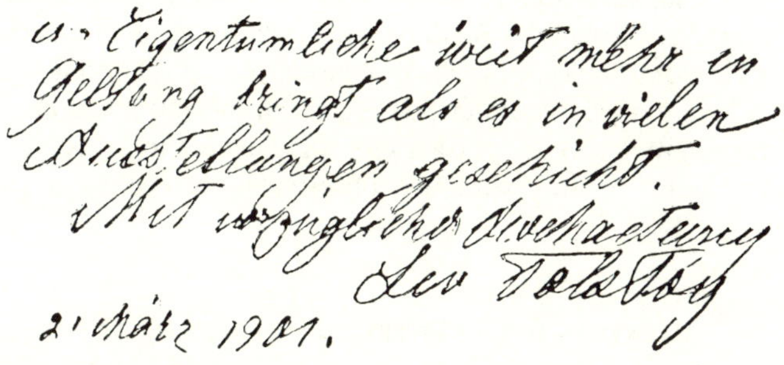

Figura 14
Texto confuso do escritor russo Leon Tolstoy, concentrado e atrapalhado pela mistura de traços de uma linha com a outra, além das desproporções de pés e finais.

Há uma nítida diferença entre esses dois grafismos: a clareza e limpeza do primeiro, que manifesta também clareza de idéias; e a confusão do segundo, que corresponde a certa falta de ordem do pensamento. É estranho descobrir que o primeiro é do papa Sarto e o segundo do conde Tolstoy. Não é verdade que aqui a linguagem do grafismo é muito evidente?

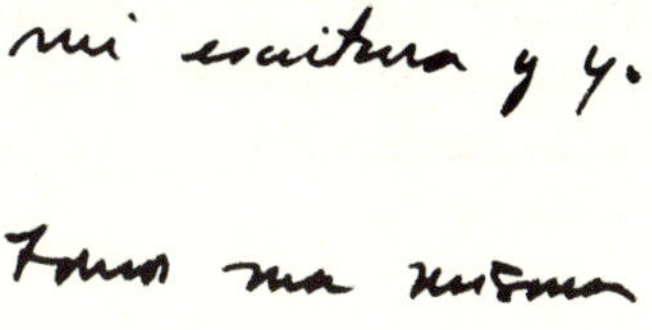

Figura 15
Escrita espaçada, em que as linhas têm maior separação que a norma, deixando grandes espaços brancos entre o texto.

Escrita concentrada, interpretação
(Pouca separação entre as linhas)

+ –	+	–
Concentração	Economia	Avareza
	Memória	Confusão
	Atenção	

Finalmente, vamos considerar a separação que há entre as palavras. Para interpretar corretamente este parágrafo final e entender as interpretações anteriores, devemos partir da simbologia mais aceita, de que as palavras representam as idéias: bem delimitadas e sem atritos, clareza, como já vimos, as linhas roçando entre si, confusão mental.

A pouca separação entre as palavras (veja o quadro que dá a proporção aproximada para as médias espanhola e sul-americana) reflete uma espécie de miopia ou má visão panorâmica, enquanto a separação excessiva leva à angústia e à crítica cruel a si mesmo e aos outros, por um exame e apreciação das coisas, sem recursos e implacável.

Examinemos as três variantes observadas na separação entre as palavras:

Palavras juntas entre si, interpretação
(menos separação do que um "m" minúsculo)

+ –	+	–
Insegurança	Prudência	Má visão panorâmica
Timidez	Concentração das idéias	
Mau enfoque visual das idéias e da visão do ambiente		Introversão excessiva

Separação normal entre as palavras, interpretação
(Equivalente a um "m" minúsculo ou pouco mais)

+ –	+	–
Altivez natural	Segurança em si mesmo	
Bom enfoque panorâmico das questões que aborda	Clareza de idéias	

SEPARAÇÃO EXCESSIVA ENTRE AS PALAVRAS, INTERPRETAÇÃO

(Mais do que o equivalente a dois “m” minúsculos)

+ –	+	–
Extroversão Dispersão do pensamento Angústia, preocupação	Grande desejo de solucionar seus problemas e ver claramente suas decisões	Crítica impiedosa e destrutiva aos outros Angústia

A arquitetura gráfica

A forma da escrita ou arquitetura gráfica tem novas possibilidades de interpretação dos gestos escriturais. A rigidez marcial do **ângulo** e a doce graça da **curva** conferem a primeira separação ou discriminação aos grafismos. Cobbaert, para definir a escrita **angulosa**, diz que ela é rígida, pontiaguda, com ângulos em vez de curvas.

A escrita **angulosa** deve ser procurada, precisamente, naquelas partes que não são normalmente angulosas na caligrafia e que são constituídas por traços curvos, que aprendemos a fazer. Se endurecermos o traçado suave, se angularmos o curvo, podemos dizer que nosso grafismo é **anguloso** (figura 16).

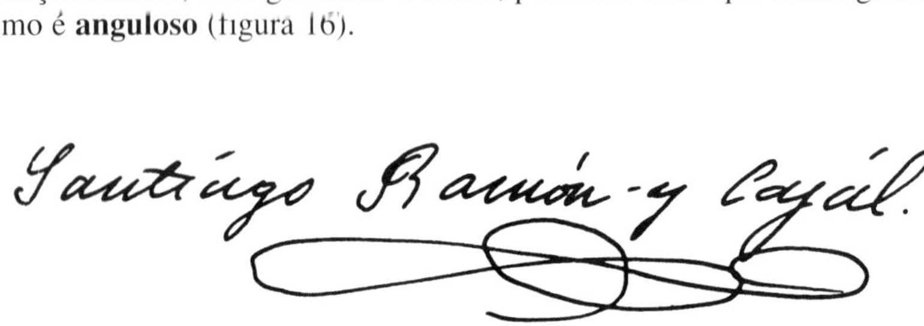

Figura 16
Grafismo do sr. Santiago Ramón y Cajal, cuja suave angulação, sem tirar a graça do traçado, lhe dá uma vitalidade sadia e uma invejável energia e sinceridade no trabalho.

ESCRITA ANGULOSA, INTERPRETAÇÃO
(Mais ângulos do que curvas)

+ –	+	–
Energia	Trabalhador enérgico	Pouco cortês
Dureza	Atividade audaz	Não se deixa influenciar
Introversão	Potência volitiva	Inflexibilidade
Raciocínio e eqüidade	Franqueza	Intransigência
	Independência	Rigidez
	Firmeza	Obstinação
	Tenacidade	Irritabilidade
	Vontade resistente	Obsessões
	Sentido prático	Escrúpulos
	Realizador	
	Sentimento do dever	

Vamos mudar a decoração e enfrentar a escrita da arquitetura curva. Na curva, tudo é graça, doçura e suavidade. Inclusive as zonas que, normalmente, pela aprendizagem caligráfica, estamos acostumados a fazer com ângulos, se suavizam, se adoçam, precisamente ao contrário do que dissemos ao nos referir ao ângulo.

A **escrita curva** é própria de artistas, de homens habituados às relações públicas, típica da extroversão e também do trabalho criativo da fantasia, conforme figura 7.

A **curva**, em contrapartida ao **ângulo**, oferece também amplas possibilidades interpretativas e é um dos pontos-chave na divisão da personalidade, reforçante e elemento-base, ponto de partida para muitas conclusões interpretativas.

ESCRITA CURVA, INTERPRETAÇÃO
(mais curvas do que ângulos)

+ –	+	–
Extroversão	Simpatia	Natureza branda
Graça	Doçura de caráter	Despreocupação
Imaginação	Bondade	Melancolia
Sentimento	Predisposição à arte	Influenciável
	Adaptabilidade	Fraqueza
		Preguiça

O segundo aspecto que estudamos a partir da arquitetura é o movimento em **arcadas** ou em **guirlandas**, imagem e contra-imagem de extroversão e introversão da personalidade. É também um contraste importante em duas posições diferentes da personalidade. O normal, aquele nos ensinaram grafar misturando o arco com a guirlanda. Obrigatoriamente, fazemos arcos ao escrever as letras *h*, *m*, *n* minúsculas, e guirlandas ao escrever o *y*, *v*, *w* e *u* minúsculas.

A escrita com formas **arcadas** corresponde à introversão, à adulação. Dizem os grafólogos clássicos que a arcada ou arco é um tributo que se presta ao vencedor.

Quando reverenciamos Deus ou um triunfante vencedor, estamos fazendo com nosso corpo um verdadeiro **arco** triunfal. Também o lacaio, o criado que festeja nossa chegada servilmente, nos faz o **arco** da adulação (figura 17).

Figura 17
Parte da escrita de Teresa Neumann, a estigmatizada alemã que mostra alguns arcos acentuados.

ESCRITA EM ARCADAS, INTERPRETAÇÃO
(Fechada por cima, "m", "n")

+ –	+	–
Introversão	Reserva	Adulação
Esforço pessoal	Controle	Amabilidade forçada
Autodefesa involuntária	Elogia o mérito dos outros	Formalidade rotineira
	Hostilidade ambiental	Mentira
	Esforço por ser sociável	Inibição
		Insolência
		Egoísmo
		Dissimulação
		Esforço por aparecer

Por outro lado, a **guirlanda** é o gesto diametralmente oposto. Os gestos, assim como todos os que estamos interpretando, têm um sentido geral que pode ser aplicado sempre que fizermos o sinal, e outros que são avaliados somente nas pessoas que apresentam sinais de **superiori-**

dade (+) ou em outra interpretação para aqueles que forem qualificados na classe de **inferioridade** (–) com o método que vou propor, de reforçante quíntuplo, como já foi explicado em capítulo anterior. No entanto, encontramos já nos próprios sinais a superioridade ou inferioridade, como veremos ao estudar a personalidade. A escrita em **guirlandas** é própria dos homens e pessoas abertas, extrovertidas, francas, simples nas atitudes, como veremos nas próximas interpretações. Veja as figuras 10 e 18.

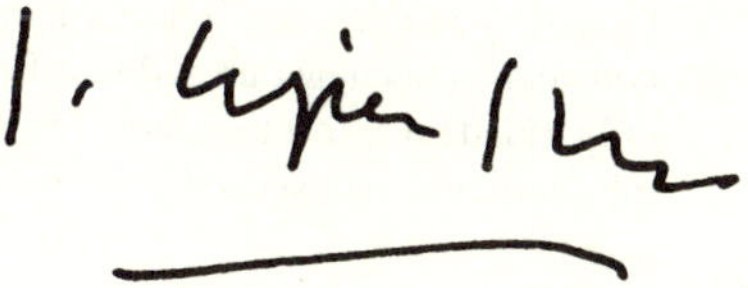

Figura 18
Assinatura livre, simplificada do dr. López Ibor, que é um exemplo de contundência e eficácia no esforço.

Escrita em guirlandas, interpretação
(Aberta por cima, "u", "v")

+ –	+	–
Extroversão	Sinceridade	Comodidade
Suavidade	Facilidade de adaptação	Voluptuosidade
	Atividade	Sensualidade
	Habilidade	Sentimentalismo
	Clareza	Influenciável
	Submissão	Receptividade
		Indolência

Outra variação notável se soma a um plano de quebrar novamente a linha e distanciar as personalidades dos escritores, que são as escritas **simplificada** e **complicada**, que também oferecem dois claros antagonismos na forma de pensar e agir.

O traçado **simplificado** (figura 18) é próprio do intelectual, da pessoa que sabe canalizar suas energias, tanto intelectuais como representativas, com um mínimo de desperdício e máxima obstinação no esforço e no rendimento. Sintetiza, compreende rapidamente, faz uma taquigrafia legível, pois uma das condições que se exige na escrita **simplificada** é que se consiga entendê-la, mesmo que o talento e o desejo de ação **simplifiquem** os processos e aproveitem ao máximo as energias mentais e dinâmicas.

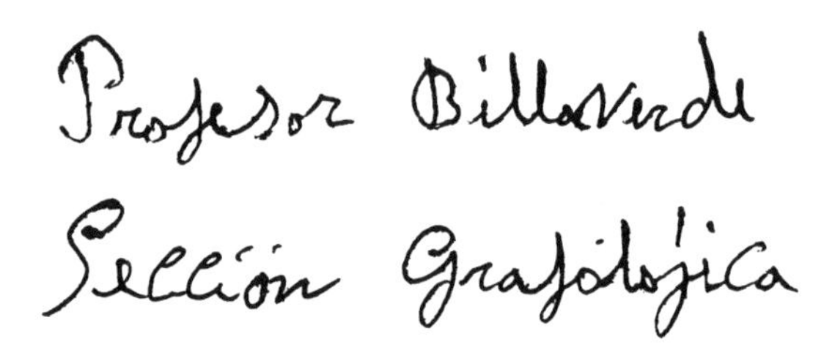

Figura 18a
Grafismo anônimo que representa uma parte do envelope, em uma das consultas que chegaram à Radio Popular. Grafismo em que se unem a vulgaridade das formas com a má redação, variações de tamanho, forma e insegurança na execução.

ESCRITA SIMPLIFICADA, INTERPRETAÇÃO
(Abreviaturas inteligentes)

+ –	+	–
Síntese do pensamento	Inteligência prática	Vulgaridade
Cultura	Agilidade de compreensão	
	Habilidade	
	Originalidade	
	Atividade	
	Obstinação	
	Simplificação	
	Definição da própria personalidade	

Em contrapartida, ao grafismo **simplificado** temos agora o traçado **complicado**, em que se multiplica a gesticulação desnecessária e se faz um grande esforço para um pequeno rendimento, ou, dito de outra forma, "muito barulho para poucas nozes".

A complicação das formas gráficas é primeiramente um sinal negativo, mas, como veremos, aparece também em personalidades superiores, como ocorreu com a interpretação anterior em que, entre traços positivos, em sua totalidade, a simplificação torna-se grosseira em pessoas de classe mais baixa.

A figura 14 representa uma escrita complicada, ainda que não excessivamente.

ESCRITA COMPLICADA, INTERPRETAÇÃO
(Complicações desnecessárias)

+ –	+	–
Grande desgaste imaginativo e representativo		Exaltação imaginativa
Vaidade		Mentira
		Confusão de pensamento
		Inconstância
		Intriga
		Má-fé
		Dispersão de forças

Partindo-se da arquitetura de formas, o grafismo também pode voltar a dividir-se em traçados vulgar e elegante.

A escrita de formas **vulgares**, própria da falta de cultura, de execução rude, é típica da aprendizagem, normal em crianças e em pessoas que estão pouco acostumadas a escrever. Aqui se joga um pouco com a idade gráfica do indivíduo. É normal que uma pessoa que não tenha freqüentado escola e que escreve pouco trace formas vulgares. Talvez esse aspecto seja a mais clara e simples das divisões de forma, já que todos estamos – ou seja, a média está – entre o traçado de conformação **vulgar** e o que logo veremos de formas **distintas** ou **elegantes**.

A escrita anônima da figura 18a mostra o que entendo por **grafismo de traçado vulgar**.

ESCRITA VULGAR, INTERPRETAÇÃO
(Falta de habilidade na execução)

+ –	+	–
Baixa idade gráfica	Crianças (normal)	Sem cultura
	Falta de cultura	Grosseria natural
		Ignorância

Encontramos a imagem oposta na escrita **elegante** ou **distinta**, como deve ter sido, com certeza, a de todos os homens que se distinguiram por sua elegância ou por seu modo característico de se manifestar.

Quase sempre as formas gráficas cuidadas e distintas correspondem a personalidades que se preocupam com as formas, com as coisas belas, com as expressões, com a cortesia.

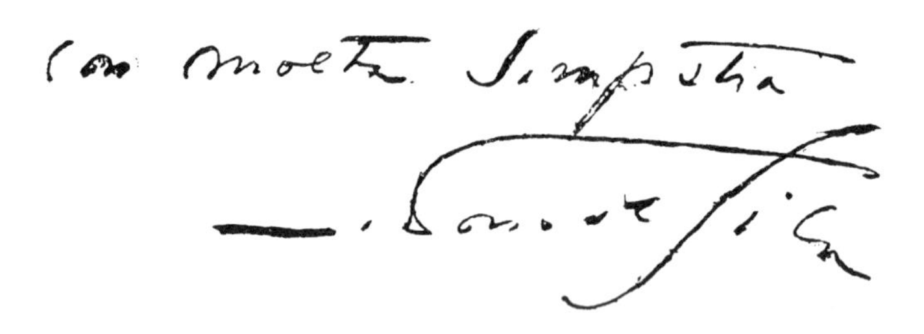

Figura 19
Escrita de Vittorio de Sica, cuja originalidade das formas e distinção do traçado nos permite classificá-lo entre as escritas **elegantes** ou **distintas**.

A **distinção** envolve muitos aspectos da personalidade. Escolhemos uma escrita, como mostra a figura 19, do ator e diretor de cinema italiano Vittorio de Sica e que reflete o movimento elegante, solto, distinto, que está de acordo com sua personalidade atraente e irradiante.

Não há dúvida de que a escrita **elegante** e **distinta** pode ter um pouco de artificialidade, porque a cortesia e a distinção estão feitas de pequenas mentiras, de sábias diplomacias, de um hábil embelezamento da personalidade física e mental.

A seguir veremos suas interpretações nos três campos, para todas as escritas, tanto **superiores** como **inferiores**.

Escrita elegante, interpretação
(Movimentos soltos e ágeis)

+ –	+	–
Distinção	Cortesia Nobreza Expressão pessoal e artística Sentido estético Requinte nas formas e gostos	Afetação Busca distinção

A seguir, vamos verificar três variações que, embora não sendo semelhantes morfologicamente, possuem um ponto em comum: a artificialidade do traçado. Refiro-me aos tipos de escrita **caligráfica**, **tipográfica** e **estranha**.

O traçado caligráfico, assim como o tipográfico e o estranho, têm um ponto em comum, que é a impenetrabilidade. É difícil chegar ao interior dos autores porque usam esse tipo de grafismo como uma espécie de carapuça, onde se ocultam.

Quanto mais rígida for a execução do modelo **caligráfico** (figuras 3 e 4), mais oculta a personalidade. Acreditamos que nossa habilidade ao desenhar é muito disfarçada. A grafologia começa precisamente onde termina a fase de desenho das letras. Quando desenhamos o grafismo, conscientemente, ocultamos nossas gesticulações peculiares.

A escrita caligráfica deve ser diferenciada das letras pessoais. Na **caligráfica** estamos obedecendo ao modelo aprendido na escola. Na escrita pessoal introduzimos muitos sinais próprios, ainda que mantenhamos um sinal evidente do modelo aprendido. A primeira é mais negativa, a segunda mais positiva. Devemos considerar (+) ao aplicar a interpretação caligráfica pessoal, e (–) à caligráfica mais servil, a aprendida.

Escrita caligráfica, interpretação

(Lembra o modelo caligráfico + ou –)

+ –	+	–
Subordinação	Execução perfeita	Dissimulação
Habilidade manual	Ordem	Ocultação
Introversão	Clareza	Afetação
		Desejo de produzir efeito
		Presunção
		Sentimento de inferioridade desviado na superação
		Artificialismo
		Rigidez
		Insignificância
		Rotina

O segundo modelo, de certa maneira análogo ao anterior, é o que corresponde à escrita **tipográfica**.

Há uma notável diferença entre a escrita **tipográfica positiva** e a **negativa**. Dizemos que as formas tipográficas são positivas quando afetam unicamente as maiúsculas (figura 9); e negativa a escrita de caracteres tipográficos – que lembram tipos de imprensa – quando afetam toda a escrita, cartas íntimas e a escrita habitual.

Quando é usado somente para endereçamentos de envelopes, solicitações e preenchimento de impressos, o significado varia. Revendo o aspecto da escrita tipográfica, podemos observar que existem duas variantes substanciais, somente nas maiúsculas, como ocorre no grafismo de Azorín, ou em todo o texto, como acontece no endereçamento de um envelope, que me foi destinado, conforme figura 20.

Figura 20
Envelope em que aparece a escrita tipográfica levada ao extremo. Corresponde a uma consulta particular.

Profesor Villaverde
Apartado, 40.014
Madrid

O problema da escrita tipográfica é muito complexo, pois implica uma série de fatores repressivos em que a vontade interfere no desenvolvimento normal da personalidade e a restringe ao âmbito de seus ideais concretos superficiais ou de forma. Com o quadro de interpretações, creio que fica esclarecida toda a questão, pois efetuo uma dupla interpretação e separo o positivo do negativo no segundo ponto.

Que eu saiba até agora não foi feito nenhum trabalho sobre esse tipo de escrita, que permaneceu um tanto anônima, com exceção de Augusto Vels, que a assinala e classifica corretamente.

Escrita tipográfica, interpretação
(Maiúsculas unicamente)

Quando as características tipográficas afetam unicamente as maiúsculas de um texto (figura 9), indica:

+ –	+	–
Cultura	Aproveitamento da energia	Aridez
Simplicidade	Domínio da fantasia	
Austeridade		

Quando as letras tipográficas – maiúsculas ou minúsculas – afetam toda a escrita, a interpretação se modifica, e podemos obter maior acerto interpretativo se as dividirmos em dois tipos: positivo e negativo. Dizemos que a fórmula é positiva quando quem escreve grafa caracteres tipográficos somente para preencher documentos, fazer solicitações etc., mas em sua correspondência íntima e apontamentos utiliza a escrita normal, pessoal.

Quando a pessoa só utiliza a letra tipográfica para anotar pedidos, vendas, preencher documentos etc., dizemos:

Escrita tipográfica, interpretação
(Somente em impressos oficiais)

+ –	+	–
Amor à clareza	Pontuação clara dos fatos	Natureza um pouco escrupulosa
	Inimigo de confusões e desordens	

Porém, quando o indivíduo grafa essa letra até quando está de "chinelos", escrevendo para sua família, ou fazendo anotações, devemos analisar todos os valores interpretativos em seus aspectos positivo-negativo, conforme segue:

Escrita tipográfica, interpretação
(Tipográfica em tudo, cartas íntimas etc.)

+ –	+	–
Repressão do eu	Aspiração a um ideal previamente estruturado	A figura o preocupa mais que o fundo
	Forte autocontrole	Desvio da superação do sentimento de inferioridade que o atormenta
	Potência repressiva da vontade	Explosões ou dificuldades no controle
	Prevenção	Dissimulação, fingimento
		Mentira
		Ocultação

O traçado **estranho** (figura 21) já foi mais amplamente estudado. Costuma desviar-se da regra, mas as condições simbólicas pessoais se misturam, como no caso da escrita que serve de modelo. O autor, locutor de TV, é também desenhista, e essa é a assinatura que ele utiliza em seus desenhos. Sua própria assinatura também é complicada, embora sem finalidade jocosa, como o símbolo de peixe que vemos em sua assinatura profissional.

Figura 21
Grafismo do locutor de TV e desenhista Francisco Zamora Rodriguez, que podemos classificar na forma **estranha**.

O que caracteriza a escrita estranha é que sua estrutura simplesmente foge ao normal, à média. E da média também foge o extravagante, o artista, o original, o sábio, o criativo...

A escrita estranha deve ser sempre analisada com benevolência, pois tanto pode ser de pessoa escandalosa e extravagante, como de um artista genial. Geralmente existe no fundo um sentimento de inferioridade.

ESCRITA ESTRANHA, INTERPRETAÇÃO
(Formas que escapam da norma)

+ –	+	–
Fantasia	Capacidade criativa	Desvio da superação no sentimento de inferioridade
Originalidade	Personalidade marcante	Deificação da forma Extravagância Superficialidade

A forma é um dos aspectos gráficos mais expressivos, pois nessa encruzilhada gráfica igualam-se os homens que escapam da regra, pois podem fazê-lo por originalidade, por distúrbio da personalidade ou por extravagância.

Os artistas são originais principalmente nos conteúdos conscientes – as maiúsculas –; seu gosto estético e sua preocupação – música ou pintura – se revelam nas formas e na pressão.

Os desajustados também fogem à norma. É característica a escrita pretensiosa e sarapintada de gestos gráficos que vemos nas dissimulações neuróticas e na histeria.

Juan Ramón Jiménez, Salvador Dali, Leonardo da Vinci, Federico García Lorca são exemplos em que resplandece a originalidade e a extravagância. Também podemos ver Picasso, Neruda e muitos outros como detalhe da arte na escrita. Essas escritas podem ser encontradas em *El analisis grafológico*, de J. L. Villaverde.

Não há dúvida de que a encruzilhada da forma é apaixonante e reveladora, e é necessário muito tato para não confundir um gênio com um "Napoleão" qualquer, porque sempre devemos levar em conta que o fio de uma navalha separa o sábio do louco.

Estudo das linhas

As linhas na página representam, de certa forma, em seu avançar da esquerda para direita – nos traçados ocidentais –, a marcha do autor em busca de suas conquistas pessoais, a realização de suas metas. Como será que ele começa? Como segue o caminho de suas aspirações? Como conclui seu trabalho?

Na linha temos uma grafia na qual ele está lutando e "andando" pelo caminho que o leva do passado ao futuro. Obviamente, ele se cansa pensando e escrevendo, luta para vencer os obstáculos que surgem na realização de sua linha, que representam o caminho de acesso às suas aspirações pessoais.

Não é difícil adivinhar o que ocorrerá a cada indivíduo diante de seus trabalhos, de sua empresa, lendo nesse tratado gráfico, semiconsciente, que revela sua forma de enfrentar o desânimo e as dificuldades de subir as escadas do triunfo.

Com caneta tinteiro ou esferográfica, sem perceber, vamos modelando em rabiscos progressivos ou regressivos, ascendentes ou descendentes, a história de nossas futuras conquistas... ou fracassos.

Quanto pode adivinhar o grafólogo, efetiva e impropriamente, utilizando a mais profunda das lógicas, lendo as linhas duras e retas, ascendentes, serpenteadas, caídas ou torturadas, na luta mordaz de quem escreve uma carta!

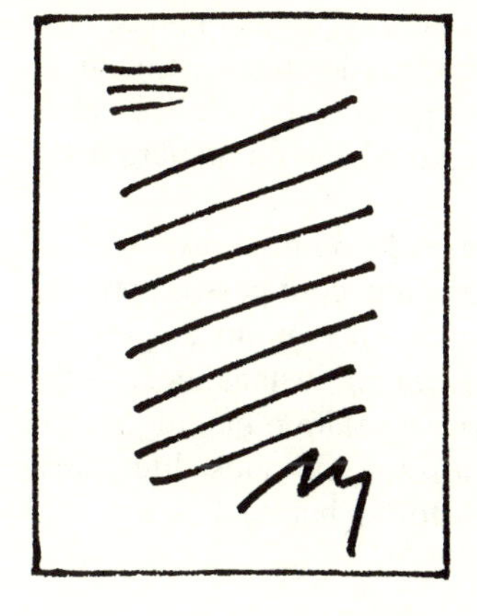

Figura 22
Escrita de linhas ascendentes que sobem pelo papel.

A interpretação varia muito quando as linhas sobem ou baixam, e podem revelar somente a vulnerabilidade de quem escreve, que oferece apenas um momento de tristeza quando cai, ou de alegria quando sobe. As variações técnicas das direções da escrita são:

Traçado **ascendente**, que é a característica das escritas que terminam à direita, mais acima de onde começam à esquerda (figura 22).

Esse tipo de traçado é típico não só dos otimistas ativos, mas também dos que lutam com nobre ambição por alcançar suas metas.

Quando dispomos de uma só escrita, podemos cometer erros se aplicarmos uma lei geral interpretativa. É aconselhável, no estudo da direção das linhas, com respeito às direções ascendente-descendente e sobreposta ascendente e descendente, que façamos constar que "na atual circunstância, provavelmente de forma passageira...". O que nos livrará de cometer mais de um engano.

Escrita de linhas ascendentes, interpretação
(Movimento primário para cima)

+ –	+	–
Otimismo	Decisão	Atividade febril
Euforia	Atividade	Excitação
Extroversão	Vigor	Paixão
	Ambição	
	Ardor	
	Esperança	
	Vivacidade espiritual	
	Entusiasmo	

Contrariamente a esse primeiro modelo de direção das linhas, elas também podem cair, ou seja, começam mais acima de onde terminam. A escrita de **linhas descendentes** (figura 24) é típica dos pessimistas, abatidos, cansados e doentes. Esse movimento equivale ao do homem triste e cansado que arrasta os pés ao andar.

Os movimentos de linha talvez tenham sido os primeiros que os grafólogos descobriram, e o fizeram, precisamente, com pessoas previamente hipnotizadas, que escreviam em estados de ânimo alegres ou abatidos. Os primeiros contrastes observados foram, justamente, a subida e descida de linhas que, de forma primária, revelam o humor do momento, mas, se continuados, em vários grafismos de anos diferentes, podem ser o único elemento que determina a forma habitual de ser.

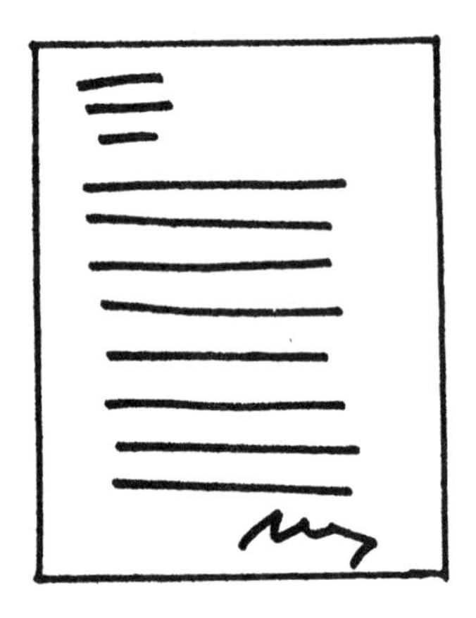

Figura 23
Escrita de linhas retas que mantêm alinhamento da esquerda para a direita.

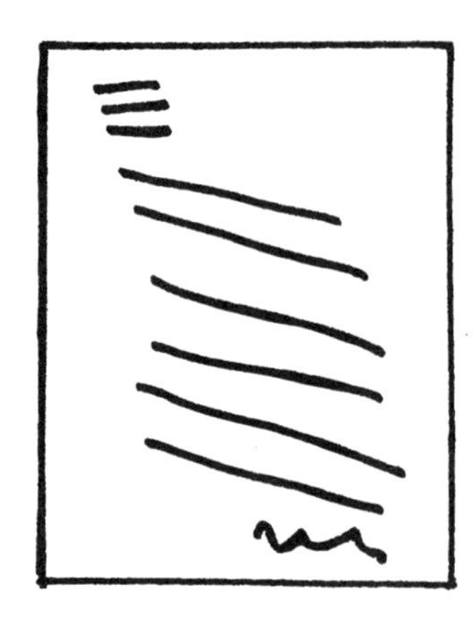

Figura 24
As linhas caem, de forma descendente, da esquerda para a direita.

ESCRITA DE LINHAS DESCENDENTES, INTERPRETAÇÃO
(Movimento primário para baixo)

+ –	+	–
Pessimismo	Depressão	Preguiça
Debilidade física ou moral	Fadiga	Fatalismo
Introversão	Melancolia	Desalento
	Indiferença	Esgotamento
	Tristeza	Enfermidade
		Impressionabilidade

Há um tipo de escrita, intermediário, que não ascende nem descende, ao qual denominamos de escrita de linhas **retas**. Aqueles que são capazes de escrever em linha reta são os que também possuem suficiente força moral para opor-se aos efeitos do abatimento, assim como aos da alegria. Têm um profundo controle do humor e dominam a depressão com o otimismo. Também, se for freqüente, implica a regularidade do humor e são pouco influenciáveis. Para esta regra e interpretação há dois tipos diferentes de resultados que devem ser vistos com clareza.

As linhas de direção **horizontal** são as que não sobem nem descem, acompanham a linha, e o caminho é percorrido sem nenhuma oscilação.

As linhas **retas** podem ser ao mesmo tempo ascendentes, horizontais ou descendentes. O primeiro caso afeta o humor. O segundo, a moralidade e a retidão. Por isso vamos estabelecer também as duas variações e suas interpretações:

ESCRITA DE LINHAS HORIZONTAIS, INTERPRETAÇÃO
(Autocontrole sobre o humor)

Quando as linhas são horizontais e começam e terminam na mesma altura (figura 23), devem ser assim interpretadas:

+ –	+	–
Autodomínio	Equilíbrio	Frieza
Prudência	Serenidade	
	Confiança	
	Resistência às influências exteriores	
	Constância nos propósitos e na conduta	
	Regularidade de caráter (se persiste no tempo) caráter persistente no tempo, regularidade de humor	
	Regularidade	

Quando as linhas retas aparecem no grafismo, para esta interpretação é indiferente que ascendam ou descendam, pois somente o que levamos em conta é que seguem uma linha reta.

Escrita de linhas retas, interpretação

(Retas no sentido da esquerda para a direita, quer subam ou desçam)

+ –	+	–
Nobreza	Honradez	Intransigência
Retidão	Firmeza de caráter	Rigidez
	Persistência	Inflexibilidade
	Preconceitos	
	Rotina	

A única coisa que se deve considerar, para não cometermos nenhum erro, é o uso de folhas pautadas, que devem ser colocadas sob o original para servir de guia, e que serão percebidas pela igualdade dos espaços brancos entre as linhas, que oferecem certa monotonia e regularidade excessiva, impossível de ser feita de outra forma.

Se, ao contrário, as linhas são serpenteantes ou onduladas, a interpretação seria oposta, como aparece na figura 29.

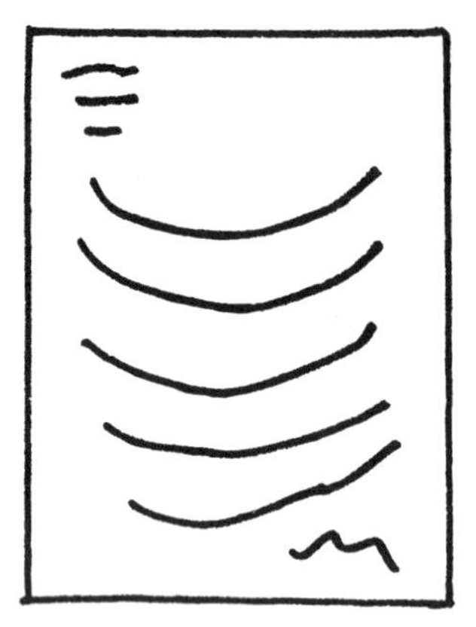

Figura 25
Escrita côncava, que descende até a metade e ascende no final.

As linhas são de direção côncava quando, logo no início, começam a descer, para recuperar-se na metade do percurso, e depois sobem novamente. É o esforço de quem começa seu trabalho com certo tédio, mas, ao ver as dificuldades, sabe tirar proveito da fraqueza para continuar suas tarefas.

A escrita de linhas de **direção côncava** (figura 25) pode ter maior ou menor amplitude do que se vê no desenho. Os sinais de ascenso, descenso, horizontalidade, concavidade ou convexidade serão sempre em relação ao quadro do papel, que deve mostrar a pauta a seguir na escrita, e que o escrevente deve respeitar de forma semiconsciente.

A interpretação de todas essas linhas baseia-se no simbolismo de imaginá-las como um caminho. Conforme percorremos esse caminho, nos desenvolveremos na vida, na luta de cada dia, para alcançar nossas aspirações. Portanto, as interpretações de acordo com a regra são as seguintes:

Escrita de linhas côncavas, interpretação
(Descenso inicial e ascenso final)

+ –	+	–
Desânimo inicial que se consegue vencer apesar das dificuldades	Persistência Os obstáculos estimulam o amor-próprio	

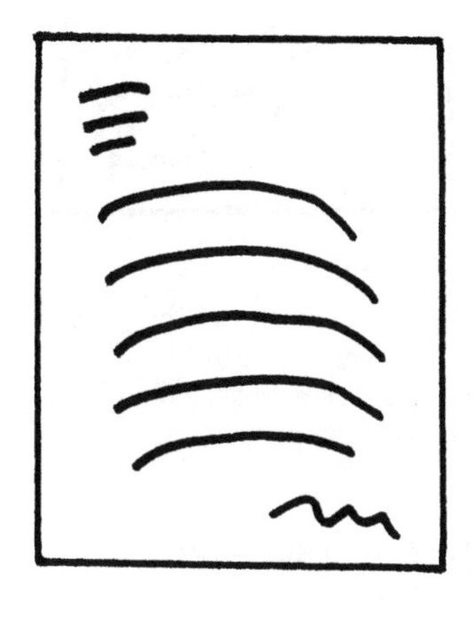

Figura 26
Escrita convexa, que ascende até a metade e descende no final.

Quando as linhas são de **direção convexa**, estamos diante de uma problemática inversa, que fala de desalento final, em alegres princípios. E como o que importa não é somente começar, mas, e principalmente, chegar, é a escrita típica dos fracassados (figura 26). Vamos interpretá-la:

Escrita de linhas convexas, interpretação
(Ascende ao começar, descende no final)

+ –	+	–
Otimismo inicial que diminui perante a dificuldade e o obstáculo	Labaredas de entusiasmo, pouco firmes e duradouras	Medida deficiente dos próprios impulsos e das próprias forças Inconstância Má conclusão das suas tarefas

Já citamos o significado do ascenso e descenso das linhas, mas este pode repetir-se na forma **imbricada**. Quando ascende ou descende em forma **imbricada** (figuras 27 e 28), mostra que a parte consciente do ser, a vontade, os esforços individuais, estão tratando de corrigir, de frear, de evitar o significado que nos indica a direção.

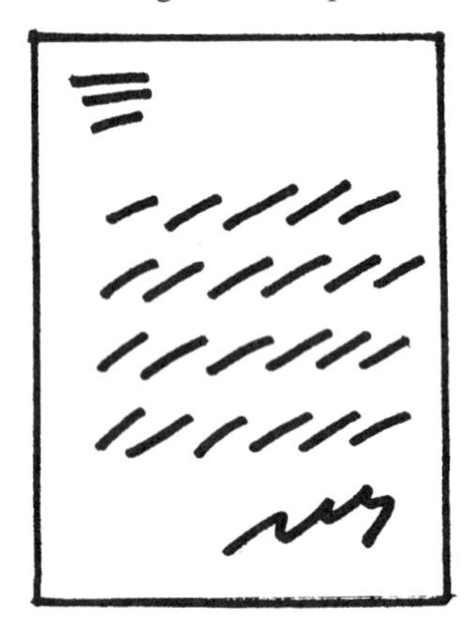

Figura 27
Escrita sobreposta ascendente, em que as palavras sobem, começando na mesma altura da linha.

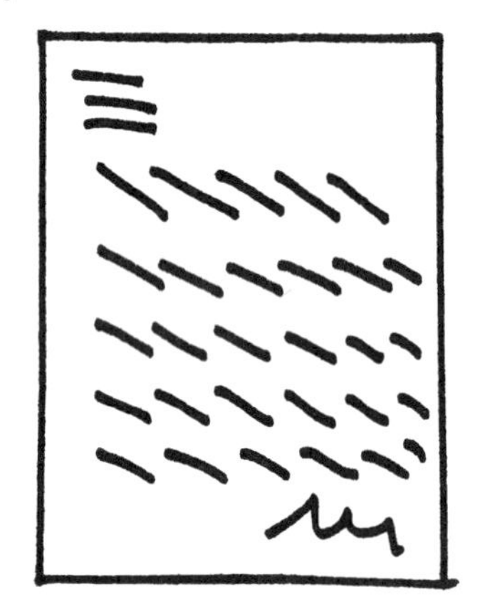

Figura 28
O grafismo mostra a sobreposição descendente, onde os finais das palavras caem, enquanto no início permanecem na linha.

Escrita imbricada ascendente, interpretação

(Os finais da palavra ascendem)

+ –	+	–
Luta para conter uma natureza ardente, otimista	Esforços conscientes para conter-se Força de vontade	Exaltação que não pode ser dominada

Escrita sobreposta descendente, interpretação

(Os finais da palavra descendem)

+ –	+	–
Trata de sobrepor-se ao desânimo ou à tristeza	Luta enérgica contra a decepção Esforço consciente para sobrepor-se às misérias da vida	

Vejam esses tipos de escrita **imbricada ascendente** na figura 27, e a contrária, **imbricada descendente**, na figura 28.

Finalmente, em lugar de reta, a linha pode ser **ondulada** ou em **serpentina**, que ascende ou descende (veja a figura 29).

Como já vimos anteriormente, se a linha é reta e rígida é sinônimo de retidão; a ondulada é o oposto, pois representa o rastejar da diplomacia.

Mas, como veremos na interpretação, nem tudo é ruim em nenhum tipo de escrita, pois depende mais da pessoa do que do traço. Num homem de nível superior, os defeitos têm menos importância do que em uma pessoa de classe mais baixa. No caso da linha em serpentina ou **ondulada**, esse princípio pode ser aplicado.

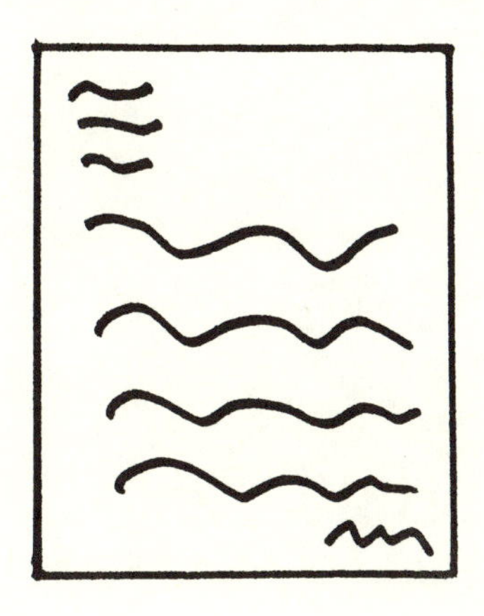

Figura 29
As linhas fazem ondulações, serpenteiam em seu caminho de avanço.

Escrita de direção ondulada, interpretação

+ –	+	–
Docilidade de princípios	Flexibilidade	Falsidade
Sensibilidade	Diplomacia	Mentira
Natureza impressionável	Habilidade de expressão	Hipocrisia
	Adaptabilidade ao meio	Vacilações
		Astúcia e engano

Quando a escrita **ondulada** une-se à ascendente, descobre-se o ambicioso, que se sobrepõe a tudo para obter o que deseja. Alguns grafólogos dão como exemplo o diplomata francês Tayllerand, traidor a três regimes políticos e sempre no poder (prof. Grafos), que fazia esse tipo de escrita.

O serpentear das linhas é uma forma de adaptação ao meio e a novas situações; é flexibilidade de critério, habilidade diplomática, mas alguns mestres defendem que o mais grave não é a ondulação das linhas, e sim das palavras. Quando analisamos ou estudamos uma só palavra e nela vemos oscilações serpenteantes claras, estamos diante de um elemento reforçante de falsidade, precisamente o contrário da rude nobreza – intransigência –, que mostra as linhas retas, duras, algo rígidas em seu caminhar da esquerda para a direita sobre o papel, símbolo de seu caminhar pela vida.

Tempo de execução

O tempo usado na execução da escrita é um dos elementos a ser considerado, pois determina os processos de elaboração mental, se os encurta, os beneficia, ou se a rapidez é excessiva, podendo inclusive prejudicá-los. Por isso, a ampla gama de escritas que o ser humano produz agrupa-se de acordo com o número de letras que faz por minuto. Assim, surgem os quatro tipos mais habituais da escrita, que são: traçado lento, moderado, rápido e precipitado.

A escrita de traçado lento – (menos de cem letras por minuto) (figuras 6 e 18a) – é a escrita típica das pessoas tranqüilas ou preguiçosas. Os processos superiores de assimilação e o trabalho intelectual, em geral, se desenvolvem de forma lenta ou difícil.

É típico da escrita lenta: o floreado, a monotonia, a morosidade do traçado. Antes de julgar uma escrita, convém submeter algumas pessoas à prova do relógio. Peça-lhes que escrevam durante três ou cinco minutos e que a cada minuto façam determinado sinal. Depois controle o número de letras que normalmente escrevem em um minuto e, então, teremos certo domínio das formas de cada tipo escrita, o que nos permitirá julgá-las com maior segurança.

ESCRITA DE TRAÇADO LENTO, INTERPRETAÇÃO
(Menos de 100 letras por minuto)

+ –	+	–
Tranqüilidade	Autodomínio	Moleza
Calma	Ordem	Falta de vontade, preguiça
Introversão	Lentidão nos processos intelectuais	Dificuldades de assimilação
Rapidez de compreensão e percepção	Fácil assimilação	Rapidez
Agilidade mental	Grande atividade	Superficialidade
Extroversão	Iniciativa	Excitação física
	Entusiasmo	Atrevimento
	Vitalidade	Paixão
	Necessidade de ação	Audácia
	Mobilidade	
	Sensibilidade	
	Reflexos rápidos	
	Ardor	
	Vigor	

Dizemos que a escrita é precipitada quando ultrapassa duzentas letras por minuto. (A escrita rápida oscila entre 130 e 200 letras por minuto.) Para chegar a essa rapidez é preciso estirar e deformar um pouco a escrita. Observamos que as letras "m", "n" e "u", e às vezes até o "i", se convertem em uma linha horizontal, em que, por exemplo, no caso da sílaba "mi" aparece somente uma linha com um ponto à direita. O traçado se alarga e se deforma. Aconselhamos, também, para melhor conhecimento desse tipo de escrita, que o próprio estudante de grafologia submeta sua escrita a uma execução precipitada, caminhando ao máximo, primeiro com rapidez, depois, moderadamente, e, por último, com lentidão. Assim podem ser observadas as mudanças e as tolerâncias que devemos imprimir à nossa própria grafia para nos movermos pelo papel à velocidade certa a cada passo. Figuras precipitadas, mas positivas, são as figuras 8 e 18.

Escrita de traçado precipitado, interpretação
(Mais de 200 letras por minuto)

+ –	+	–
Atividade e dinamismo	Perspicácia	Impaciência

O segundo passo é reconhecer a escrita **pausada** (figuras 10 e 16). O número de letras escritas em um minuto oscila entre 100 e 130. Costuma ser um traçado de formas bem-feitas, bem-cuidadas, um pouco dispersivas na execução. São, normalmente, escritas regulares e proporcionais, caligráficas, ligeiramente enfeitadas, elegantes. Geralmente, a pausa ou moderação como reforçante da razão está ligada às letras de traçado reto, perto dos 90°, que estudaremos posteriormente.

Escrita de traçado moderado, interpretação
(de 100 a 130 letras por minuto)

+ –	+	–
Atividade moderada	Calma	
Processos sensatos	Prudência	
Execução cuidadosa		
Introversão		

Quando nos encontramos diante de uma execução rápida, vemos que as letras se simplificam; a rapidez dá ao grafismo uma estranha agilidade, parece que começa a se esticar e sempre tende a simplificar-se.

Dizemos que uma escrita é rápida (figuras 7 e 9) quando há simplificação nas formas e agilidade nos movimentos. Para quem começa, repito meu conselho anterior, de cronometrar o tempo de escrita de várias pessoas e determinar as variações da forma segundo a rapidez.

Há uma razão para essa minha insistência, pois, muitas vezes, escritas aparentemente rápidas por seu aspecto simplificado são lentas e mais apropriadas a uma pessoa habilidosa do que rápida de compreensão ou de reflexos.

A figura 19 também pode ser considerada rápida; vemos outro dos elementos que constituem o traçado rápido e que costuma estar ligado às barras compridas da letra "t" minúscula.

ESCRITA DE TRAÇADO RÁPIDO, INTERPRETAÇÃO
(De 130 a 200 letras por minuto)

+ –	+	–
Assimilação veloz	Impetuosidade	Cólera
Inspiração		Agitação
Extroversão		Falta de freio
		Superexcitação
		Atordoamento
		Irreflexão
		Dissimulação
		Constrangimento, angústia
		Desordem
		Grande inquietude

Relevo dos traços

Já temos uma variedade de instrumentos que nos coloca em situação anômala a respeito dos conceitos clássicos da pressão dos traços na escrita.

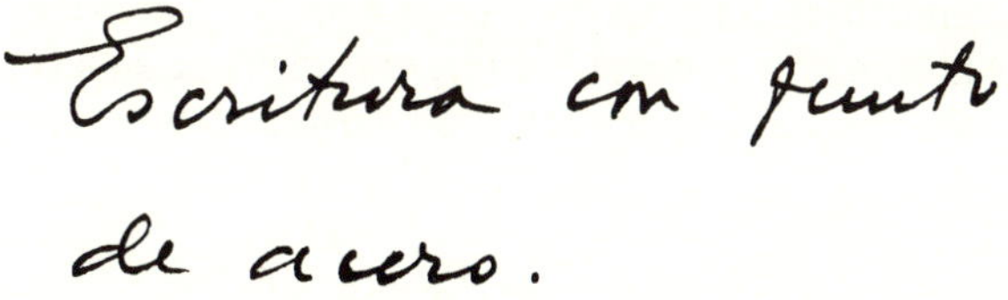

Escritura con punta de acero.

Figura 30
Escrita feita com pena de aço, antiga, e tinta nanquim.

Mas não pensemos que o aspecto pressão seja simples. Um ponto cheio de fibras de papel rabiscado deixava uma marca da pressão que não correspondia ao impulso real de vigor, força ou vitalidade pessoais.

Desde o princípio, chegamos à conclusão de que as pessoas escolhem exatamente o instrumento que melhor revela sua personalidade. Nas esferográficas e nas canetas com ponta porosa, meios modernos de medir e notar a gesticulação gráfica, há uma série de variantes que é preciso considerar antes das de pressão, que denominaremos de relevo.

Vamos nos fixar, portanto, no relevo visual que se desprende da letra, não no seu grau de potencial físico ou de energia. Normalmente, existe uma relação entre eles, mas há muitas causas secundárias que alteram ou modificam o sentido e a correlação.

Vamos nos submeter, a título de experiência, a uma série de instrumentos diferentes. Escolhemos os sete que reúnem os elementos mais habituais da escrita atual e do passado.

Comecemos com a figura 30, em que veremos uma breve escrita feita com pena de aço, considerada normal há alguns anos.

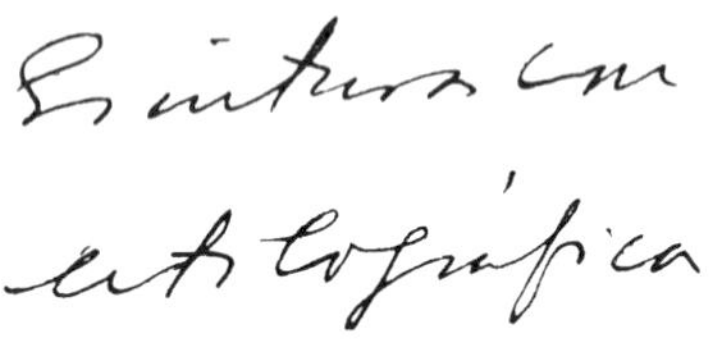

Figura 31
Escrita com uma caneta esferográfica com ponta de dureza média, de ouro, carregada com tinta azul-escura.

A mesma escrita (figura 31) foi feita com caneta esferográfica. A ponta de aço da escrita anterior raspa o papel ao escrever e tira pequenas fibras que produzem alguns traços apagados na zona baixa. A esferográfica com ponta bem polida, de ouro, percorre o papel de forma agradável e, para mim, é a que melhor se adapta ao meu modo de escrever. Na figura 32 há uma escrita com esferográfica de ponta fina, que desliza mais facilmente do que a pena e, de certa maneira, suaviza os ângulos.

A caneta com ponta porosa é mais preocupante, é aquela para a qual os fabricantes não conseguem achar um instrumento melhor para sua função.

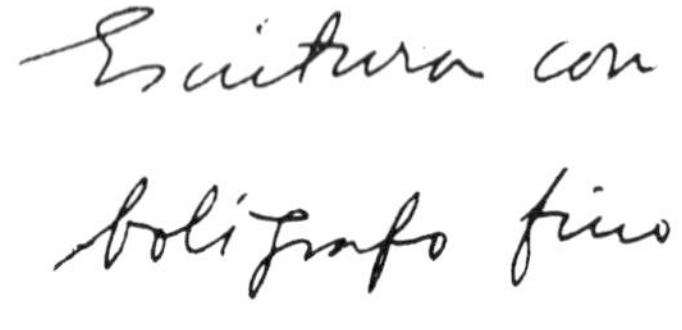

Figura 32
Outro exemplo, escrito pela mesma pessoa, com caneta de ponta fina e carga azul

Os seguintes acidentes acontecem com quatro canetas de ponta porosa de diversas marcas. O primeiro, de tinta azul, discorre de forma limpa, e sua impressão tão fina me animou a comprar outras, da mesma marca e número, mas de outras cores, preferivelmente o preto, que me é mais útil. A escrita suave, com caneta de ponta fina, é a reproduzida na figura 33.

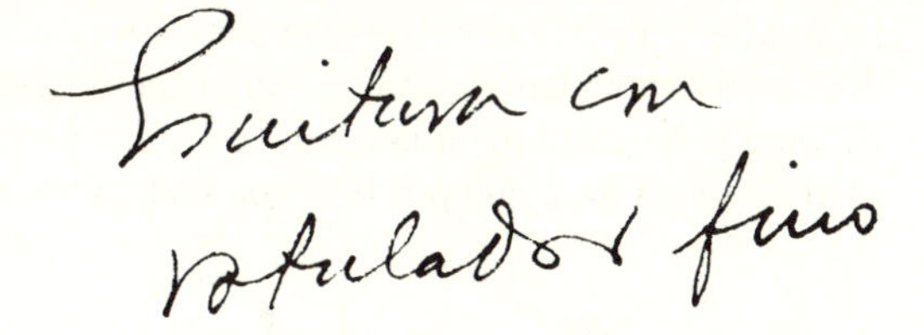

Figura 33
O mesmo autor traça sua escrita com uma caneta porosa azul, de relevo fino, comum nesse tipo de escrita.

Porém, ao comprar a caneta preta do mesmo fabricante, do mesmo tipo e número, noto um traçado grosso, cheio, úmido, como se vê na figura 34. Outra caneta de ponta porosa, já usada, semelhante à da figura 34, ao esvaziar-se realiza uma escrita mais fina (figura 35).

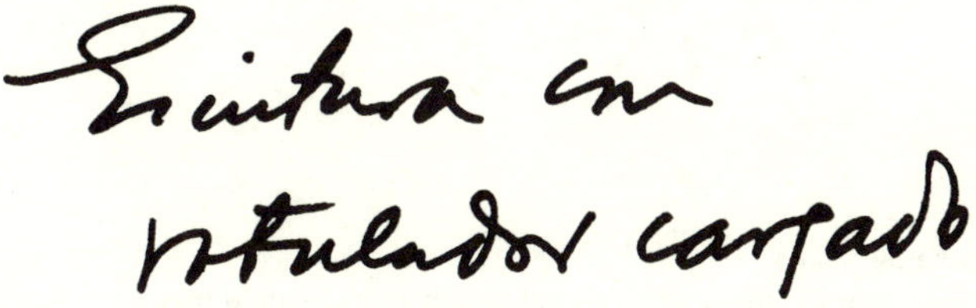

Figura 34
Da mesma marca, do mesmo número, mas com tinta preta, com muita tinta, a mesma pessoa grafa estas palavras.

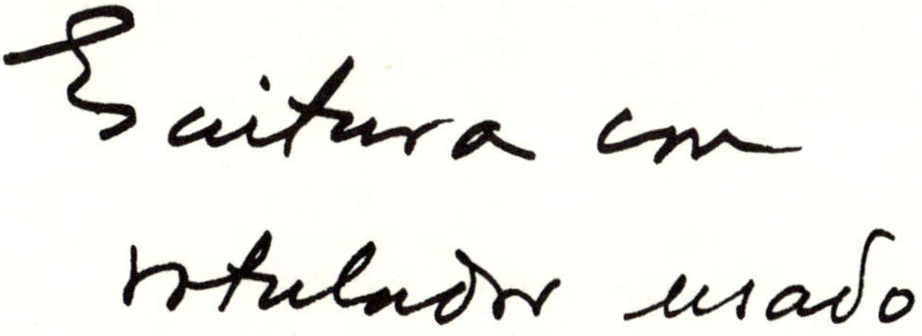

Figura 35
Outra amostra de caneta de ponta porosa, realizada pelo mesmo sujeito das anteriores, quando a tinta é menos transbordante.

Já me aconteceu várias vezes, e possuo diversos grafismos ilustres em minha coleção, em que a caneta porosa se converteu numa esponja fofa, provavelmente pelo efeito dos ácidos da tinta, e parece que varre o papel em lugar de escrever. Veja a figura 36. Achei que era velha, mas, na realidade, isso também acontece às vezes com uma caneta nova. Por isso, digo que ainda não se conseguiu uma caneta de ponta porosa perfeita. Mas a preocupação persiste para o grafólogo, pois, de vez em quando, não há outro jeito senão o de analisar escritas feitas com esferográfica, uma pena gasta ou uma caneta de ponta porosa, que disfarça de certo modo a **pressão**, e que por isso vou chamar de **relevo**.

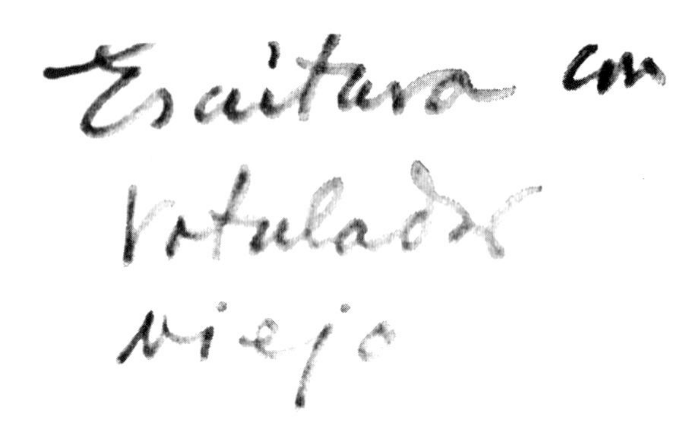

Figura 36
Outro exemplo, com caneta de carga verde, que suja o papel em vez de definir as letras e as palavras.

O relevo pode ser **deficiente**, apresentando falhas que acentuam a fibra do papel pela falta de pressão ao escrever. E o traço fica suave em muitas partes, enfraquecendo o tom da tinta.

Assim pode ser considerado, embora não o tivesse sido na realidade, o grafismo de Tolstoy, à figura 14.

Relevo deficiente, interpretação
(Desigualdades e interrupções)

+ –	+	–
Delicadeza	Sensibilidade	Inconsistência
Espiritualidade		Inconstância
Fragilidade física		Falhas respiratórias (se tiver quebras claras)
Ansiedade		
Introversão		Incerteza
		Timidez
		Superficialidade

O traçado fino, ou **relevo fino**, ocorre no exemplo da figura 7, que reforça algo dos traços, ou relevo no sentido vertical. O traçado fino se diferencia do deficiente, que embora não seja muito diferente, é mais contínuo, e na leve linha de seu traçado existe vitalidade. O relevo fino é sinal de delicadeza, de espiritualidade. Sua força física não é excessiva, mas também não existem falhas claras.

A interpretação é semelhante à deficiente, mas sem o seu lastro negativo. Há uma vitalidade fundamental que garante um esforço contínuo, se bem que não exagerado.

RELEVO FINO, INTERPRETAÇÃO
(Traço regular e delicado)

+ –	+	–
Delicadeza	Suavidade nas formas	Timidez
Sensibilidade	Idealismo	Fraqueza
Espiritualidade	Capacidade de adaptação	Medo
Introversão		Pouca personalidade

O terceiro tipo de relevo que vamos estudar é o da **firmeza**, ou seja, o **relevo firme**.

Ao usar a esferográfica ou qualquer outro instrumento, notamos que pode acontecer o mesmo se escrevemos sobre papéis, revistas ou qualquer material mole, pasta de papéis etc., pois esse tipo de escrita deixa um claro relevo ao tato, no lado contrário ao que se escreve. A força que se faz ao escrever grava de modo regular o papel, revelando no verso um contorno, através do qual podemos nos orientar.

O **relevo pesado** caracteriza-se por uma grande pressão na escrita. Percebe-se a força e a compressão exercida sobre o instrumento ao escrever, que parece estar entalhando a página.

A grande pressão sempre indica força, vigor físico em seu sentido positivo e prático, materialismo e brutalidade, à medida que se aproxima dos negativismos: **impropriamente**. Observem a espessura da figura 6.

Relevo pesado, interpretação
(Grande pressão ao escrever)

+ –	+	–
Força física	Materialismo	Brutalidade
Resistência física	Tenacidade	Sensualidade
Energia	Moleza (fraca)	
Vitalidade	Natureza apaixonada	

(A dureza e a rigidez do traçado revelará maior ou menor firmeza da personalidade.)

O relevo da escrita também pode ser trêmulo. O tremor é realmente um sinal de caráter patológico que pode acontecer em pessoas que vivem sob grande angústia. Às vezes podem ocorrer tremores momentâneos pelo fato de a pessoa ter transportado um objeto pesado. Por isso, não podemos julgar o tremor, à primeira vista, como uma equivalência patológica, ainda que estejamos propensos a interpretar significados desse tipo. Não ha dúvida de que o tremor é um sinal decadente. É o caso, por exemplo, das pessoas idosas, inseguras, das crianças quando ainda não conhecem bem a forma das letras, dos drogados, dos cardíacos, dos que sofrem do mal de Parkinson etc.

(Nas toxicomanias, tais como o álcool e as drogas, a sensação tremulante se restringe quase que exclusivamente aos traços verticais. Nos cardíacos, o tremor pode afetar a zona média.)

Relevo trêmulo, interpretação
(Oscilações no centro do traço)

+ –	+	–
Senilidade	(O frio excessivo e a fadiga muscular do braço podem produzir tremores na escrita.)	Medo
Doença cardíaca		
		Alcoolismo crônico
		Toxicomania
		Drogas

O **relevo torcido** se vê claramente com a perda da verticalidade das linhas em prolongamentos superiores (cristas) ou inferiores (pés), que em casos agudos, muitas vezes, dão a impressão de que se retorce ou se curva. A retorsão é mais freqüente em cima, e a curva nas partes baixas.

É preciso determinar a torção, por menor que seja, pois às vezes os pequenos sinais são encontrados exatamente nas pequenas torções, não apenas em traços exagerados.

São diversas as interpretações que se pode dar a esses sinais gráficos, e muitos grafólogos estão se aprofundando ao máximo nesse campo. Limitamo-nos a comentar as interpretações mais seguras a respeito, apoiados por diversos autores e pela nossa própria pesquisa.

RELEVO TORCIDO, INTERPRETAÇÃO
(Perdas da verticalidade)

+ –	+	–
Indício de sofrimento psíquico ou físico	Freqüentes na puberdade	(Torção nas cristas)
	Às vezes transtornos graves em adultos	Transtornos glandulares
O interessado multiplica seus problemas		Formação de oxalato cálcico
Desconfiança		Oligofrenia leve (torção nos pés)
		Indisposições digestivas
		Formação de ácido úrico

(Veja, na figura 37, um exemplo de uma jovem com escrita torcida.)

Profesor Villaverde
Seccion Grafologica

Figura 37
Escrita com torção nas cristas, de uma jovem, anônima, da Rádio Popular.

Para finalizar o tema que se refere ao relevo da escrita, veremos o traçado de **relevo cego**, que lembra a escrita típica do "cansaço", em que os ovais se enchem de tinta.

Atualmente, com esferográficas, o entupimento é impossível, exceto no caso de bucles ou ovais exageradamente estreitos, em que faltaria a interpretação do entupimento da pena ou da esferográfica.

Quando os ovais estão cegos fala-se de grande fadiga mental ou física, cansaço, histeria etc. (figura 38).

Figura 38
Os entupimentos de tinta, deturpados pela esferográfica, produzidos pela inclinação exagerada da ponta ao escrever sob grande cansaço ou esgotamento.

Para chegar-se ao entupimento com a esferográfica, temos de nos apoiar no "segundo risco invisível" produzido pelo engate da esfera na parte baixa do risco (figura 39), cujo "segundo risco" está demarcado (figura 40) pela esferográfica e ponto de atrito.

Figura 39
O segundo risco invisível foi remarcado. Na realidade, exceto em esferográficas de baixa qualidade, deixa um sinal brilhante em alguns pontos. Esse é o risco que foi remarcado com esferográfica mais suave.

Figura 40
A caixa de engaste da bola, ao inclinar-se mais do que deve, roça no papel e produz um brilho.

RELEVO CEGO, INTERPRETAÇÃO
(Ou risco invisível em esferográfica)

+ –	+	–
Fadiga cerebral ou física	Cansaço	Depressão Tendência à luxúria Histeria

Realmente, nos manuais de grafologia e ainda em obras de alguma importância, tende-se a multiplicar os traços da escrita, e há muitas variações a respeito da pressão, que quase sempre são agrupamentos das mais diversas escolas e tendências, em que são citadas muitas formas de medir a pressão a partir do contorno e do número de décimos de milímetro de espessura.

É verdade que nem sempre é possível achar todas as variações, principalmente se analisarmos escritas de crianças com lapiseiras ou alternarmos escritas com penas em diversos estados, com esferográficas e canetas de ponta porosa. Por isso, o mais indicado é procurar aquelas formas de expressão didáticas que tenham aplicação tanto à escrita feita por um instrumento como por outro.

Não nos esqueçamos de que cada pessoa escolhe o instrumento que combina melhor com sua personalidade.

As antigas escrituras em relevo, próprias de artistas e que revelavam a expressão da cor, atualmente não podem ser realizadas com esferográficas e os artistas plásticos utilizam uma pena de ponta de ouro, suave à pressão, como é o caso do arquiteto urbanista Miguel Fisac – cuja expressão da cor admirável é evidente –, ou recorrem à caneta de ponta porosa, como o instrumento que melhor expressa sua personalidade.

Relevo com pressão, interpretação
(A escrita própria dos artistas plásticos)

+ –	+	–
Expressão da cor	Aptidão para as artes plásticas	Sensualidade Materialismo
Vitalidade Extroversão Assimilação do mundo circundante de tipo visual	Atividade Dinamismo	

Há outro problema que não queremos deixar de mencionar ao considerar o estudo da tonalidade ou pressão, que é precisamente o sentido da força ou direção do impulso ativo.

Se a vitalidade e a força se manifestam no traço gráfico, a prática nos demonstra que os impulsos de tipo vertical, de cima para baixo, são aqueles que o sujeito faz quando quer auto-afirmar-se ou assegurar-se de sua personalidade.

Ao analisarmos a formação da escrita, veremos o predomínio dos gestos em sentido vertical ou horizontal.

Pode-se observar claramente o predomínio da pressão no sentido vertical na figura 42, assinatura de Charles Chaplin.

Relevo em sentido vertical, interpretação
(Impulso de auto-afirmação da personalidade)

+ –	+	–
Desejos de auto-afirmação da personalidade	Desejos de enriquecer a personalidade, aperfeiçoando-a	Obstinação e teimosia
Apego à idéia		Despotismo
Dons de comando	Disciplina	Preocupações de tipo econômico (se os traços se prolongam por baixo da linha)
Introversão		Egoísmo

A pressão pode dirigir-se também em sentido horizontal, da esquerda para a direita, sendo considerada um impulso de auto-realização, de irradiação da personalidade que projeta suas idéias na linha, não para garantir e fortalecer seu "eu", mas para imprimir em seu contorno um sinal dele mesmo, auto-realizando-se, impulsionando suas tarefas e planos num esforço que às vezes pode chegar à impaciência e à angústia. Escrita irradiante (figura 19) de Vittorio de Sica.

Relevo impelido na horizontal, interpretação
(Impulsos de irradiação da personalidade)

+ –	+	–
Desejos de auto-realização	Altruísmo	Irreflexão
Irradiação da própria personalidade e suas idéias	Dinamismo	Impaciência
Iniciativa	Decisão	Angústia
Extroversão		Perda do controle nos impulsos
Valor		Agressividade
		Multiplicidade de idéias e um certo perigo de dispersão do pensamento

Com estes elementos, considero ter declarado tudo o que é verdadeiramente importante no plano da personalidade a partir dos aspectos do relevo ou pressão.

Não há dúvida, insisto, de que serão encontradas mais variantes em alguns livros, e que estas podem ser utópicas, pouco contrastadas na prática ou pouco didáticas, razão pela qual foram excluídas deste livro.

Além de acompanhar a evolução do tempo e de enfrentar a realidade, o moderno grafólogo deve estar disposto a investigar a personalidade por meio de todos os instrumentos existentes.

Tanto se pode analisar um estudante por aquilo que ele escreve com giz num quadro-negro, quanto conhecer o professor pelas anotações ou explicações a respeito de um assunto, ou pesquisar a personalidade de um autor anônimo que desenhou numa parede, assim como analisar a escrita produzida com qualquer um dos instrumentos existentes.

A inclinação das letras

Se traçássemos uma linha reta sobre a linha da escrita, diríamos que a prolongação dos traços verticais formariam ângulos de determinado grau de fechamento ou de abertura.

Um ângulo de 90° faz o que chamamos de escrita de inclinação **reta**, que não se inclina nem à direita nem à esquerda. A escrita **vertical** ou sem inclinação determina o autocontrole, o domínio dos sentimentos, a frieza.

Se iniciamos a avaliação pela esquerda, concluímos que todos os ângulos que não chegam a 90° são os que derivam de escritas **invertidas** ou inclinadas à esquerda. E, ao contrário, os que chegam a mais dos 90° correspondem a escritas inclinadas.

O grau da inclinação da escrita é um dos aspectos mais expressivos e que melhor revela as características importantes da personalidade humana. Por meio dele encontramos as seguintes variantes da escrita:

invertida acentuada, menos de 80°.
invertida leve, mais de 80° e menos de 90°.
vertical, 90°.
inclinada leve, mais de 90° e menos de 100°.
inclinada acentuada, mais de 100°.
inclinação irregular, com oscilações, variando os graus.

Esses seis tipos de escrita mostram outras tantas formas de estabelecer contato, de manifestar-se. O grau de inclinação varia em muitas pessoas, ou em quase todas, de acordo com as condições de entrega, afeto, renúncia, covardia etc.

Na escrita de **inversão acentuada** (figura 41) – uma consulta anônima –, encontramos uma inversão de uns 65°. Esse é o tipo de inversão que mais denuncia o nível raso negativo, ainda que possa haver algumas explicações no caso de pessoas de classe alta. Este traço, sendo constante, por si só já é um dos sinais de negativismo, pois apenas consideramos positiva a inversão inferior a 80°.

Figura 41
Escrita anônima, de **inversão acentuada**, procedente do escritório da Rádio Popular.

INVERSÃO ACENTUADA, INTERPRETAÇÃO
(Gesto primário à esquerda)

+ –	+	–
Introversão	Repressão do eu	Egocentrismo
Temor	Falta de afeto	Dissimulação
Inibições	Frustração sentimental	Desconfiança
		Desgosto
Reserva	Reflexão	Dificuldades de adaptação
	Sensibilidade	Conflitos afetivos recentes ou antigos
	Contenção	Hipocrisia, falsidade
		Mentira
		Afastamento dos outros

Quando o grau de **inversão** é **leve**, o consideramos de inversão positiva, como ocorre na figura 11, cuja oscilação, emotividade própria do autor, não permite sua graduação exata, que oscila por volta de 80°, apesar de na primeira letra a inversão ser mais acentuada.

Mesmo que ambos os graus de inclinação invertida tenham, obviamente, alguns pontos em comum, principalmente a introversão, o positivismo deste segundo gesto faz com que se destaquem mais os sinais positivos, enquanto que os de inferioridade diminuem, mudando assim o sentido da balança.

Inversão leve, interpretação
(Movimento primário à esquerda)

+ –	+	–
Autodomínio	Abnegação	Cautela
Introversão	Renúncia	Dissimulação
	Sacrifício	Diplomacia
	Reserva	
	Prudência	
	Contenção	
	Vontade	

A escrita de inclinação com leve inversão aproxima-se muito da que vamos estudar a seguir. É a que não tem inclinação, oscilando em torno dos 90°. Quando o transferidor nos aponta o ângulo de 90°, estamos diante da **escrita vertical**.

É a escrita típica do autocontrole e do predomínio da razão sobre o sentimento, e é nos casos negativos da inferioridade, a frieza e a passividade. Toda uma gama de possibilidades interpretativas se esconde por trás de cada gesto gráfico, e a letra vertical não pode ser uma exceção.

Agora vamos considerar duas variedades importantes que, embora semelhantes, apresentam diferenças em sua formação, que são a letra vertical por contenção e a vertical por frieza.

No primeiro caso existe emotividade interna, os sentimentos podem ser fortes, mas a vontade é mais poderosa e seu braço forte os reprime. Na realidade, a escrita vertical, do primeiro tipo, é produto do triunfo da vontade e da razão sobre o sentimento.

O segundo caso é característica dos apáticos, frios, indiferentes, amorfos. A escrita é vertical, como poderia ser invertida ou inclinada, mas fria, seca, serena, tranqüila, sem emoções que a perturbem em sua apatia. Aqui não há controle dos sentimentos, nem força de vontade, porque na verdade não existem sentimentos nem emotividade. Quem escreve com letra vertical, imobilizada, de robô, **não tem sentimentos**. Essa é a grande distância que existe entre a escrita vertical positiva e a escrita vertical negativa, que deve ser considerada no momento da interpretação.

A seguir darei os diversos tipos de interpretação geral, positiva e negativa, desse grafismo, mas para sua exata classificação e acerto devem atender às sugestões anteriores, que esclarecem convenientemente tudo o que tem relação com os dois tipos de pessoas que se escondem por trás dessa grafia.

O **positivo** é quem, tendo sentimentos, os domina por sua força de vontade e refreia seus impulsos da mesma forma que se domina um corcel indômito. É **negativo** quando possui um corcel tão frio, que lhe faltem rebeldias e nervos.

ESCRITA VERTICAL, INTERPRETAÇÃO
(Sinal claro de autocontrole e razão)

+ –	+	–
Em todos os casos:	Contenção da emotividade	Emotividade ausente
Domina a razão	Sentimento do dever	Frieza emotiva
Imparcialidade	Independência	Indiferença
Autocontrole	Maturidade afetiva	Espectador passivo
	Cálculo	Distanciamento
	Controle afetivo	Secura, dureza
	Reserva	Egocentrismo
	Moderação	
	Firmeza	
	Objetividade	
	Linha de conduta sensata	

Para terminar esse aspecto da escrita vertical convém dar dois exemplos, nos quais podemos observar com clareza o que temos dito a respeito.

Em geral, entre homens ilustres e famosos não existe a escrita negativa na **verticalidade**, exceto os tristemente famosos, delinqüentes etc. Mas temos belos exemplos de escrita vertical de autocontrole, conforme as figuras 43 e 44, de Gina Lollobrigida e de José María Pemán, respectivamente, em que a vontade e o controle consciente e sensato dos sentimentos é o artífice da paz que alenta sua existência.

A escrita negativa, rígida, de 90°, feita de forma mecânica, sem a menor oscilação, é a que considero negativa.

Figura 42
Escrita do célebre Charlie Chaplin, onde vemos um grau de inclinação à direita de aproximadamente 115°.

Figura 43
Gina Lollobrigida, com suas breves oscilações, se aproxima dos 90° e, pode-se dizer, tem emotividade controlada.

Ao contrário, quando os graus do ângulo que começamos à esquerda aumentam, e a inclinação é moderada, como acontece no grafismo de Alexis Carrel (figura 7), ou a de Pio X (figura 13), temos a fórmula agradável da inclinação **leve** à direita, pois em ambos os casos o ângulo não ultrapassa os 100°.

A escrita **inclinada leve** é positiva, porque a tendência subjetiva e sentimental se mistura ao sinal moderador da razão sem o total estrangulamento. É como se razão e sentimento se dessem as mãos como bons amigos. Por um lado, reprime-se o impulso sentimental; por outro, afasta-se da razão a frieza e a distância, adoça-se a objetividade, melhora-se a relação com os demais. Deve-se ter em mente que esse tipo de escrita é a ideal, sem os arrebatamentos da paixão, sem a frieza da razão, e que está num ponto médio entre coração e razão, objetividade e subjetividade, e também entre coração e veemência, subjetividade e parcialidade...

Se isso se repete na interpretação, não há dúvida de que será eminentemente positiva, ainda que também possa oferecer algum sinal negativo, pois a mistura com outros sinais pode nos ajudar a classificá-las, não de modo tão positivo como lhe caberia dentro de uma forma isolada. Mas as interpretações isoladas, como diz Augusto Vels, não existem senão em relação ao conjunto.

Figura 44
Grafismo de dom José María Pemán, cuja sutil inclinação das letras evidencia emotividade afetiva contida e objetividade a preço de renúncias.

INCLINAÇÃO LEVE, INTERPRETAÇÃO
(Gesto primário para a frente)

+ –	+	–
Extrovertido	Desejos de saber	
Sociável	Afetuoso moderado	
	Se interessa sem paixão	
	Sensibilidade, mas contida	
	Tranqüilidade	
	Reserva	
	Prudência	

Ao contrário, à medida que o sentimento põe à prova a naturalidade na personalidade, surge a parcialidade de julgamento, a veemência, o ardor, a combatividade, a cegueira sentimental.

Mais de cem graus de inclinação à direita começa o domínio do sentimento, o ardor combativo do coração. A figura 42 mostra uma escrita de 115°; ultrapassa os 100°; porém não excessivamente. No quadro de interpretações, a escrita inclinada acentuada é bastante rica e ampla, pois dos 115° aos 140° há toda uma série de interpretações.

De 110° a 125° pode-se considerar positiva a imposição sentimental, muito embora ela não deva ocorrer obrigatoriamente. De 125° a 140° já penetra totalmente na escrita negativa, mas também pode haver exceções, que aparecem temporária ou acidentalmente.

Inclinação acentuada, interpretação
(Impulso afetivo primário)

+ –	+	–
Afetividade	Subjetividade	Parcialidade
Extroversão	Primariedade	Arrebatamento
	Ternura	Cegueira sentimental
		Irreflexão
		Falta de tato
		Violência
		Intranqüilidade
		Agressividade
		Veemência

A escrita é de **inclinação irregular**, em exemplos positivos, e a irregularidade pouco acentuada, nas escritas que correspondem às figuras 8 e 18, de Jorge de Bagration e do doutor López Ibor.

Quando a inclinação irregular for moderada, como ocorre nas escritas mencionadas, pode ser interpretada, no primeiro caso, como um homem apaixonado e veemente, que luta para reprimir-se porque, precisamente, o que mais mantém a linha reta é o primeiro risco da assinatura. No segundo caso, é uma luta entre sentimento e razão, próprio do emotivo com capacidade criativa. Esse tipo de emotividade é observado nos artistas, principalmente músicos.

Escrita de inclinação irregular, interpretação
(Oscilações emotivas do impulso)

+ –	+	–
Emotividade	Adaptabilidade	Incertezas
	Compreensão	Vacilações
	Espírito de equipe	Variabilidade
	Luta entre sentimento e razão	Sugestionabilidade
		Escrúpulos
		Intranqüilidade
		Influenciabilidade
		Contradição
		Luta consigo mesmo

Convém, no entanto, dar um esclarecimento final referente às diferenças de inclinação que aparecem geralmente de forma desigual.

Sempre nos surpreende, quando estudamos os graus de inclinação, não somente a multiplicidade de gestos da escrita de várias inclinações, como também a topografia caprichosa dessas inclinações em pessoas que escrevem com diversos graus de inclinação.

Vou tentar resumir em quatro variantes as possibilidades de oscilação ligadas ao tempo e à situação do escritor.

a) Mudanças de inclinação em diversas épocas da vida

Corresponde às oscilações normais de acordo com nossa problemática pessoal e ambiental.

Uma frustração, que machuca. Uma época de extroversão extrema. Diversos graus de inibição, temor, segurança, confiança e decisão podem marcar épocas de nossa vida e refletir na forma como escrevermos, principalmente no grau de inclinação das letras.

b) Mudanças de inclinação em uma carta, e em outra, na mesma época

Nossas "listas" sociais, familiares, inclusive nossa convivência com determinadas pessoas pode levar-nos a variar o grau de inclinação, se escrevemos a um parente, a um amigo de quem gostamos e respeitamos, a uma pessoa que nos é indiferente ou que detestamos. Revelará, em primeiro lugar, emotividade e também uma certa parcialidade de julgamento, mas é normal que nossa escrita varie de uma carta a outra, segundo a impressão grata ou ingrata que nos dá a pessoa a quem dirigimos a escrita.

c) Mudanças de inclinação na mesma carta

Em primeiro lugar, temos que considerar o que significam as variações de inclinação. Mas a escrita nem sempre é assim. Oscila caprichosamente de uma linha para outra, de um parágrafo a outro. Pode obedecer uma tremenda impressionabilidade, quando não a uns movimentos caprichosos que encerram, antes de mais nada, desejos de chamar a atenção, esnobismo etc.

d) Mudanças de inclinação em determinadas palavras

Às vezes, as mudanças de inclinação se produzem somente em determinadas palavras. Isto é estudado amplamente em grafologia emocional, movimento de Schermann-Honroth. Devemos considerar que as palavras que se inclinam para a direita carregam um conteúdo de ternura para quem escreve (também poderiam ser de agressividade), quando toda a escrita é vertical ou invertida. Se se inverte uma palavra ou frase, costuma corresponder à inibição, temor, nostalgia, motivadas pela palavra citada na qual o caminho normal da inclinação varia.

Coesão das letras

No grau de **coesão** agrupam-se alguns aspectos gráficos ou movimentos da escrita que não se encaixam muito bem, como a abreviação da escrita e outros gestos, mas de certa maneira respeitamos a distribuição clássica para não multiplicar os espaços.

A seguir vamos estudar os tipos de escrita:

Desligada, **ligada** e **agrupada**, **monótona** e **variada**, **compensada** e **descompensada**, **aberta**, **fechada** e **recheada**, que considero os movimentos mais importantes dentro da **coesão**. Podemos dizer que os três primeiros movimentos correspondem à forma de ligar as letras umas às outras no conjunto da escrita.

Denominam-se **desligadas** (figuras 6 e 19), quando a caneta é levantada muitas vezes entre uma letra e outra. Podem ser feitas pequenas uniões de duas ou três letras, sem alterar a interpretação. Matilde Ras disse, e já ouvi outras vezes, que para que a interpretação a respeito desse traço ou gesto seja correta, o traçado deve ser ao mesmo tempo rápido e ágil.

Coesão desligada, interpretação
(Numerosas paradas do instrumento da escrita)

+ –	+	–
Intuição	Criatividade, imaginação	Inconstância
Introversão	Idealismo	Falta de senso prático
Isolamento	Invenção	Devaneios
	Originalidade	Utopias
	Independência	Incompreensões
	Emotividade	Inibição
	Síntese	Angústia

O grau de coesão pode aparecer de forma totalmente contrária, isto é, com **coesão ligada**, onde as letras são feitas sem que se levante o instrumento da superfície da escrita, ou se levanta uma ou outra vez, em raras ocasiões, predominando as palavras unidas que, em alguns casos, ligam com uma agradável curva umas palavras às outras, o nome e sobrenome ao assinar, assim como a rubrica.

Na figura 45, a assinatura de José Ortega y Gasset apresenta esse estilo, já que **Ortega y Gasset**, assim como a rubrica, são feitas sem levantar a pena, salvo para traçar a barra do **t** minúsculo e para separar o nome do sobrenome.

A escrita de **coesão ligada** é própria dos pensadores e filósofos. Miguel de Unamuno ligava completamente sua escrita. A capacidade dedutiva é mostrada nessa fórmula.

Escrita de coesão ligada, interpretação
(Ao escrever, não se levanta o instrumento de escrita)

+ –	+	–
Espírito dedutivo	Constância nos afetos	Rotina
Extroversão	Atividade	Obstinação
Sociável	Assimilação	
	Agilidade de espírito	
	Rapidez	

Outra forma de coesão é a escrita **agrupada**, na qual se misturam as separações e as ligações, produzindo uma escrita em que as letras se unem em grupos – daí seu nome – de três, quatro ou cinco letras, alternando com grupos de duas. Não há dúvida de que é um ponto intermediário entre a escrita ligada e desligada. Portanto, apesar de um pouco diminuídas, as condições são típicas a ambos. Podemos considerar um grafismo **agrupado** o da figura 16, onde se misturam a intuição e a lógica, a criação e a realização.

Não podemos nos esquecer do que dissemos no início deste capítulo: as escritas, tanto ligadas como desligadas, devem ser interpretadas levando-se em conta, para sua análise, a rapidez e a agilidade do traçado e sua confrontação com a assinatura e a rubrica.

Coesão agrupada, interpretação
(Misturas de união e desunião)

+ –	+	–
Misturas de intuição e lógica	O criador se mistura com o realizador	Inibição
Harmonia entre a vida interior e de contato	Adaptabilidade	
Pode favorecer a abstração	Assimilação	
	Observação	
	Atenção	

O segundo bloco de **coesão** é constituído das escritas **monótona**, **variada**, **compensada** e **descompensada**, que veremos a seguir.

A escrita monótona é a que caminha mecanicamente, como um robô, com regularidade exagerada na forma, tamanho, direção e inclinação, responsáveis pela regularidade e monotonia no grafismo. Não há sinais peculiares ou gestos gráficos especiais; é uma letra anônima, cinza, monótona.

A **coesão monótona** é típica dos amorfos, dos rotineiros, impessoais e insensíveis. No entanto, não esperemos achar essa escrita em suas formas extremas. Veja a figura 4, como amostra imperfeita.

Coesão monótona, interpretação
(Regularidade mecânica dos traços)

+ –	+	–
Rotina	Calma	Não chega a delicadezas de estilo
	Serenidade	
Apego aos princípios	Ponderação	Apatia
Personalidade "enequética"	Autodomínio	Indiferença
		Pobreza de idéias
		Natureza maníaca

O contrário do que acabamos de ver é o grafismo de **coesão variada**. Temos como exemplo a figura 43. Nela há variedade, mobilidade, gesticulação, caraterísticas individuais. As variações principais que vemos nas escritas que chamamos de **coesão variada** são precisamente as visuais, que mostram mudanças na **inclinação**, **direção**, **forma**...

A escrita variada é positiva, imprescindível nos artistas, em pessoas com personalidade e destaque, pois indica emotividade, cunho pessoal etc. O núcleo das escritas variadas oscila muito por serem muitos os aspectos a considerar. Neste trabalho limito-me a analisar e avaliar as variações positivas, não muito exageradas, como pode se ver na escrita que uso como modelo.

Coesão variada, interpretação
(Mobilidade dos traços)

+ –	+	–
Adaptabilidade	Emotividade	Impressionabilidade
Riqueza imaginativa	Sensibilidade	
	Matiz delicado	

Escrita compensada é aquela que, mesmo sendo variada ou levemente impelida, está **compensada** em seus gestos altos e baixos, e também se virarmos a escrita veremos que há uma harmonia ou equilíbrio entre as zonas brancas e as pretas ou azuis do volume escrito. Virar a escrita significa colocar o texto de cabeça para baixo, afastando um pouco a carta ou documento.

Escrita compensada, interpretação
(Equilíbrio das partes)

+ –	+	–
Equilíbrio interior	Mundo espiritual e material harmônicos	
Harmonia	Clareza de idéias	
	Constância	
	Moderação	
	Ponderação	

A outra variante é a que denominamos de escrita **descompensada**. Logo se notam irregularidades informais e sem direção fixa, e se virarmos o papel veremos que há desarmonia entre os brancos e pretos que constituem o caminho gráfico.

A escrita **descompensada** é típica da pessoa irritável, nervosa, instável no trabalho e desmedida na manifestação de suas emoções.

Escrita descompensada, interpretação
(Desequilíbrio nas partes gráficas)

+ –	+	–
Excitabilidade		Controle difícil
		Vacilações
		Irritabilidade
		Suscetibilidade
		Agitação
		Concentração difícil
		Versatilidade
		Variabilidade
		Falsidade
		Dúvidas
		Contradição
		Instabilidade

No estudo da **coesão** já citamos um terceiro bloco de escritas que reflete de certa maneira a união, que são as escritas: **aberta**, **fechada** e **recheada**.

A escrita aberta é aquela na qual os ovais, principalmente do "a" e do "o", aparecem abertos, e muitas vezes o "o" adota a forma do "u", porém certamente em casos extremos. A forma de abertura dos ovais pode ser para cima, para a direita ou para a esquerda. Embora de maneira menos normal, chega a abrir-se por baixo. Cada abertura sugere uma interpretação, mas esta varia segundo o lugar em que é feita. Como exemplo de escrita aberta por cima veja a de Azorín (figura 9) ou, ainda, as figuras 31 e 42.

Figura 45
Assinatura de dom José Ortega y Gasset, de letras unidas, ligadas, perfeita legibilidade, que demonstra a qualidade dedutiva de nosso grande filósofo.

Uma escrita **aberta** pela esquerda é a da figura 46.

Não encontro nenhum modelo com as letras "a" ou "o" abertas embaixo, entretanto, não é impossível que elas existam, apesar de ser muito difícil. A interpretação geral das vogais "a" e "o", como em praticamente todos os ovais da escrita, determina o grau de abertura ou expansão da pessoa que escreve. Mas a direção dessa expansão estabelece a qualidade de sua veracidade e as áreas em que se manifesta.

Figura 46
Texto e assinatura do campeão italiano de boxe, **Carmelo Coscia**. Note como o primeiro "o", de Coscia, se abre justamente para a esquerda.

ESCRITA ABERTA, INTERPRETAÇÃO
(O "eu" se volta para o exterior)

+ –	+	–
Expansão, comunicação Volta-se para o exterior Extroversão Loquacidade	Sinceridade	Imprudência

ABERTAS POR CIMA E À DIREITA
(O "eu" se abre aos outros)

+ –	+	–
Confiante	Conta suas coisas	Incapacidade de guardar um segredo
	Necessidade de expansão	

Abertas pela esquerda
(O "eu" é prudente em suas expansões)

+ –	+	–
Expansão reflexiva	Somente se abre com pessoas íntimas, familiares	Procura as confidências dos demais Expansão com interesse

Abertas para baixo
(O "eu" não se exterioriza bem)

+ –	+	–
Somente se abre a... si mesmo!		Hipocrisia Má-fé Força confidências alheias de qualquer jeito

Quando a escrita é **fechada**, como à figura 44, indica prudência e reserva e encaixa-se bem naquele ditado popular: "em boca fechada...".

Quando é entreaberta, pouco fechada em alguns momentos ou bem-fechada nos pontos citados, além da interpretação de fechada, observamos que, quando se abre, o faz na direção do fechamento, e sua análise é feita nos mesmos moldes da escrita **aberta**.

Escrita fechada, interpretação
(Sinal de prudência e reserva)

+ –	+	–
Introversão Reserva Discrição	Prudência Pouca comunicação	Desconfiança

Figura 47
Assinatura do famoso dr. Barnard, invertida e fechada por uma pequena dobra. Curva, ágil e rápida, mostra o homem de maneiras suaves.

Finalmente, estudaremos o que se relaciona à escrita recheada, com bucle interior, bucle duplo ou oval duplo. A escrita **recheada** é a que, digamos, não é nem aberta nem fechada. Os ovais se fecham com uma dupla volta. É um aspecto positivo, e assim pode ser interpretada a figura 47. Esse tipo de escrita manifesta toda sua maldade em pessoas de classe baixa.

É preciso distinguir no fechamento por bucles algumas variações, pois dado o valor deste gesto escritural que reflete o **eu**, também o **ego** que todos nós carregamos evidenciará as minúsculas gesticulações que o rodeiam dentro e fora dele, e depois em volta do oval, que são muito importantes, pois mostram as preocupações íntimas do indivíduo.

Matilde Ras e Muñoz Espinalt foram os que mais se interessaram por esse importante gesto. Os trabalhos incompletos de Matilde Ras, nesse sentido, são reveladores, pois demonstram primeiro sua qualidade de fina observadora, e depois a grande dedicação e enorme talento para esse delicado trabalho.

Muñoz Espinalt também fez uma descoberta notável, estabelecendo o símbolo do oval como representação da personalidade, à qual eu acrescento, não separada de seu **ego**.

Figura 48
A letra "a,"com gestos em seu interior de coqueteria, equivale a desejos de ser mimado, acariciado...

Figura 49
Quando o traço inicial se transforma num bucle interior, essas pessoas se aferram ao passado no sentido de obter vantagens, recomendações, favores etc.

Figura 50
O oval recheado com um bucle final de fechamento típico da habilidade diplomática. Estar com todos e não estar com ninguém

Por isso, para interpretar devidamente as variações dos recheios ovais, convém ter em mente o que acabamos de dizer.

Matilde Ras observou que os sinais de coqueteria no traço inicial do oval, que se move dentro dele, revela desejos de ser tratado com carinho, busca de afago e ternura (figura 48). Mas se o gesto é feito a partir da esquerda, segundo Matilde Ras, é uma tendência a explorar as amizades, procurar recomendações etc. A interpretação do bucle **recheado** não procede dos traços iniciais que também recheiam o oval, mas dos finais, que são os verdadeiramente profundos e mais inconscientes, mais fixos na personalidade. Dizemos que a escrita é **recheada** quando o oval é coberto com o bucle final (figura 50), ou dá uma dupla volta, que se assemelha a um cadeado ou fechadura que evita a expansão verdadeira, que fecha a sete chaves a intimidade dos pensamentos.

Figura 51
Quando o oval se dobra, equivale a fechar as portas à expansão.

Figura 52
Quando um miúdo e quase invisível segundo "oval" aparece dentro do primeiro, indica que a pessoa está ocultando alguma coisa. Tem um segredo que não quer que os demais conheçam.

Figura 53
Quando o bucle nasce, mesclando-se, o envolvente egoísta transforma-se em narcisista, vaidade íntima.

Talvez a pior fórmula seja a manobra, diz Nanot Viayna, citando Moretti, como atirar a pedra e esconder a mão, envolvendo-a em si mesma.

Quando no oval minúsculo se percebe um ponto de tinta, como o da figura 52, nos encontramos diante de uma pessoa que está ocultando alguma coisa ou tentando fazê-lo. Assim escrevem as crianças, quando escondem alguma coisa, e os adultos que guardam um segredo que não querem revelar.

Resumindo, e para focalizar bem a questão relativa ao recheio dos ovais, vamos interpretá-lo seguindo a norma até aqui admitida.

ESCRITA RECHEADA AO FINAL DA LETRA, INTERPRETAÇÃO
(Movimentos defensivos inconscientes)

+ –	+	–
Diplomacia	Habilidade expansiva	Fingimento
	Expressividade verbal	Mentira
		Falsidade

(Veja a figura 50, e sua forma mais grave, na figura 51.)

Escrita recheada no começo da letra, interpretação
(Gesto de coquetismo na zona íntima)

+ –	+	–
(Figura 48)		
Procura carinho e afago	Gosta de elogios	Anseia por louvores

Escrita recheada no começo da letra, interpretação
(O "eu" se apóia no passado)

+ –	+	–
(Figura 49)		
Extraem experiências do passado	Experiências que são proveitosas no presente	Abusam dos amigos e das recomendações para sobressair-se
Procura apoio no passado, amigos etc.		Procura amizades por interesse
		Explora os demais

Escrita recheada no começo da letra, interpretação
(Movimentos conscientes premeditados)

+ –	+	–
(Figura 53)		
Egoísmo narcisista	Acumulam conhecimentos	Procura abarcar méritos e honra
	Boa disposição comercial	

Escrita recheada com pequeno oval, interpretação

Nas crianças
Estão escondendo alguma coisa.

Nos adultos
Não querem que os demais descubram um "segredo" (figura 52).

As margens ou impressão do conjunto

O estudo das **margens** é um elemento que complementa o conhecimento do escritor.

Não somente na ordem-desordem da disposição do texto, mas também a maneira de deslocar o texto para baixo, para cima, para a esquerda ou para a direita, deixa descoberta mais uma parte de si mesmo.

Novos símbolos e novos pontos de vista ajudam-nos a enxergar melhor a personalidade humana, que é nosso objetivo.

Vamos estudar a **margem superior**, ampla e ausente, ou seja, os dois extremos, a margem esquerda, grande, pequena, que se alarga, que se estreita, irregular e regular como a página de um livro. E, para finalizar, veremos o texto de linhas cruzadas.

Quando a **margem superior** é **ampla** (figura 54), indica distanciamento, protocolo exagerado, cortesia, introversão. Simbolicamente, a pessoa a quem estamos escrevendo está no canto superior do papel, e quando dela nos afastamos, nos afastamos da pessoa a quem escrevemos. Portanto, a margem superior **simboliza** proximidade ou distância do indivíduo em relação aos demais e, particularmente, à pessoa a quem se dirige a escrita.

Figura 54
A margem superior e a margem esquerda são grandes.

Figura 55
Eliminou a margem superior e a da esquerda.

Margem superior ampla, interpretação
(Distanciamento dos outros)

+ –	+	–
Distanciamento	Cortesia	Protocolos exagerados
Introversão	Sossego	Frieza
	Reflexão	Amaneirado
	Bons modos	Afetação, seriedade nas formas

A **margem superior ausente** ou **pequena** indica precisamente o contrário (figura 55), já que significa facilidade de contatos, confiança, extroversão etc.

Os que possuem pouca educação, certa vulgaridade, deixam a margem superior ausente, pois em seus aspectos negativos é também sinal de excesso de confiança.

Margem superior ausente, interpretação
(Aproximação dos demais)

+ –	+	–
Familiaridade	Naturalidade	Grosseria
Extroversão	Necessidade de contato, de comunicação	Incultura
		Vulgaridade
		Excesso de confiança

Agora vamos nos fixar na **margem esquerda** que, como já vimos, pode ser **larga**. Nesta margem existe o simbolismo de gasto-economia; por isso, quando ela se alarga e é ampla (figura 54), mostra a pessoa generosa e extrovertida, porque o texto avança para a direita juntamente com outros sinais que falam do impulso para a direita: impaciência, iniciativa etc.

Margem esquerda ampla, interpretação
(Movimento primário para a direita)

+ –	+	–
Extroversão	Elevado padrão de vida	Prodigalidade
Generosidade	Exigências estéticas	Esbanjamento
	Audácia	
	Iniciativa	
	Impulso e confiança no futuro	

Quando a margem esquerda está ausente (figura 55), indica o contrário do que vimos anteriormente. Significa introversão, economia etc. Vamos interpretar este segundo exemplo de margem à esquerda, que nos ajudará a qualificar melhor a personalidade, uma vez que todos esses traços confirmam ou negam as suposições anteriores.

Margem esquerda ausente ou pequena, interpretação
(Movimento primário para a esquerda)

+ –	+	–
Economia	Prudência	Simplicidade
Introversão	Nostalgia	Apatia
	Influência do passado	Preocupação
		Timidez
		Restrição
		Economia mal administrada
		Avareza

Às vezes, uma margem esquerda começa estreita, vai se alargando à medida que transcorre o texto da carta, fazendo uma espécie de cunha branca mais larga na base do que na parte superior.

Quando virmos **a margem esquerda se alargando** (figura 56), podemos interpretá-la de acordo com estas idéias:

Figura 56
A margem esquerda se alarga para baixo.

Figura 57
A margem esquerda se estreita para baixo.

Margem esquerda se alargando, interpretação
(Avanço progressivo às nossas metas)

+ –	+	–
Ultrapassam os orçamentos ou o que se calcula em dinheiro, esforço ou dedicação	Crescente entrega	Precipitação
Extroversão		Gasta mais do que pode
		Falta de senso de economia
		Influenciabilidade
		Impulsividade
		Debilidade
		Irreflexão
		Imprudência
		Atividade febril
		Excitabilidade

Ao contrário, a maneira como a margem se estreita também possui interpretações que revelam essa fuga ou retrocesso da parte branca, que é cada vez menor.

A **margem esquerda** que se estreita (figura 57), determina a introversão, o espírito de regatear, e é sinal de fuga ou retrocesso. Como, em todos os outros casos, tem sinais gerais positivos e negativos, que revelam a totalidade do grafismo a interpretar.

MARGEM ESQUERDA SE ESTREITANDO, INTERPRETAÇÃO
(Retrocesso ou fuga de nossas metas)

+ –	+	–
Introversão	Senso de economia	Apatia
Tendência a diminuir os orçamentos	Prudência	Fadiga
Mania de regatear		Depressão física ou moral
		Acanhamento
		Covardia
		Voltar-se para si próprio
		Falsa generosidade
		Desejos de corrigir decisões anteriores

Quando a **margem esquerda** é irregular (figura 58), além da desordem demonstra também uma luta de avanço e retrocesso alternados, de abrir-se e fechar-se, de extroversão e introversão que entram em constantes conflitos dentro dele.

MARGEM ESQUERDA IRREGULAR, INTERPRETAÇÃO
(Desigualdades no impulso consciente)

+ –	+	–
Desordem, principalmente no plano consciente	Emotividade	Negligência
		Impressionabilidade
		Desordem
		Versatilidade e variabilidade de caráter
		Inquietude, luta, vacilação

As **margens bem estruturadas**, como as dos livros (figura 54), são uma clara representação de cuidado, atenção, ordem, controle e não precisam de sentido estético.

Figura 58
A margem da esquerda é irregular.

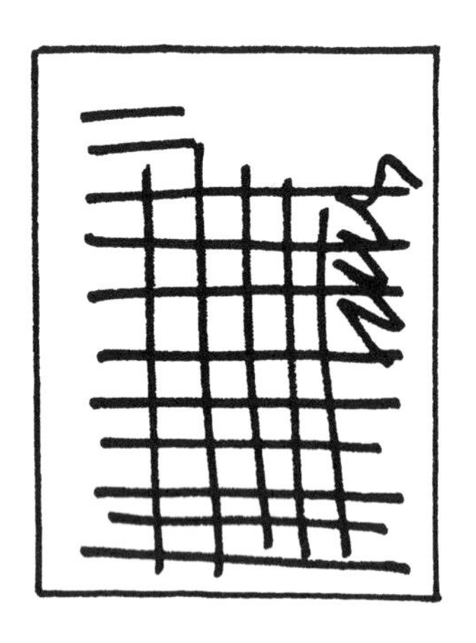

Figura 59
Depois de cheia, a página escreve sobre as primeiras linhas, cruzando o texto que se torna praticamente ilegível e enfadonho.

Margens bem estruturadas, interpretação

(Mostra um bom sentido estético)

+ –	+	–
Ordem, método	Aptidão para a poesia	Presunção
Delicadeza	Tranqüilidade	Rotina
	Reflexão	Afetação

Quando nos deparamos com o texto de linhas cruzadas, que se vê pouco, o interpretamos principalmente como um desejo de esticar o dia ou as despedidas. O **texto cruzado** (figura 59) é aquele em que depois de preencher um quarto do papel, se escreve por cima, cruzando o texto, com a finalidade de continuar no mesmo papel.

Costuma ser contraditório, grafando linhas muito separadas em ambos os textos, o que evidencia um desperdício de tempo, dinheiro e esforço, que quer remediar quando já não é possível fazer nada, esticando o último momento.

Quem fala sem parar, quem se despede muitas vezes de suas visitas, na porta da sala, na escada, no portão etc., desejando prolongar o tempo, também escreve assim.

Escrita de textos cruzados, interpretação
(Norma negativa de manifestação gráfica)

+ –	+	–
	Esnobismo	Tagarelice sem sentido
	Excentricidade	Prolongam as despedidas e o tempo para ganhar o que perderam tolamente
		Confusão de idéias
		Falta de respeito e consideração pelos demais

TERCEIRA PARTE
COMPLEMENTOS SIMBÓLICOS E ASSINATURAS

Não são as linhas que falam, mas o movimento da "fita" gráfica. As palavras possuem algo corpóreo, oscilam como pequenos astros no fundo do espaço branco do papel. A letra acaba perdendo seu significado abstrato convencional destinado a expressar um som. Representa, mais do que outros elementos, um sinal, uma bandeira, uma cabeça, uma arma, uma cruz; em resumo: um símbolo.

(Max Pulver, em sua obra fundamental *El simbolismo de la escritura*, tradução impressa na Espanha em 1953.)

A disposição do envelope

Quando escrevemos uma carta, temos de endereçar também um envelope, onde colocaremos "claramente" os dados do destinatário, para que chegue ao seu destino sem grandes dificuldades.

Eu diria que o texto do envelope – as letras que o compõem – revelam principalmente nosso **eu ideal**, a aparência do "eu", enquanto a carta – o texto da carta – mostra um "eu" mais habitual e conhecido dentro de nosso meio ambiente.

Mas se tivesse que fazer uma definição do que o envelope representa, me apoiaria em meus estudos atuais e conhecimentos para explicar que é um dos documentos mais ricos em conteúdos conscientes.

De forma bastante nítida, mostramos nessas primeiras letras e palavras uma representação de nosso **eu ideal**, de nosso **plano consciente**, e revelamos também uma série de interessantes conteúdos de ordem emocional que estão relacionados com a afinidade ou discordância entre o escritor e o destinatário.

Recolhi algumas das expressões que foram citadas por quem me precedeu:

"No endereço do envelope, mais do que no corpo da carta, encontra-se a medida do que o autor é capaz de fazer, do poder que tem sobre si mesmo."

Professor Grafos (Félix Navarro) no *Manual de grafologia*, Madri, Ediciones Rialto, 1943.

"No envelope pode-se ver o homem por fora."
Arsene Aruss e Duparchy Jeannez, citados por Max Pulver em *El simbolismo de la escritura.*

"A forma de preencher e fazer o envelope simboliza a maneira como o autor quer ser considerado."
J. P. Garaña, em: *Escritura y vida.* Buenos Aires, Editorial Kier, S.R.L., 1956.

"As senhas escondem e protegem a intimidade da comunicação, e a maneira como este meio de proteção é efetuado nos introduz profundamente no caráter do escritor."
Max Pulver em *El simbolismo de la escritura.* Madri, Editorial Victoriano Suárez, 1953.

Tanto as obras citadas, como os estudos feitos por Max Pulver, Duparchy Jeannez e os meus próprios me levaram a estabelecer quatro distinções no estudo dos envelopes:

1. graus de legibilidade;
2. ordem do texto no envelope, colocação;
3. comparações entre as letras do envelope e as do texto da carta;
4. impactos de ordem emocional e possíveis interpretações.

GRAUS DE LEGIBILIDADE

Insisto em que neste aspecto vamos considerar o grau *de poder que o autor tem sobre si mesmo.*

Devemos partir do seguinte princípio: Cada um de nós possui seus próprios limites. No envelope, vemos o poder que exercemos sobre nosso inconsciente, na luta para chegarmos à meta ideal, aquela a que nos propomos, se é que de fato nos propomos.

Normalmente, no envelope deve haver maior clareza e legibilidade do que na carta. Por isso, os conteúdos de atenção e precisão podem ser facilmente detectados.

Podemos notar três variantes a respeito da legibilidade:

a) Menos legível que o texto da carta

Quando um envelope é menos legível que o texto da carta, indica despreocupação, desprezo à cortesia e possivelmente distração e descuido. Mas, acima de tudo, evidencia tendências insociáveis. Equivale a andar pela rua mal vestido. É um sinal de displicência, de pouca energia.

b) Envelope e carta igualmente legíveis

O escritor é natural, simples e um pouco distraído; não presta atenção a detalhes, não é dependente dos outros, não possui autocontrole excessivo.

c) O envelope está mais cuidado e legível do que a carta

Trata-se de pessoa delicada e cuidadosa, dona de si mesma, capaz de estabelecer metas ideais e de lutar por elas. A delicadeza revela-se no cuidado da execução, pois o envelope, que será lido por vários funcionários do correio, não provocará problemas nem perdas de tempo. Evitará extravios, pois as letras do nome e endereço do destinatário estão corretamente grafadas.

ORDEM E DISPOSIÇÃO DO TEXTO DO ENVELOPE

Na disposição dos sinais no texto do envelope, e segundo a forma de colocá-los, aparecem os impulsos do escritor, conforme ocorre com o texto da carta, as margens ou a disposição da assinatura na página. É verdade que no envelope adiantei quatro tipos de variantes, o que ultrapassa os limites da carta e suas margens ou a disposição da assinatura.

São muitas as variantes que podem surgir de acordo com a disposição do texto ou dos sinais no envelope:

a) situadas em cima; b) embaixo; c) no lado esquerdo; d) no lado direito; e) ocupando todo o envelope; f) todo o conjunto bem organizado; g) desordenadamente.

Envelope com sinais situados em cima, interpretação
(Outra forma de apreciar o movimento primário para cima)

+ –	+	–
Extroversão	Otimismo	Rebeldia
	Entusiasmo	Ousadia
	Idealismo	Audácia
		(Reforçam as interpretações com a disposição do texto no lado direito)

Dizemos que os sinais se situam em cima quando ocupam com seu texto a parte superior ou a margem alta, onde deve ir a franquia, que na prática é ocupada pelo carimbo do correio. Atualmente, essa forma de situar os sinais está condenada pelos correios, que a entende como fórmula não regulamentada, dobrando o valor da franquia em cartas normais de vinte gramas de peso ou até esse peso.

Sinais situados na parte inferior, interpretação
(Movimento primário para baixo)

+ –	+	–
Introversão	Sentido prático	Afetação
Timidez		Sensualidade
Realismo		Despreocupação com os valores de tipo ideal e espiritual
Distinção		Espírito de imitação
Bom gosto		Natureza convencional

É o caso contrário ao que vimos anteriormente, já que os sinais se aferram, por assim dizer, à margem inferior do envelope num bloco compacto. É o local que os correios impõem a seus usuários, mas a interpretação e o desvio procedem do fato de a descida ser um pouco exagerada para o lado inferior do envelope.

Sinais situados no lado esquerdo do envelope, interpretação
(Outra forma de manifestar o movimento primário à esquerda)

+ –	+	–
Introversão	Retraimento	Foge da luta
Respeito e apego ao passado	Tendência à solidão	Tristeza
Reserva	Caráter inquieto	Pessimismo habitual
Inibição	Vacilações	Dificuldades de contato e relação
Timidez	Pouco empreendedor	Frustração de ordem afetiva
Nostalgia		Perigo de obsessões

Situar os sinais no lado esquerdo é uma maneira de se proteger, defender ou fugir do perigo. Movimento, sem dúvida, de retração e temor, ou de prudência, mas em nenhum caso de luta e triunfo, impulso e entusiasmo.

Sinais situados no lado direito, interpretação
(Manifestação do movimento primário para a frente)

+ –	+	–
Extroversão	Decisão	Arrebatamento
Sociabilidade	Iniciativa	Irreflexão
Sensibilidade artística	Cordialidade	Agressividade
	Expansão	Simpatia para com os estranhos
	Projeção entusiasta para o futuro	Temor ou aversão à solidão
	Independência	Difícil controle dos impulsos
		Multiplicidade de interesses
		Presunção

O avanço decidido à direita é um movimento de busca às nossas metas e planos. Mas também é perder a compostura, agredir os demais e dar-se aos outros. Tudo se entrelaça nesse lado da direita, onde se unem os símbolos do futuro, dos outros, de nossas metas individuais e também do *mais além*.

Os sinais ocupam toda a superfície do envelope, interpretação
(O sujeito se esparrama em seu ambiente, ocupa-o todo)

+ –	+	–
Independência de critério	Quer chamar a atenção dos demais	Sinal de egoísmo
Mau gosto	Quer ser o centro do meio social	Indisciplina
Segurança em si mesmo		Pessoa que dá as costas às convenções
		Invade o terreno alheio
		Faltas graves de consideração
		Desordem

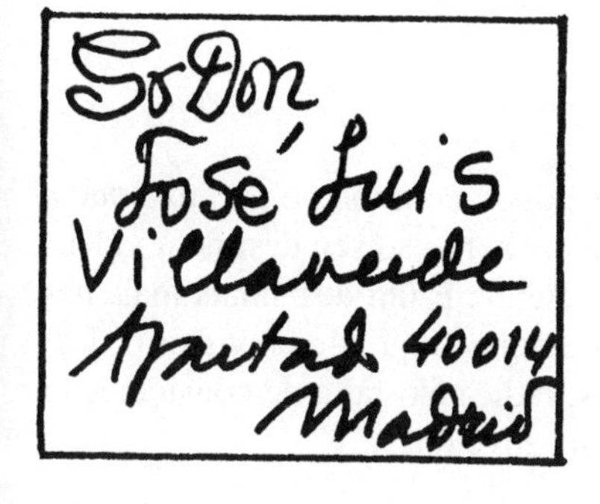

Figura 60
O texto invade por completo o envelope, grosseria, vulgaridade.

Os sinais se esparramam por toda a superfície do envelope invadindo todos os níveis, ocupando-os totalmente. O envelope simboliza também o tempo e o espaço, e o escritor quer ocupá-lo por inteiro.

Sinais situados de forma ordenada, interpretação
(Um detalhe de atenção e cuidado)

+ –	+	–
Clareza de idéias	Beleza	Rotina e afetação
Ordem		Escravo das convenções sociais
Atenção		
Bom gosto		

Dizemos que os envelopes são ordenados quando feitos com cuidado, claramente, de forma atenta e precisa, subordinados à finalidade principal a que se destinam – a legibilidade –, destacando os elementos necessários para que cheguem a seu destino, número, andar etc., e assinalando de forma exata o nome da cidade, o código de endereçamento postal etc.

Sinais situados de forma desordenada, interpretação
(Falha grave, com desagradáveis conseqüências)

+ –	+	–
Confusão de idéias	Predomínio do instintivo	Grosseria
Desordem		Precipitação
Despreocupação por detalhes		
Vulgaridade		
Distrações		
Incultura		

Quando o descuido chega aos envelopes, com todo o prejuízo que a perda de uma carta pode acarretar se não chegar ao seu destino, evidencia a precipitação e o descuido do remetente. É um dos sinais mais negativos perante o exame do "homem exterior", pois demonstra o descuido e negligência das boas maneiras, indicando falta de consideração pelos demais, que terão que decifrar tais envelopes.

COMPARAÇÕES ENTRE OS SINAIS E A CARTA

Max Pulver diz que nas letras que compõem os sinais do envelope vemos uma espécie de "fachada da personalidade". É a parte mais exterior do indivíduo. Não devemos nos esquecer que é também o nível mais consciente. Representa igualmente o "**eu ideal**" que queremos mostrar aos outros.

Acontece com o envelope e o texto da carta algo análogo ao que ocorre com as diferenças do texto da carta em relação à assinatura. Entre os "papéis" que representamos existem certas diferenças – sempre dentro de certos limites –, que nos mostram como nos comportamos diante deles.

O envelope é nossa primeira manifestação diante de desconhecidos. É uma realização na qual podemos concentrar nossa atenção e cuidado, pois não exige a mesma compenetração que o texto. É bem mais uma cópia. É breve. Não nos cansamos ao fazê-lo. Temos todo nosso domínio e podemos dedicar atenção e cuidado. Somente há um juiz implacável – a legibilidade.

Max Pulver, o discutido e admirável introdutor da grafologia simbólica de raiz psicanalítica, indaga o seguinte ao referir-se a esse tema:

Será que o escritor é tal como parece ser ou usa uma máscara? Em caso afirmativo, por quê?

Para proteger-se, para fingir ou para enganar?

Essa é a incógnita que desafia o pesquisador quando ele examina os sinais de um envelope, primeiro indício que lhe estende uma ponte que o levará à intimidade sagrada da criatura que escreve.

Não há razão para que o corpo da escrita do envelope seja diferente do da carta. E em geral não o é. Apenas costuma variar numa certa tensão, num maior cuidado e concentração. Porém, às vezes, assim como ocorre entre a assinatura e o texto da carta, surgem diferenças, e estas revelam aspectos interessantes da personalidade.

Deveremos julgá-las de acordo com os gestos ou traços que se modificam entre o envelope e a carta.

O envelope reflete a impressão, o exterior total, a primeira camada da personalidade. O consciente, o "eu ideal" que queremos vir a ser. Por isso, a primeira camada está cheia de boas intenções, de sonhos. Desde que, como nos adverte o pesquisador suíço, não seja uma careta, um escudo, uma grande ocultação.

Vamos estudar algumas das possíveis variações, como exemplo, já que podem ser muitas as diferenças e a esse respeito deve-se considerar também o que se diz sobre as assinaturas.

- Diferenças de inclinação (inclinada, vertical, invertida).
- Diferenças de forma (ângulos, curva).
- Diferenças de tamanho (grande, normal, pequena).

Como sabemos, as diferenças de inclinação devem ser interpretadas como frieza-sentimentos.

Onde quer que vejamos letras retas, estamos vendo autocontrole, predomínio da razão, frieza, domínio do afeto etc. E onde vemos a inclinação da escrita estamos diante da cordialidade, afetos, coração, impulsos generosos ou agressivos.

Quando o envelope é mais vertical do que a carta

Trata-se de pessoas que parecem mais frias e distantes do que realmente são, porque com sua "máscara" estão tentando esconder seu coração ardente, sua veemência e paixão. Também pode ser uma revelação da luta – do ideal, digamos – que o autor mantém para ser mais dono de si mesmo.

Quando o envelope é mais inclinado que a carta

Aparentam ser mais cordiais, numa primeira impressão, do que o são na realidade. Às vezes, tratam de ocultar sua pobreza de sentimentos e sua frieza indiferente de espectador passivo. Também pode significar uma luta do consciente, que procura ser mais cordial e afetuoso, assinalando a "meta" que quer atingir.

Quando os sinais são maiores que a carta

É uma manifestação de convencimento e vaidade, talvez de orgulho. O indivíduo quer deslumbrar os outros. Deseja que o considerem mais importante do que ele sabe que realmente é. O "eu ideal" exterior persegue uma meta de brilho, de importância, que realmente não alcançou.

Compensação ou supercompensação para o exterior de um sentimento de inferioridade.

Quando os sinais são de menor tamanho que as letras da carta

Pode ser um sinal de timidez, fraqueza diante de desconhecidos. Mas não nos esqueçamos de que é também um indício certo de que essa pessoa se sente mais importante do que tenta aparentar. Pode ser também uma meta de submissão, de autodesprezo, daquele que quer dominar seu orgulho e está mostrando seu "ideal" na escrita. Também pode ser uma manifestação hipócrita de humildade de quem adota essa postura para que os demais o elogiem.

Escrita mais angulosa nos sinais do que na carta

É uma dessas pessoas que parecem enérgicas, duras, até desagradáveis, numa primeira impressão. Mas depois de conhecê-las se descobre que essa aparência era uma defesa de sua debilidade e cordialidade íntima e normal. Não nos esqueçamos, como nos outros casos, da imagem "ideal" com que a pessoa fraca pode sonhar: de energia, de domínio e dureza.

Escrita mais curva nos sinais do que na carta

Com uma máscara de suavidade, oculta uma natureza dura e enérgica. A pessoa quer parecer mais grata do que realmente é. Pode ser também a meta de algumas pessoas adoçar suas relações com os outros, e o envelope recolhe esse "ideal" em seus traços curvos.

Igualdade entre as letras do envelope e da carta

Naturalidade, se a escrita é espontânea, já que adota absoluta igualdade entre sua aparência ou máscara exterior, e sua intimidade. Autenticidade de quem nada tem a ocultar ou modificar. Digamos que quem escreve assim é aquela mesma pessoa que vimos num primeiro momento. Não oculta nada de sua intimidade. Costuma aparecer em pessoas de nível superior, quando os traços são positivos, ou melhor, não há notáveis aspectos negativos. Quero dizer que também há pessoas vulgares, grosseiras e inferiores que não fazem nada para ocultar sua personalidade. A elas se soma também a falta de pudor.

É normal que haja leves diferenças para melhor nos envelopes.

IMPACTOS DE ORDEM EMOCIONAL

O quarto aspecto a considerar é o impacto emocional que pode estar no modo de situar o nome do destinatário.

Seria conveniente, em primeiro lugar, ver alguns envelopes para poder estabelecer as diferenças que existem entre uma impressão agradável e outra desagradável.

Mas é importante mencionar que, no envelope, quem escreve está reproduzindo a imagem do destinatário associada a cargas emocionais que podem revelar o grau de simpatia ou antipatia, respeito ou desrespeito que sente pela pessoa a quem se dirige.

Como norma geral devemos considerar todo aumento de:

- **tamanho**
- **legibilidade**
- **cuidado**
- **direção ascendente**
- **pressão**
- **firmeza**

Assinala uma impressão favorável, e nos põe na pista de um afeto, estima, admiração e carinho pela pessoa a quem nos dirigimos.

Por outro lado, todo achado de:

- diminuição
- ilegibilidade
- descuido
- borrões e emendas
- direção descendente
- diminuição da pressão
- tremor ou debilidade

está indicando uma sensação desfavorável pelo destinatário.

Às vezes, os sentimentos por alguém costumam misturar-se. Pode-se amar uma pessoa e sofrer por sua causa. O apaixonado não correspondido. A mãe desprezada. Então se cruzam, se incorporam sentimentos opostos que revelam o trauma ou complexo que essa dualidade agradável-desagradável produzem em nosso interior.

Figura 61
O texto do envelope está colocado embaixo e à direita.

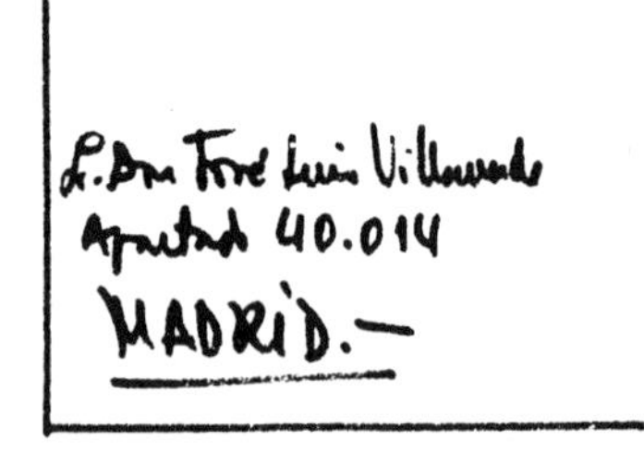

Figura 62
O texto está embaixo, mas do lado esquerdo.

Quero esclarecer que não é fácil nem simples identificar na escrita os sentimentos de uma pessoa que não conhecemos o suficiente. Mas devemos saber que precisamente nos envelopes nos defrontamos com o nome – imagem-símbolo do destinatário – dessa outra pessoa, e com ela partem sinais do inconsciente que somos incapazes de reprimir ou moderar e que muitas vezes nos denunciam.

Por isso, me pareceu oportuno, ao tratar dos envelopes, acrescentar esse aspecto e semear no leitor o interesse sobre este tema apaixonante, quase mágico, que nos foi legado pelo grande grafólogo Rafael Schermann, e que mediante o *lapsus calami* podemos penetrar nas feridas de nosso inconsciente.

Gestos gráficos

Ao longo dos grafismos, é comum que alguns chamem muito a atenção pela repetição de determinada característica numa letra, pela desproporção de outra ou parte dela, que conferem à escrita peculiaridades que a fazem sobressair-se das demais.

Creio que é impossível expor num *Manual de divulgacion* todas as variantes que podemos encontrar, mas é possível ditar algumas normas gerais que sirvam para nos deter diante de cada gesto anormal que surgir.[1]

O que pretendo analisar neste capítulo tem o objetivo de servir de guia não somente para os casos aqui apresentados, mas para qualquer outro.

Além do que já dissemos, vamos analisar os *Gestos Gráficos* mais característicos, que têm um valor universal e clássico, ao lado das mais modernas concepções do gesto e do símbolo, tema do próximo capítulo.

Existe uma lei que vigora desde o começo do século, pouco conhecida na Espanha, que é uma das que mais contribuíram para o estabelecimento da grafologia clássica. Deve-se a Solange Pellat, grafólogo francês que, junto com Crépieux-Jamin, consagraram o trabalho grafológico elevando-o à categoria de ciência na França. É também o fundador da "Sociedad de Experts en Grafismos", que reúne peritos grafólogos do país vizinho.

---

1. Veja uma classificação original de gestos-tipo em *El analisis grafologico*, de J. L. Villaverde, Madri, Paraninfo, 1972.

O dr. Solange Pellat, em *Leyes de la escritura*, cita os movimentos **egocêntricos** e **alocêntricos** que denomina de **movimentos para o eu** e **movimentos para o não-eu**.

Diz que são **para o eu – egocêntricos** – aqueles que nos finais de letra ou palavra se dirigem para a esquerda ou para baixo. Ver a figura 63.

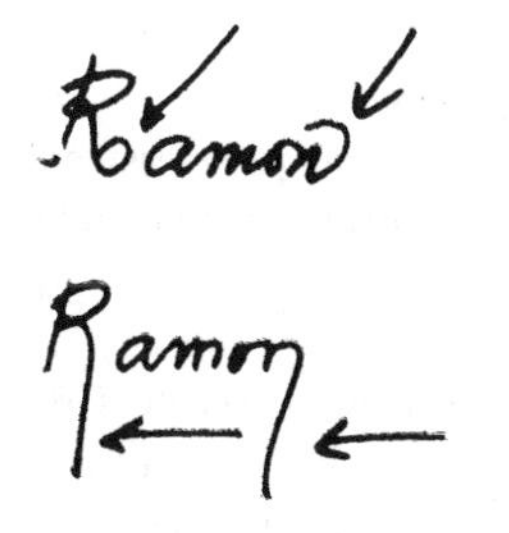

Figura 63
Movimentos finais para a esquerda e para baixo, respectivamente.

Figura 64
Movimentos finais para a direita e para cima, respectivamente.

Os finais envolventes do "r" e do "n" são movimentos egocêntricos para o **eu**. Os traços que na segunda palavra, também sobre o "r" e o "n", descendem, são movimentos egocêntricos. É verdade que os primeiros, envolventes para a esquerda, são de açambarcadores, e os segundos, para baixo, são afirmativos da personalidade, de apego, de auto-afirmação, mas são movimentos, efetivamente, também para o EU.

Ao contrário, os movimentos finais da letra e da palavra que vão para a direita e para cima são movimentos para o **não-eu**, **alocêntricos**. Na figura 64 repito as mesmas palavras da figura 63, mas com a variação dos gestos, como já disse.

Só nesta primeira lei pode-se resolver dúvidas sobre muitos gestos no grafismo, que não sabíamos como classificar. Como primeira lei, considero-a de grande importância, pois basta estudar a direção do movimento para saber se é um gesto para o **eu** ou para o **não-eu**, isto é, sobre si mesmo ou sobre os demais.

Os gestos de prolongação longa, como os da figura 64, indicam impaciência, irritabilidade, temperamento vivo, violência, como gestos expansivos ou irradiantes. Mas os outros, os que aparecem abaixo, na mesma figura, são aqueles que, ao dirigir-se para cima, têm um caráter de misticismo, de idealismo, porém, efetivamente, são os que tendem a nos afastar de nós mesmos.

Há uma divisão de escritas que, partindo da Lei de Pellat dos Movimentos Gráficos, é necessário conhecer agora. Refiro-me aos grafismos ou escritas **progressivas** e **regressivas**, que também foram chamadas **dextrogiras** e **sinistrogiras**. As escritas progressivas são aquelas em que todos os impulsos da letra, da haste, do oval e do giro, tendem a projetar-se para a direita abertamente, digamos, que **aumenta** o movimento para a direita de forma constante. Veja a figura 65.

Figura 65
Tipo de escrita **progressiva**, onde os movimentos vão para a direita.

No traçado regressivo (figura 66), ao contrário, os gestos se envolvem. Por isso digo que essas duas escritas espelham admiravelmente a Lei de Pellat em sua configuração. A primeira, **progressiva**, avança, e a **regressiva,** retrocede.

Escrita progressiva, interpretação
(Avança para a direita)

+ –	+	–
Altruísmo	Perfeição	
Extroversão	Atividade	
Sociabilidade	Retidão	
	Necessidade de expansão, de companhia	

A escrita **regressiva**, opostamente, é aquela na qual predominam os movimentos envolventes. É geral e quase sintomático que, se a escrita é **progressiva**, é também inclinada para a direita. Quando **regressiva**, sua inclinação é invertida. Entretanto, ela não precisa ser obrigatoriamente assim; pode apresentar misturas e, inclusive, ser abertamente regressiva e inclinada.

A de direção **regressiva** (figura 66) é diametralmente oposta tanto na direção como na interpretação :

Figura 66
Escrita **regressiva**, onde os movimentos vão para a esquerda.

Escrita regressiva, interpretação
(Retrocede para a esquerda)

+ –	+	–
Introversão Concentração Reserva	Apego ao passado, à família	Avidez Egoísmo Rapacidade Monopolização Acentuado instinto de conservação

Vou descrever e interpretar os **gestos gráficos** mais importantes e que nos ajudarão a compreender as peculiaridades humanas.

Os mais freqüentes são:

- **o arpão, inicial e final**
- **o nó**
- **a espiral**
- **os anéis**
- **a inflação**
- **a agitada**
- **a espada**
- **a clava**
- **a chicotada***

Quando aparece na escrita o **arpão inicial** (figura 67), devemos assim interpretá-lo:

O **arpão** é sinônimo de firmeza, obstinação e, quando colocado à esquerda (passado), indica tendência a tirar ensinamentos das experiências. Desejos de obter, acumular, lucrar.

Figura 67
Note o arpão que a seta assinala no começo da letra.

Figura 68
Arpão no final da barra do "t" minúsculo.

Figura 69
Nó com que a palavra termina, indicado pela seta.

* *Chicotada* ou *golpe látego* – termo comumente usado por grafólogos brasileiros. (N. E.)

Quando o arpão se manifesta no final da palavra, linha ou rubrica, projetado para o lado direito, indica tenacidade na ação que se empreende. Há sempre um fundo defensivo na sua forma de manifestar-se (figura 68).

O **nó** (figura 69) é um gesto envolvente, movimento egocêntrico **para o eu**, e a tendência egocêntrica, egoísta e açambarcadora será maior, quanto mais duro for o gesto, mais pressionado.

A **espiral** (figura 70) é um **nó** sem fechar, movimento vaidoso, próprio do egoísmo nascente, pouco acentuado.

Os anéis, vejam os **anéis duplos** da figura 71, revelam os espíritos intrigantes, com tremendo orgulho e grande suscetibilidade.

As **inflações** (figura 72), como toda espiral e gesto curvo, revelam divertimento e desgaste imaginativo, que tem repercussão segundo a zona onde se manifesta: se em cima, idealista e criativo, utópico. Se embaixo, sensual, positivista, prático. Mas as curvas são sempre um jogo da imaginação. No caso da figura 72, a desproporção da letra **s** implica também histeria, exageros de julgamento.

Figura 70
Espirais assinaladas com as setas num "L" maiúsculo.

Figura 71
Duplo anel sobre a dobra de um "B" maiúsculo.

Figura 72
Inflação gritante, num "s" minúsculo.

Quando num grafismo aparece a agitação, devemos interpretá-la como própria de pessoas nervosas, de determinações bruscas, irritáveis (figura 73).

Figura 73
Agitada, formada com união sobre o oval de um "g" minúsculo.

Figura 74
Agudo final em forma de **espada**, situado sobre a haste do "t".

Figura 75
Final em **clava** no fim da haste do "t" minúsculo.

Figura 76
Final de uma haste do "t" em **chicotada**.

A **espada** (figura 74), que é um agudo e pungente final nas hastes do "t" ou finais de palavra ou letra, é sinal de mordacidade, ironia, de pessoa maldosa e ferina.

O golpe da **clava** (figura 75) é próprio de pessoas arrogantes, resolutas, coléricas, contundentes na ação e na expressão. Da defensiva passam para a ofensiva.

A **chicotada** (figura 76) indica réplica furiosa, desabafos vivos, autoritarismo. É próprio das pessoas que não têm "papas na língua".

Como complemento final, daremos duas informações que podem ser importantes para o estudo: a classificação e interpretação dos **gestos gráficos**.

A primeira é que para atribuir um valor a determinado movimento é preciso que ele se repita várias vezes no mesmo texto. A segunda, para pesquisar o aspecto positivo ou negativo, do ponto de vista de energia, rendimento, inteligência e sentido prático, temos de analisar o gesto, qualquer um, a respeito de sua utilidade.

Em todas as letras há uma parte substancial, que é a que temos que fazer obrigatoriamente para que seja legível e identificável.

Veja na figura 77 uma letra "M" maiúscula em sua forma elementar, substancial, e os enfeites que a complicação humana pode lhe aplicar.

Figura 77
O "M" maiúsculo fundamental e os acréscimos desnecessários.

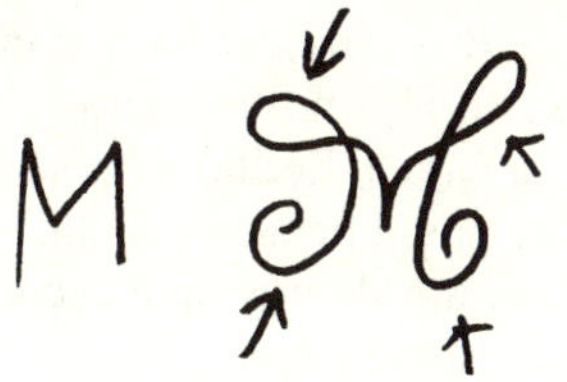

Todo gesto **necessário** é positivo, é energia canalizada para um rendimento eficaz.

Todo gesto **desnecessário** (ver flechas no segundo "M" da figura 77) é uma divagação mental, que implica perda da energia que não cumpre seu objetivo, pois é um trabalho negativo.

Ajudará consideravelmente na classificação dos **gestos gráficos** o estudo dos dois capítulos seguintes que nesta ordem tratam de: **símbolos mais importantes** e **valor da assinatura e rubrica**.

O **gesto gráfico** é talvez o caráter escritural mais difícil de interpretar em sua ampla acepção, porque sua combinação é tão infinita quanto a alma do homem que o produz e reflete precisamente a idiossincrasia de cada um de nós.

Símbolos mais importantes

Max Pulver introduziu o símbolo no campo gráfico. Sua descoberta, de incrível utilidade, talvez tenha sido o meio ideal de unir todos os movimentos caracterológicos que possuíam sentido harmônico, desde o momento em que esse filósofo suíço lançou sua teoria.

Segundo ela, cada um de nós é o centro do universo. Estamos, como acabo de dizer, no centro, em cima; além de nossas cabeças está o céu, embaixo, o abismo, o inferno. Nas línguas ocidentais, cuja escrita é da esquerda para a direita, o passado fica atrás, à esquerda, e o futuro fica à frente de nossa pena, à direita.

Cada um de nós, que escreve, está entre o céu e o abismo, entre o ontem e o amanhã.

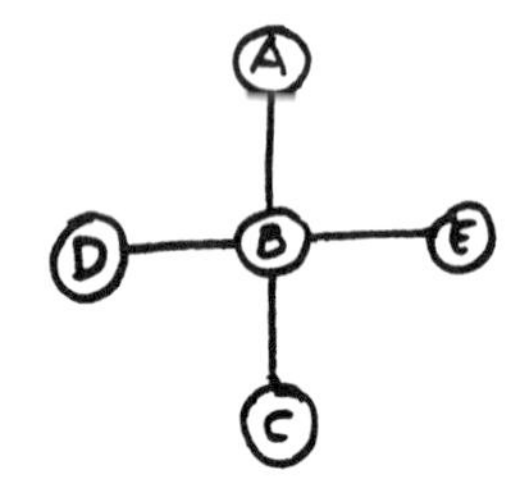

Figura 78
A cruz de **cinco símbolos**: A, superior; B, central; C, inferior; D, inicial ou esquerdo e E, final ou direito.

Por isso, qualquer movimento feito para cima, simbolicamente, está dirigido ao céu, à nobreza, à criatividade. Os movimentos médios, ovais e corpo médio da escrita refletem a zona do "eu", enquanto a baixa é a dos interesses práticos, as necessidades instintivas, o movimento físico etc.

Atrás, à esquerda, fica o passado, a família, os bons amigos e os bons afetos; no meio está o presente e à direita se abre o futuro incerto;

nossa pena vai quebrando, ao escrever, a linha imprecisa que separa o presente do futuro, para converter-se irremediavelmente em passado.

Quis reproduzir num primeiro gráfico a **cruz dos símbolos** que depois demonstrarei com mais detalhes nas partes da escrita que se movimentam até esses **cinco pontos simbólicos**.

A cruz dos cinco símbolos, figura 78, contém cinco letras distintas: A) **zona superior, ideal, nobre**; B) **zona média, egocentrismo, ponto nevrálgico do homem**; C) **zona inferior, dos interesses práticos, das necessidades fisiológicas**; D) **zona esquerda, moradia das lembranças, do passado, da mãe** e, finalmente; E) **zona direita, do futuro, das iniciativas, dos impulsos, realizadores**...

Quando, na escrita, impelimos os gestos gráficos depois de cada um desses campos simbólicos?

Na figura 79 apresentamos a palavra **família**, onde as cristas se destacam dos pés, e os pingos da letra "i" sobrelevam-se, confirmando o movimento.

A, gesto ou movimento para o **ideal**. Isso indica espiritualidade, interesses ideais, criação, imaginação, e é o grafismo próprio dos místicos, santos, artistas, filósofos...

Figura 79
Na escrita predomina o movimento simbólico "A", quando as cristas, os pingos do "i" e qualquer saliência sobe.

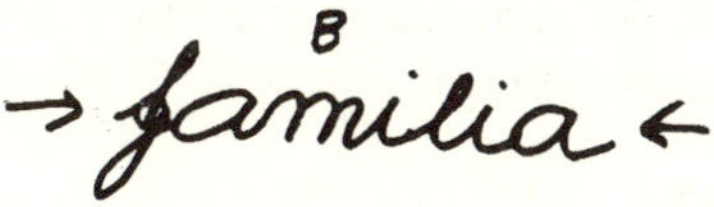

Figura 80
Dizemos que predomina o movimento "B" quando o corpo médio da escrita se desenvolve exageradamente.

Na figura 80 representamos o movimento para a **zona média**, "B". Desenvolve-se e ganha importância o corpo médio da escrita. Representa o endeusamento do **eu**, tentativa de enriquecer egoisticamente, enriquecer adquirindo cultura e conhecimentos, procurando comodidades etc. A escrita média é própria dos narcisistas.

A **zona baixa** (figura 81), movimento C, acontece quando a parte inferior se prolonga, pés e inclusive alongamentos anormais como o da letra "l". É um movimento para a zona instintiva, há preocupações com o positivo, desejos físicos, sibaritismo, gula, sensualidade, materialismo.

A **zona esquerda** (figura 82), representada pela inicial "D", é aquela em que o movimento profundo escritural se inclina na direção mencionada. Primeiro, o traço inicial do "f", depois a inversão das letras, o final curto, o pingo do "i" situado à esquerda do traço. O movimento à esquerda é sinônimo de nostalgia, tradicionalismo, introversão, repressão, frustração sentimental.

Figura 81
Movimento "C", quando os pés, finais inesperados – veja a prolongação anormal do "l" – e o pingo do "i" estão baixos.

Figura 82
Dizemos que predomina o movimento "D" quando o traço inicial se alonga, a escrita se inverte, carece de final prolongado e o pingo do "i" vai para a esquerda.

Finalmente, a zona final ou da direita, figura 83, está arremessada em todas as suas partes para a direita. O final é longo e lançado, a inclinação participa do mesmo movimento e os pingos do "i", horizontais, estão também situados à direita do traço.

Figura 83
No movimento "E" o final se prolonga, os pingos do "**i**" se situam à direita e o grafismo se inclina na mesma direção.

A escrita inclinada no **símbolo** "E" é própria dos homens realizadores, com iniciativa, impacientes e curiosos, que se atiram para levar adiante seus planos. São pessoas que gostam de mudanças e novidades, que marcham seguras na direção de seus objetivos, porque têm fé e esperança no futuro.

Os cinco movimentos **simbólicos** para cima, para o centro, para baixo, para a esquerda e para a direita foram estudados, e sua contribuição projeta nova luz para um melhor conhecimento do homem. E também nos ajudarão a compreender a lei que rege os movimentos da escrita.

O valor da assinatura e da rubrica*

Há três pontos que devem ser considerados ao estudar a assinatura e a rubrica. Primeiro, a colocação da assinatura na página. Depois, o contraste do tipo de escrita realizado na carta e o realizado na assinatura. Finalmente, o estudo da garatuja da rubrica propriamente dita.

Convém começar este capítulo com um ditado grafológico de destacada importância: "*A assinatura é o meio mais eficaz de avaliar a personalidade*".

Não basta analisar uma carta, é preciso comparar os achados com o que diz a assinatura.

SITUAÇÃO DA ASSINATURA NA CARTA

É preciso analisar se existe correspondência entre a situação da assinatura na página e os demais elementos gráficos. Segundo a situação da assinatura na carta, esta pode estar:

- **entrecruzando-se com o texto da carta**
- **próxima ao texto da carta**

---

* *Rubrica* (para o espanhol) significa um traço, ornamento colocado junto com a assinatura, e não a assinatura simplificada, como no Brasil. (N. E.)

- **afastada do texto da carta**
- **situada à direita**
- **situada no centro**
- **situada à esquerda**

Interpretaríamos, assim, cada uma dessas variantes.

Assinatura beirando o texto da carta, figura 84

Cordialidade extrema, não há distâncias ou protocolos, podendo revelar excesso de confiança em casos de indivíduos de nível inferior, em pessoas a quem chamamos de "pegajosas".

Assinatura próxima ao texto da carta, figura 85

Pessoa irradiante e cordial, que guarda distância, mas também sabe dar o primeiro passo numa reconciliação.

Figura 84
A assinatura se entrelaça com o texto da carta: excesso de confiança.

Figura 85
A assinatura colocada muito próxima ao texto: cordialidade, acesso fácil.

Afastada do texto, figura 86

É uma postura de distanciamento, custa chegar à sua intimidade, põe dificuldades e estabelece distâncias para que se chegue até ela. Amigo de protocolos e ante-salas.

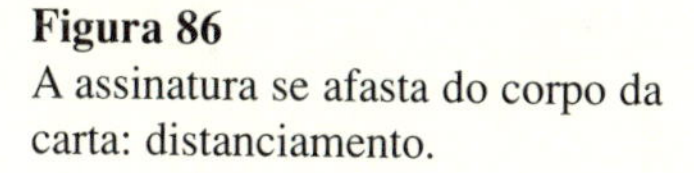

Figura 86
A assinatura se afasta do corpo da carta: distanciamento.

Figura 87
A assinatura se situa no lado direito da página: extroversão.

Assinatura situada no lado direito, figura 87

Extroversão, iniciativa e decisão, podendo no lado negativo ser reforçante do arrebatamento, do excessivo ardor que mal consegue reprimir.

Assinatura situada no lado esquerdo, figura 88

Introversão, insegurança na própria capacidade, timidez, inibição, exageradas reservas e prudências que fazem suas decisões malograrem.

Figura 88
A assinatura se situa no lado esquerdo da página: introversão.

Assinatura situada no centro, figura 89

Autocontrole, o cérebro domina as expressões e as ações.

Quando se situa à direita, o normal é que:

- Barras do "t" se situem também no lado direito.
- Margem esquerda grande e ampla.
- Margem esquerda crescente em tamanho ao longo da página.

- Margem direita inexistente.
- Letras inclinadas à direita.
- Finais longos e prolongados à direita.

Figura 89
A assinatura se situa no centro da página: autocontrole eficiente.

Quando se situa no centro, o normal é que:

- Barras do "t" e pingos do "i" estejam bem centrados.
- Margem esquerda normal, de tamanho e regular de cima até embaixo.
- Letras de 90°, sem inclinação, verticais.
- Finais normais, nem curtos nem longos.
- Margem direita pequena e regular.

Quando se situa à esquerda, o normal é que:

- Barras do "t" e pingos do "i" se situem também à esquerda.
- Margem esquerda pequena ou ausente.
- Margem esquerda estreitando-se ao longo da página.
- Finais de palavras e letras ausentes.

O comum é que esses sinais se correspondam, assinalando a tendência de introversão, inibição ou movimento para a esquerda, complementados por uma série de reforçantes.

Quando esses elementos não coincidirem, a assinatura for para a esquerda, as letras se inclinarem para a direita e as margens não corresponderem, deveremos interpretar como ambivalência ou conflito interior; a pessoa está lutando para modificar certas condições de seu caráter que considera pouco convenientes. Desesperada, está batendo em retirada ao ver que não consegue impor-se em seu ambiente na forma e medida que deseja.

Existem lutas, não há dúvida, e para compreendê-las melhor será necessário aprofundar a pesquisa dos conteúdos conscientes-inconscientes que se observam na escrita, que comentaremos em outra obra, *Grafologia profunda*.

Não obstante, é preciso alertar os que lerem este estudo para que levem em conta os planos consciente-inconsciente na escrita.

A **primeira parte** de qualquer gesto, movimento da escritura, impulso gráfico ou tarefa, está saturado em sua maior parte por conteúdos conscientes.

A **parte final**, ao contrário, revela de forma mais evidente os elementos inconscientes em todos os casos.

Devemos ter em mente os seguintes pontos para compreender os aspectos em que, com mais facilidade, encontraremos os conteúdos **conscientes**:

- Texto dos sinais nos envelopes das cartas.
- Primeiras linhas de uma carta.
- Margem esquerda.
- Primeiras palavras de uma linha.
- Primeiras letras de uma palavra.
- Primeiro traço de uma letra.
- Zona esquerda de um oval.
- Primeiro traço de uma haste.
- Maiúsculas.
- Parte superior das letras (cristas).

Por outro lado, existem mais conteúdos **inconscientes** nas seguintes partes da escrita:

- Assinatura e principalmente rubrica.
- Últimas linhas de uma carta ou página.
- Margem direita.
- Últimas palavras de uma linha.
- Últimas letras de uma palavra.
- Último traço de uma letra.
- Zona direita de um oval (normalmente).
- Último traço de uma haste.
- Minúsculas.
- Parte inferior das letras (pés).

Esperamos que com esta primeira orientação, que dá uma idéia da linha de nossas pesquisas, possamos ajudar o estudioso a determinar alguns problemas que incidem sobre a personalidade de quem escreve, tendo em conta que o consciente é geralmente **o que se deseja** ser ou fazer, enquanto que o inconsciente é **o que se é realmente.** Isto é o que se pode dizer sobre a colocação da assinatura no pé da carta.

Na segunda divisão das assinaturas, verificamos os contrastes ou diferenças entre as letras da carta ou texto, e as da assinatura e rubrica.

DIFERENÇAS ENTRE TEXTO E ASSINATURA

As diferenças, ainda que possam se multiplicar, são as que vamos estudar a seguir:

- **Assinatura menor que o texto.**
- **Assinatura maior que o texto.**
- **Assinatura invertida, texto inclinado.**
- **Assinatura inclinada, texto vertical.**
- **Assinatura angulosa, texto curvo.**
- **Assinatura vertical, texto ascendente.**
- **Assinatura descendente, texto vertical.**
- **Assinatura ascendente, texto descendente.**

Quando as letras que compõem o nome-sobrenome na assinatura são de **menor tamanho** que as letras do **texto da carta** (figura 90), significa que o autor se sente inferior à maneira como se manifesta.

Se ocorre o contrário, **assinatura de letras grandes** em **texto de letras menores**, indica, como aparece na figura 91, que o indivíduo se considera superior à maneira como está se manifestando.

Saludos
Juan

Figura 90
As letras da assinatura são de menor tamanho que as do texto: sentimento de inferioridade.

Saludos
Juan

Figura 91
As letras da assinatura são de maior tamanho que as do corpo da carta: o indivíduo tem um alto conceito de si mesmo.

O corpo da carta simboliza o eu manifestado ou social, a assinatura, o eu íntimo. Por isso, o jogo de interesses que se expressa na sociedade e a importância que se concede a si mesmo, pode apresentar contrastes. O princípio seguido para essas interpretações é:

O texto da carta simboliza o "eu" manifestado

A assinatura e rubrica simbolizam o sujeito perante si mesmo

Na carta nos abrimos ao exterior, na assinatura observamos a nós mesmos.

Além do contraste de tamanho, há muitas outras variantes de acordo com a norma, direção, inclinação. Todas serão resolvidas de acordo com a lógica, levando-se em conta que já estudamos os diferentes tipos de escrita e sua interpretação.

De todas as formas para aprofundar e aperfeiçoar a compreensão, vamos perfilar uma série de variantes:

Texto da carta com letras inclinadas, assinatura invertida

Figura 92. Uma pessoa que coloca a máscara da cordialidade e do afeto para surpreender os outros, pois é retraída e fria.

Também podemos interpretar como o caso de uma pessoa que quer ser mais cordial e afável e luta para vencer sua natureza retraída, defensiva, apagada ou frustrada.

Carta de letras verticais, assinatura inclinada

Figura 93. Costuma corresponder a pessoas encantadoras, cordiais, que no comportamento ambiental dão a impressão de ser um pouco secas e distantes. É uma forma de proteção para evitar decepções e incompreensões. Ocultam sua afetividade com uma capa de frieza, pois temem sofrer decepções depois.

Carta de letras curvas, assinatura angulosa

Figura 94. O tratamento doce e suave que manifesta socialmente é só uma máscara. Na intimidade é espinhoso, duro, intransigente, como sua rubrica e sua letra áspera e marcial.

E, como já comentamos, pode até encerrar o conflito da pessoa rígida, que está lutando no plano consciente para ser mais cordial e afável do que realmente é. Sempre pode-se aplicar uma interpretação benigna a essas formas duplas de manifestação gráfica.

Figura 92
Quando as letras da carta se inclinam e as da assinatura se invertem, vemos um introvertido, misantropo, que procura ser cordial por interesse diante dos outros.

Figura 93
Quando a assinatura se inclina e o texto da carta é de letras retas, significa que esta pessoa é mais cordial e afetuosa em sua intimidade, do que aparenta na sociedade.

Figura 94
Quando o texto da carta é curvo e a assinatura angulosa, indica que o autor aparenta, no ambiente em que vive, uma doçura e suavidade que não sente.

Texto em linhas ascendentes, assinatura de linhas retas

Figura 95. Essas pessoas forçam um estilo otimista e alegre em seu ambiente, talvez para animar os outros, embora intimamente não se sintam assim.

Assinatura que cai em texto de linhas retas

Figura 96. Trata-se de alguém que está evitando que os demais percebam sua grande tristeza, sua grande dor, seu grande fracasso e procuram levar uma vida normal, ocultando seus sentimentos. Depois, ao ficarem sozinhos, sentem sua profunda mágoa.

Assinatura que sobe, texto que cai

Figura 97. A ascensão da rubrica indica sempre desejos e confiança na vitória. O texto que cai mostra uma tristeza, um problema, um desgosto que o oprime e que procura vencer.

Tenho certeza de que com este ensaio não esgotei o assunto, mas o bom sentido do analisador poderá avaliar as demais variantes que podem surgir – o jogo de **ambiente social** no texto e o **ambiente de intimidade** na assinatura nos farão compreender facilmente o sentido de qualquer variação.

Como regra geral, cabe dizer que:

A igualdade das letras do texto e as da assinatura indicam harmonia entre o **eu manifestado** e o **eu íntimo**. Isto é ou deveria ser o normal.

Enquanto há **conflitos entre a manifestação e o autoconceito, de qualquer espécie**, estes revelam-se nas mudanças correspondentes que podem afetar:

- **a forma**
- **a pressão**
- **a rapidez**
- **a legibilidade**
- **a inclinação**
- **a direção**
- **o tamanho**

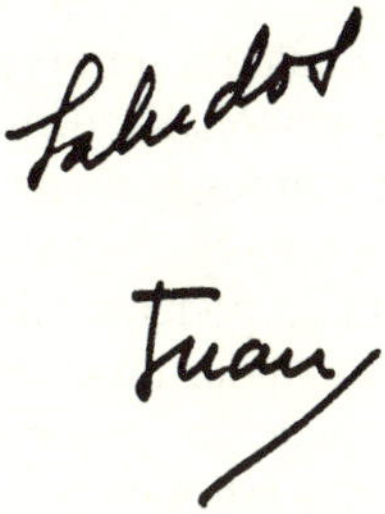

Figura 95
Quando o texto é de linhas ascendentes e a assinatura reta, indica que o autor manifesta uma alegria que não sente intimamente.

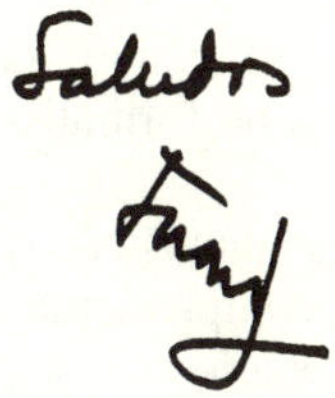

Figura 96
Texto reto e assinatura caída indica que se oculta um grande pesar ou fracasso.

Figura 97
Um texto que cai e uma assinatura que sobe indica que o autor confia em vencer sua tristeza, em sair-se bem de seu problema atual.

O gesto amplo e a rubrica também são de grande importância na interpretação da personalidade. O uso da rubrica é muito antigo, da época da Idade Média. Sabemos que antigamente se colocava atrás dos escritos as palavras latinas *Scripsit Firmavit Recognovit*, que com o uso foram se deformando até se tornarem ilegíveis, adotando posteriormente uma figura caprichosa que foi chamada rubrica, mas que perdeu seu anterior sentido afirmativo.

Denomina-se rubrica justamente porque as palavras latinas eram colocadas depois do nome e feitas inicialmente com tinta vermelha. "Rubrica" vem do latim "*rubrum*", que significa " vermelho" e, apesar de haver perdido o sentido que lhe foi dado e a cor, ainda persiste o nome. Entretanto, nada perdeu do seu valor original. Ainda hoje a assinatura impressa em documentos públicos ou privados autentica documentos e testamentos. Por esse valor jurídico, por esse sinal identificador, ainda hoje a assinatura continua sendo um ato que distingue a personalidade. É dona de grande riqueza de conteúdos do "**eu**" íntimo, assim como de achados insuspeitados de origem inconsciente.

Figura 98
Rubrica emaranhada, espírito intrigante.

Esse desenho é caprichoso, cada um o faz à sua maneira, sem regra fixa, e por isso fica a descoberto uma grande parte da personalidade que normalmente não enxergamos no formalismo dos princípios que regem o movimento da escrita.

Do estudo desse desenho fantasioso que é a rubrica podemos descobrir muitas interpretações complementares. Vamos estudar uma série de assinaturas, e suas interpretações correspondentes poderão ser úteis.

Rubrica em teia de aranha, figura 98. É típica dos intrigantes. Foi vista em muitos dos celebremente famosos conspiradores que a história conhece.

Figura 99
Rubrica envolvente do jogador internacional Francisco Gento.

Rubrica envolvente, sem roçar no nome, figura 99. É característica do sentimento de inferioridade, um gesto protetor da personalidade que encobre e defende de indiscrições e contatos. Intimidade fechada, introversão.

Figura 100
Rubrica entre duas linhas paralelas, sinal de perseverança. Corresponde ao campeão automobilista Jackie Stewart.

Rubrica constituída por dois trilhos, figura 100. Assinala a vontade férrea e impaciente, a persistência, as ambições concretas.

Figura 101
Rubrica antes de assinar: dons de organização, capacidade para prever. Assinatura de José Eulogio Gárate, o atacante internacional do Atlético de Madri.

Rubrica antes de assinar, figura 101. Própria de quem gosta de prever sucessos futuros. Corresponde a pessoas organizadas.

Rubrica com pequeno sublinhado no nome, figura 102. O destaque pessoal torna desnecessário o apoio da própria exaltação. O sublinhado leve é uma das últimas fases da maturação ou evolução da personalidade, caminho da superioridade.

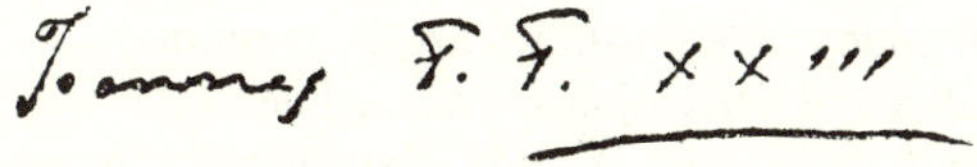

Joannes PP. XXIII

Figura 102
Rubrica sublinhando, de menor tamanho que o nome, supera o sentimento de inferioridade. Assinatura de S.S. o papa João XXIII.

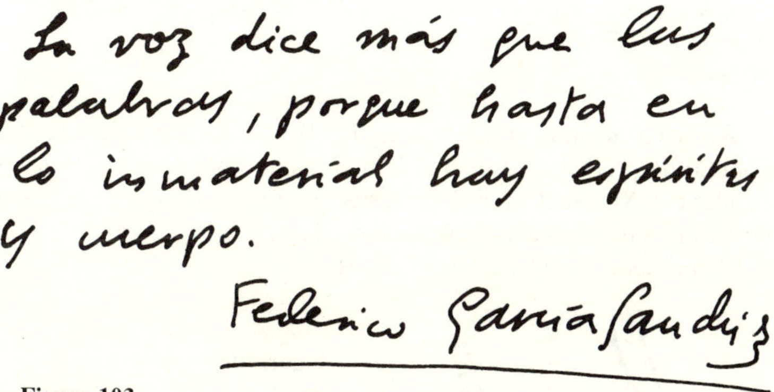

La voz dice más que las palabras, porque hasta en lo inmaterial hay espíritu y cuerpo.
Federico García Sanchiz

Figura 103
Rubrica com sublinhado ligeiramente maior que o nome. A personalidade precisa de apoio, sinais de inferioridade. Assinatura de Federico García Sanchiz.

Rubrica com sublinhado maior que o nome, quando o sublinhado é maior que o nome, indica desejos de sobressair-se, de se fazer notar, para assim compensar o sentimento de inferioridade que ainda não foi vencido. A figura 108 mostra uma assinatura sublinhada, mas de tamanho igual ao nome, fórmula intermediária entre as duas analisadas.

Assinatura sem rubrica, figura 104, é própria de gente de nível superior, que venceu seus complexos e possui uma personalidade evoluída.

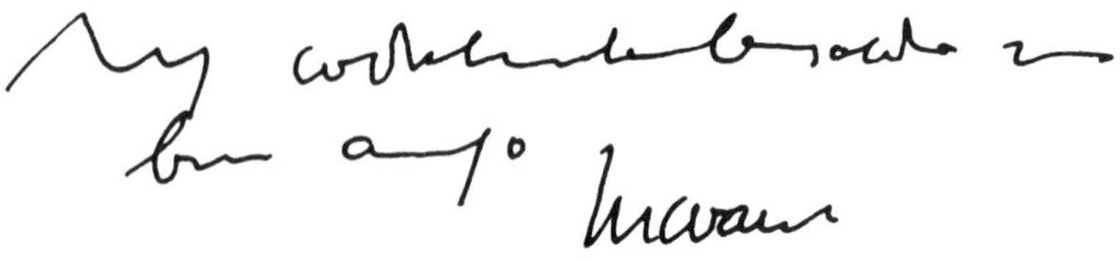

Figura 104
Assinatura sem rubrica. Relevo e evolução positiva. Grafismo de Gregorio Marañón.

Deve-se levar em conta que quando a assinatura sem rubrica procede de países onde não é costume fazê-la, o sentido é diferente, pois a média nacional-social determina seu valor interpretativo. Podemos conceder essa importância a países como Espanha, Portugal e ibero-americanos, onde a rubrica é habitual.

Figura 105
Assinatura sem rubrica, da atriz Silvana Mangano, normal em países europeus, exceto Espanha e Portugal.

Rubrica ao lado do nome, figura 106, é característica da época, sinônimo de prudência, cautela, de não deixar pontas soltas, lugar para emendas etc. Mas santa Teresa de Jesus, figura 110, desobedece as regras e deixa incompleta sua assinatura, num desejo de extroversão e doação, de sociabilidade e confiança nos outros.

Figura 106
Assinatura de Santo Inácio de Loyola. Correspondia, na época, a colocar a rubrica ao lado do nome.

Espirais entre os nomes, figuras 107 e 114. São restos do sentimento de inferioridade. Ficam ainda ocultas certas inseguranças na autoestima, complexos, pequenas instabilidades; é o último esforço para chegar à superioridade. Quando se mancha o nome, Muñoz Espinalt tenta ver um sentimento de desprezo próprio.

Figura 107
Assinatura de Ana Maria Vidal, intérprete. Uma pequena volta mescla-se às letras do nome. Sinais de sentimento de inferioridade, sinônimo também de fantasia.

Figura 108
A maiúscula grande, curva, o sublinhado do nome e a prolongação do "g" final falam de afirmação da personalidade. Assinatura de Gustavo Pérez Puig, produtor da Televisión Española.

Traço inicial grande, figura 108. Amor à tradição e à família, movimento para a **zona esquerda**, fiel na amizade.

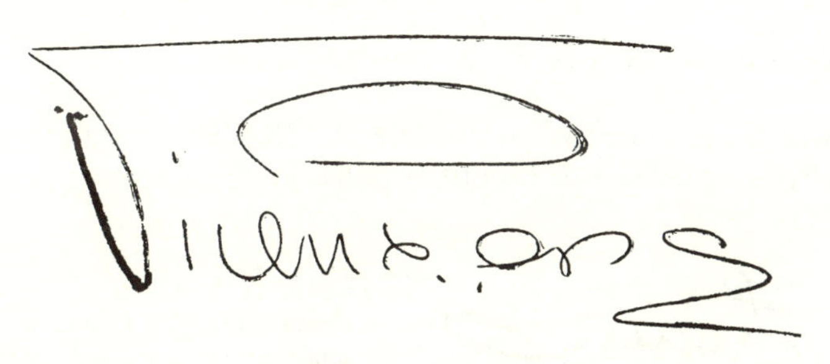

Figura 109
Traços superiores desenvolvidos, prolongação do "V", principalmente na assinatura do ator Vicente Parra. Independência e paternalismo.

Traços altos desenvolvidos, figura 109. Idealismo e necessidade de proteção, de ajudar aos outros, dons de imposição, quando se lança uma linha sobre as letras minúsculas.

Figura 110
Assinatura de Santa Teresa de Jesus. A pequena rubrica só aparece à esquerda. Doação, entrega, extroversão.

Assinatura em duas camadas, figura 111, provável sentimento de inferioridade.

Figura 111
Rubrica em laçada, da esferográfica de Marcelino Menéndez Pelayo.

Rubrica em laçada, figuras 111 e 112. Habilidade para a execução de trabalhos manuais e de expressão verbal.

Figura 112
Rubrica em laçadas e com aspas duplas: habilidade manual e tendência a dramatizar os relatos.

Rubrica com aspas duplas, figura 112. É característica das pessoas que tendem a dramatizar seus relatos.

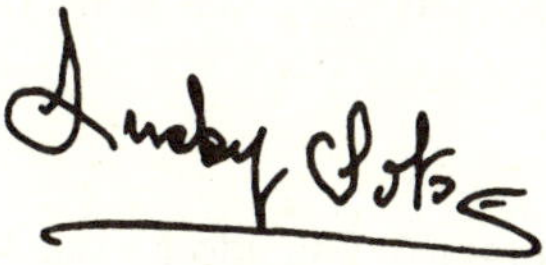

Figura 113
Assinatura de Luchy Soto. Trata-se de um ziguezague curvo e gracioso.

Rubrica curva, figura 111, revela graça, doçura.

Rubrica angulosa revela dureza, força, intransigência, figura 94. Quando o ângulo fica do lado esquerdo, figura 116, indica que esta pessoa é dura consigo mesma, exigente, ainda que nem sempre o seja com os demais. Se os ângulos se manifestam na zona da direita, a rigidez e a intransigência afetam os outros, aqueles que a rodeiam.

Figura 114
Assinatura de Luisa Sala. Encobrindo o nome há um sentimento de inferioridade, que não consegue vencer.

Figura 115
Assinatura de Wenceslao Fernández Florez. O sublinhado é maior que o nome.

Pingo desnecessário depois da rubrica, figura 117a. É sinal de desconfiança e pode também reforçar o pessimismo.

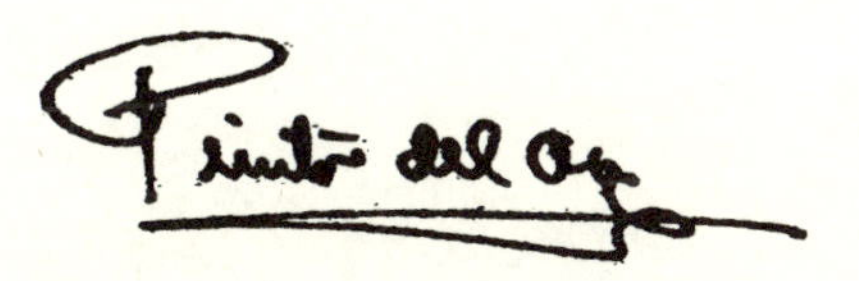

Figura 116
Ângulos duros à esquerda, na assinatura de Pinito de Oro. Revela vida de austeridade e sacrifício.

Vários pingos depois de assinar, figura 117b. É sinal de desassossego, produzido por algum sentimento de culpa, receia ser descoberto, procura esconder, e indica que foi visto em alguns casos de tesoureiros desonestos.

Figura 117a
Um pingo depois de assinar, sinal de desconfiança e reforçante do pessimismo.

Assinatura que sobe na vertical (figura 46). Quando a assinatura sobe, ascende, mostra os desejos de superação, de melhorar a posição atual, ambição nobre, desejos de chegar. Mas quando chega quase à vertical, como ocorre na figura 117c, as ambições são desmedidas, o próprio sujeito não sabe o que quer, beira a histeria e o misticismo insatisfeito.

Figura 117b
Vários pontos depois de assinar. Sentimento de culpa, receios constantes, sobressaltos, própria de tesoureiros desonestos.

Figura 117c
Assinatura na vertical. Misticismo, ambições desmedidas.

QUARTA PARTE
GRAFOLOGIA INDUTIVA ALFABÉTICA

Nenhum gesto está submetido a determinada letra, mas se expressa ou se reflete em certas letras, de forma mais palpável, mais nítida.

(Expressões que figuram na introdução do *Fichário alemão*, que recebi traduzido para o castelhano pela excelente grafóloga Maria Elina Echevarria.)

Repasse às letras mais importantes

Existem **doze letras** que, mais do que as outras, podem nos dar algumas pistas importantes sobre o caráter do escritor.

Não queria que acreditassem que essas letras são mais importantes do que as outras. Não. Simplesmente, algumas foram mais estudadas por mim, e outras por meus colegas. Esta é a razão pela qual figuram umas e não outras. No entanto, tentarei explicar por que umas estão neste livro e outras não.

Há muito tempo se conhece o "M" maiúsculo, pelo qual a escola clássica de Michón e seus seguidores se interessaram, por causa do formato particular de suas corcovas, braços e uniões. É uma letra tipicamente gesticuladora e de avanço, em diversas camadas.

Escolheu-se o "M" por sua riqueza de gesticulação, e quase me atrevo a dizer que os grafólogos clássicos agruparam nesta letra uma série de características que são comuns a todas as maiúsculas em geral, como pode ser a gesticulação do traço inicial e final de uma letra.

Mas é a escola simbólica que se concentra no "M", como caminho ou percurso do "eu" ao "tu", e por isso não só tem conteúdos de **autoanálise**, como também de **sociabilidade**. Sua riqueza interpretativa e suas possibilidades são imensas.

Outra letra prestigiada pelos grafólogos clássicos foi o "t", letra da vontade, onde se entrecruzam os dois movimentos de oposição. Finalmente, o pingo do "i", teste de atenção, e o "d", letra de fantasia e formação de idéias, foram as mais estudadas.

Não foi feito um estudo completo de todas as variantes. São milhares e milhares as desigualdades que encontramos nas pessoas. Todos somos diferentes. A possibilidade de variação nas letras é imensa. Crépiuex-Jamin, que empenhou-se em fazer um estudo estatístico, ficou desanimado.

O simples traço de uma haste, o mais simples dos traços longos, permite 8.549.000.000 variações.

E consta no *ABC de la grafologia* que, para estudar as variantes de uma letra qualquer de nosso alfabeto, a mais simples de todas, chegaríamos a aproximadamente 857.560.902.216.027.392.000.000.000 variações. Apavorante é a única palavra que encontro ao considerar como deveria ser um livro que estudasse uma só letra de nosso alfabeto em todas as suas possibilidades, mudanças e matizes.

No entanto, o "g" minúsculo é uma letra de grande riqueza de conteúdos sexuais, pois mesmo antes de nossa época, no século passado, foi possível comprovar em determinados maníacos sexuais formas estranhas do pé da letra. É verdade que desde o ano de 1950, até nossos dias, encontramos leis de interpretação que nos permitem chegar a conclusões incríveis, mas que só se consegue pela observação contínua e paciente, e pela comparação com outros exames, principalmente o Teste de Rorschach e o Teste de Zullinguer ou "Teste Z". Veja meu livro *Grafologia superior*.

O mais curioso nesses estudos é que os pesquisadores modernos chegaram às mesmas conclusões, o que indica que o caminho está certo e os resultados são promissores.

Atualmente, existem dois grupos de pesquisadores que se preocuparam com a forma das letras. Um é alemão, eu o chamo de Fichário Alemão, que li de uma tradução de M. Elina Echevarría, grafóloga argentina do grupo do dr. Ballandras.

O outro é francês e publicou dois livros sobre as maiúsculas e as minúsculas, sem chegar, é claro, aos números astronômicos de Crépieux-Jamin.

Comecei também a diferenciar algumas letras de outras. Para isso, foi necessário reunir amplo material escrito e uma série de dados das pessoas, para que eu pudesse comparar os grafismos e situar as letras de acordo com a idade, cultura, profissão e sexo dos autores. Isso só foi possível graças à grande quantidade de material divulgado pela imprensa, rádio e televisão.

Por intermédio de 46 emissoras na Cadena de Ondas Populares – COPE, *Radio Popular*, e pelo *El Noticiero Universal de Barcelona*, da *Redencion* de Bilbao e dos programas da Televisão Espanhola pude reunir em pouco tempo cerca de oito mil grafismos com histórias e testes de contraste: **Casa**, **Árvore e Casal**.

Em minha seção do *El Noticiero Universal* publiquei, durante mais de três anos, uma série de letras que organizei com cuidado, estudando primeiro o que disseram os pesquisadores clássicos ou modernos, mas, sobretudo, concentrando-me nas formas de escrita usadas na Espanha, incluindo Portugal, Andorra e países ibero-americanos.

Por isso, neste livro, vou tratar de uma série de letras pouco estudadas, sendo que muitas delas são resultado do meu trabalho. A primeira edição deste livro foi dedicada às seguintes:

- **a letra** "d" **minúscula e a criatividade**, figura 118.
- **a letra** "g" **minúscula e a libido**, figura 119.
- **a letra** "i" **minúscula e a precisão**, figura 120.
- **a letra** "M" **maiúscula e o autoconceito**, figura 121.
- **a letra** "t" **minúscula e a vontade**, figura 122.

LETRA "d" MINÚSCULA

Como já foi dito, partimos do modelo caligráfico (a) que necessita de interpretação, sempre que não for a de submissão, controle, subordinação.

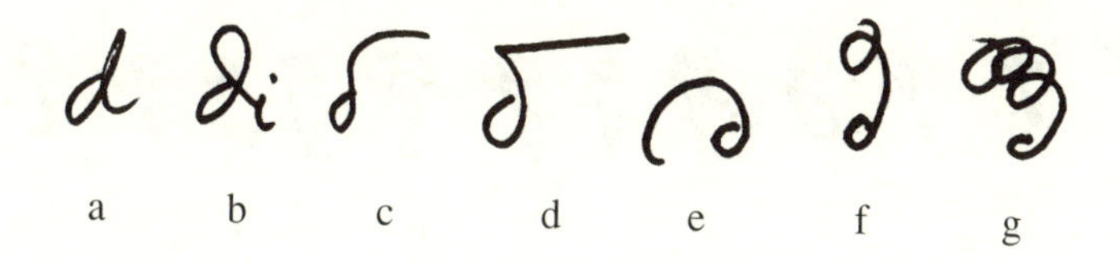

Figura 118
As diversas formas da letra "d" minúscula.

Letra "d" com bucle, unida ou não à letra seguinte, figura 118 (b).
É sinal de boa assimilação intelectual. Se estiver ligada, também indica dedução e realização do objetivo planejado.

Letra "d" curvada para a direita, figura 118 (c).
É própria da criação literária. García Lorca fazia um "d" assim. Também tem iniciativa e realiza na prática aquilo que criou ou planejou.

Letra "d" com prolongamento anguloso à direita, figura 118 (d).
Corresponde a pessoas impacientes e agressivas.

Letra "d" com prolongamento para a esquerda, figura 118 (e).
É característica nas pessoas com forte poder representativo, que

dominam com o controle volitivo. Alguns grafólogos o chamaram de **arco em tensão da fantasia dominada**. É porque dá a impressão de que alguém, à esquerda, está puxando a prolongação. Esse alguém é a vontade que refreia.

Letra "d" com espiral superior, figura 118 (f). É normal nas fantasias com pouca repressão, resultando na produção de obras artísticas. Quando perde o freio completamente notam-se várias espirais, figura 118 (g). Em ambos os casos revela mais sonhos e idéias do que realizações.

A letra "g" minúscula determina o grau da libido e sua mistura com a fantasia.

LETRA "g" MINÚSCULA

Vamos estudar os diversos pés do "g" e suas interpretações.

Voltemo-nos para o modelo caligráfico, figura 119 (a), que reflete uma libido normal, que afeta a fantasia (devaneios dentro da média), e a comunicação com os outros nas relações sexuais costuma ocorrer normalmente.

a b c d e f g h i j k l

Figura 119
As diversas formas do "g" minúsculo

Letra "g" com pé de menor tamanho, figura 119 (b), indica que a força da libido é um pouco inferior ao normal, timidez sexual.

Letra "g" com pé muito pequeno, figura 119 (c), é própria de certas deficiências da libido, timidez e inibição sexual.

Letra "g" com pé inchado, figura 119 (d). A libido está excitada pela força representativa da fantasia.

Letra "g" com pé exagerado, figura 119 (e). Sonhos eróticos, interesse por assuntos libidinosos ou pornográficos, procura de prazer sexual etc.

Letra "g" com pé anguloso, figura 119 (f), repressão e controle volitivo sobre os impulsos da libido, podendo determinar frigidez em mulheres adultas.

Letra "g" com pé terminado em ponta, figura 119 (g). Não chega a uma satisfação sexual plena, há inconvenientes, frigidez, temores, tabus em relação ao sexo, ao amor, ao afeto sexual etc.

Letra "g" com pé invertido em forma de "8", figura 119 (h). O coquetismo tem repercussões no campo sexual e é um gesto tipicamente feminino, uma habilidade especial para atrair o outro sexo.

Letras "g" que não sobem, o pé fica interrompido, figuras 119 (i e j). Má realização sexual, custa dar-se ao ato sexual, entregar-se...

Letras "g" que sobem sem fazer espiral no pé, figuras 119 (k e l). Há uma dignificação dos instintos, aproveitam-se as forças da libido para fins superiores. Há uma grande disciplina e franqueza no (k), que inclusive chega à violência, e o faz com naturalidade e sem esforço (l).

LETRA "i" MINÚSCULA

A letra "i" minúscula sinaliza muitos aspectos da personalidade, dependendo da precisão e regularidade no formato e colocação do pingo.

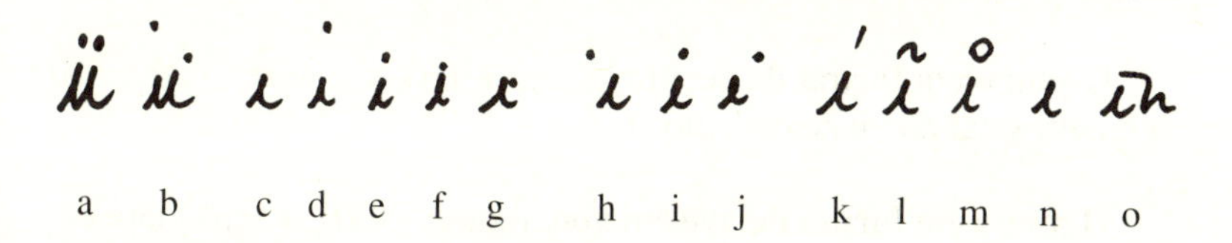

Figura 120
Diversas variações no pingo do "i", partindo da precisão.

O pingo do "i" colocado sempre do mesmo jeito, figura 120 (a), revela a atenção e a precisão do autor.

O pingo mal situado, irregular, figura 120 (b). A imprecisão e a falta de atenção são as interpretações mais características do ponto mal-situado.

O pingo muito alto, figura 120 (c), é como o colocam as pessoas utópicas, que vivem meio "na lua" e correm atrás, digamos, de coisas impossíveis. Provável misticismo.

O pingo situado alto, figura 120 (d), é comum nos idealistas e espiritualistas, nos que querem desapegar-se um pouco deste mundo materialista em que vivemos.

O pingo na altura normal, figura 120 (e), indica um equilíbrio entre as correntes espiritualistas e materialistas.

O pingo baixo, figura 120 (f), é típico dos positivistas, materialistas, espíritos práticos. Próprio dos realistas.

O pingo caído, figura 120 (g), apareceu em alguns casos de onanismo, problemas de medula e pode indicar também grande debilidade física, depressão etc.

O pingo à esquerda, figura 120 (h), é típico dos inibidos, retraídos, introvertidos, vacilantes e indecisos.

O pingo no centro, figura 120 (i), corresponde aos controlados, reflexivos, prudentes, sensatos...

O pingo situado à direita, figura 120 (j), corresponde às pessoas afetuosas, apaixonadas, decididas e com espírito de iniciativa.

O pingo em forma de acento, figura 120 (k), deve ser interpretado como um sinal de vivacidade nos reflexos.

O pingo em forma de ave em vôo, figura 120 (l) , é uma clara exuberância imaginativa. Fantasia excessiva.

O pingo em forma de círculo, figura 120 (m), quando devido ao modelo caligráfico aprendido, necessita de interpretação. Se feito espontaneamente, indica originalidade que pode chegar à extravagância. Imaginação fértil. É próprio de artistas, desenhistas etc. Quando outros sinais o reforçam, pode corresponder a certos desequilíbrios em suas fantasias. Se no começo da carta o pingo for redondo e no fim de muitas palavras, normal, indica mimetismo, desejos de originalidade e extravagância. Mas principalmente esnobismo de quem quer imitar os demais naquilo que, segundo ele, o fará destacar-se. No fundo, pouca personalidade, influenciável.

O "i" sem o pingo, figura 120 (n), é indício de esquecimento, descuido e distração.

O pingo ligado à letra seguinte, figura 120 (o), tem dupla interpretação: no campo intelectual é sinal de dons dedutivos e no terreno volitivo corresponde a pessoas muito ativas, quase dinâmicas.

Vejam até que ponto o miúdo pingo da letra "i" pode nos levar a identificar a pessoa que escreve. Ficam ainda por explicar outras formas estranhas de pingos do "i", pois entram na área dos símbolos individuais, o que nos obrigaria a interpretar cada caso particularmente: a forma **de coração, o triângulo, a coroa** etc.

LETRA "M" MAIÚSCULA

Na letra "M" maiúscula, considerada a mais importante das maiúsculas, nota-se, além de uma gama de interpretações que seria prolixo enumerar agora, o **autoconceito** e a **relação com os outros**, uma espécie de estudo **crítico comparativo**.

A letra "M", com dois ou três corpos, tem o mesmo significado, e ao longo destas interpretações vamos ficar com a de três corpos, que contém mais possibilidades interpretativas. O jogo dos símbolos é como segue:

O primeiro corpo representa quem escreve.

O segundo corpo representa as pessoas próximas, os amigos, a família.

O terceiro corpo representa os demais, os outros, a sociedade.

No **terceiro corpo** tem-se uma idéia da **opinião**, **crítica**, **sociedade**, **espectadores anônimos**...

Quando a letra "M" tem só dois corpos, o primeiro representa quem escreve e o segundo, os demais.

Para que esse jogo interpretativo fique claro, assim como o papel que essa **lei grafológica** apresenta na prática, vamos nos fixar em algumas letras "m".

O primeiro corpo é muito alto, figura 121 (a). Indica que o escritor exagera no bom conceito que tem de si mesmo, misturado com orgulho, enquanto demonstra certo desprezo pelos outros.

O primeiro corpo tem um enfeite, figura 121 (b). É um gesto de pretensão feminina – veja a escrita da figura 12 –; além de orgulho, encerra um convencimento da própria beleza ou atração feminina. Uma espécie de senso de beleza.

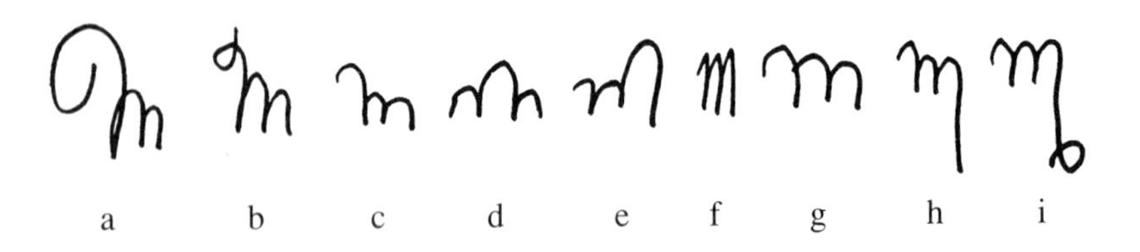

Figura 121
A letra "M" revela o autoconceito.

O primeiro corpo é maior do que os outros, figura 121 (c). É o orgulho normal e pessoal do escritor que se antepõe aos demais. É justo que isso assim aconteça, e a graduação de valores é correta quando eu estou em primeiro lugar, depois minha família e, finalmente, os outros.

O segundo corpo é o maior, figura 121 (d), indica que a pessoa que escreve se sente diminuída perante a importância de sua família. Nome ilustre, pai famoso, força enraizada do passado, a verdade é que a família é tudo para ela, que se considera abaixo dela.

O terceiro corpo é o maior, figura 121 (e). Há um fantasma à solta, é a preocupação com a opinião alheia. A desvalorização individual existe, bem como o sentimento de inferioridade, no caso anterior, mas aqui está o medo, a dependência, a preocupação com o que as pessoas possam dizer ou pensar. É próprio das pessoas famosas, atores, homens públicos... que vivem da crítica. É comum em atores e apresentadores de rádio e TV.

Corpos muito estreitos, figura 121 (f). O estreitamento da escrita é sinal de timidez, inibição, temor, insegurança. É a escrita daqueles que não têm autoconfiança.

Corpos largos, figura 121 (g). É a figura do homem seguro de si mesmo, que se desenvolve com afinco. É um gesto de autoconfiança, de segurança.

Último traço do último corpo projetando-se na vertical, figura 121 (h). Os descensos anormais na vertical geralmente são conseqüência de inveja, preocupação com dinheiro, talvez porque há falta dele – prodigalidade – ou porque na infância sofreu necessidades e agora se supervalorizou.

Último traço descendente e envolvente, figura 121 (i). Aqui o movimento descendente – inveja – se une a um envolvente açambarcamento e mostra a tendência a ganhar dinheiro, lucrar, obter vantagens nos negócios etc.

LETRA "t" MINÚSCULA

Para terminar este capítulo dedicado às letras, vamos citar e analisar agora a que foi considerada a letra da força de vontade e da perseverança, embora nem sempre em sua forma total.

Se a barra do "t" minúsculo está colocada à esquerda ou à direita da haste, o indivíduo avança ou retrai-se, será decidido ou vacilante.

Barra do "t" afastada da haste à esquerda, figura 122 (a). É própria de indecisos, covardes, vacilantes, que não conseguem se decidir. É sinal de introversão.

Barra do "t" situada à esquerda na haste, figura 122 (b). Pode haver vacilações e dúvidas, que o levam a indecisões e o freiam na ação e realização da meta planejada, em menor grau que o caso anterior.

Barra do "t" no centro, figura 122 (c). A reflexão, o cálculo, a premeditação e o autocontrole são as interpretações que se podem dar a esse tipo de barra. E também, se aparece com freqüência, tem o mesmo significado que o pingo do "i" constante: precisão e atenção.

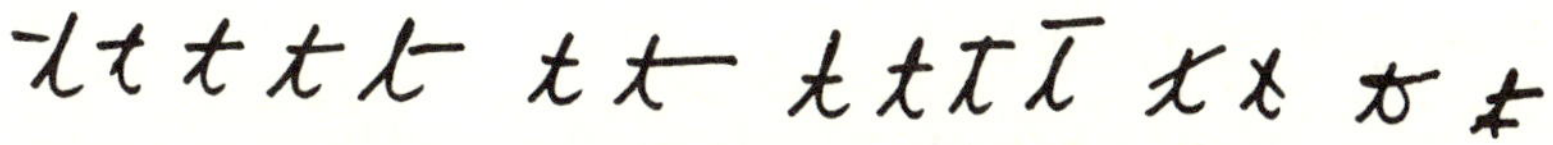

a b c d e f g h i j k l m n o

Figura 122
A letra "t" e sua barra é um teste de vontade: força e constância.

Barra do "t" para a direita, figura 122 (d). Tomam rápidas decisões, entregam-se ao trabalho com entusiasmo e mostram iniciativa.

Barra do "t" à direita, desligada da haste, comum em pessoas decididas, ardentes, apaixonadas, que chegam à audácia e à irreflexão, figura 122 (e).

Barra do "t" curta e firme, figura 122 (f). É sinal de potência volitiva não isenta de autocontrole, digamos, que canaliza e aproveita a energia, há controle de si mesmo, esforço bem-dirigido e domínio.

Barra do "t" longa, figura 122 (g). Própria de pessoas curiosas e impacientes, que muitas vezes se angustiam porque querem resolver logo o que têm em mãos.

Barra do "t" situada na parte baixa da haste, figura 122 (h). Indica subordinação, humildade, submissão, é própria dos realizadores, dos que gostam, preferem ou lhes convém ser dirigidos.

Barra do "t" situada a uma altura média, figura 122 (i). É um tipo médio entre a subordinação e a imposição – próximo estudo – e corresponde a pessoas que podem ao mesmo tempo submeter-se ou impor-se segundo lhes convenha, e estão numa posição intermediária.

Barra do "t" situada no alto da haste, figura 122 (j). É característica dos idealistas, dos chefes, dos que nasceram para mandar e impor-se, e se não conseguem, rebelam-se.

Barra do "t" acima da haste, figura 122 (k). Além da tendência à imposição, chega à utopia e vive um pouco "nas nuvens".

Barra do "t" projetada para cima, figura 122 (l). É a postura de oposição ao ambiente, de sistematizar a oposição ao que lhe é exposto e é contra a opinião dos que o rodeiam. Polêmica e discussão na ponta da língua, desejo de ficar por cima...

Barra do "t" projetada para baixo, figura 122 (m). É a característica da obstinação, é a postura do jumento que abaixa a cabeça, firma as patas e não permite que ninguém o tire de seu lugar. Aferra-se aos próprios princípios e pontos de vista.

Barra do "t" em forma de chicote, figura 122 (n). As réplicas iradas, o atrevimento no caso de pessoas de nível inferior, a postura sempre defensiva, o não ter "papas na língua" quando é preciso, são as melhores interpretações desse tipo de escrita.

Letra "t" com barra dupla, figura 122 (o). É a escrita típica dos teimosos, dos que não cedem diante das dificuldades, dos que se sobrepõem ao cansaço e ao desânimo para satisfazer suas vontades.

Barra do "t" sempre igual na escrita, que ao longo de uma carta conservam a mesma forma, a mesma pressão, direção e situação, corresponde a pessoas perseverantes que permanecem firmes em seus projetos.

Barra do "t" minúsculo sempre variável, que dentro de uma mesma escrita aparece de formas, tamanhos, pressões e situação na haste diversas, indica versatilidade e imprecisão.

Nesta edição nos propomos também a analisar uma série de letras que não foram bem estudadas por outros autores e que são:

A letra "A" maiúscula e a dualidade humana ou contraste entre o **eu íntimo** e o **social**.

A letra "B" luta entre o masculino e o feminino, entre a intransigência e a cordialidade ou adaptação, entre a introspecção e a extroversão.

A letra "C" e o egoísmo, o narcisismo, e a vaidade ou coqueteria.

A letra "I" e as exigências da vida, o que pedimos à vida, em contraste com o que fazemos para chegar às nossas metas.

O "f" minúsculo e a luta entre o espírito e a matéria.

O "r" minúsculo e a canalização da energia.

O "s" minúsculo e a integração pessoal ou a perda do controle. Letra também de energia.

Vamos repassar a seguir essas novas variantes em que algumas, de certa maneira, são primícias para nossos leitores:

LETRA "A" MAIÚSCULA

Depois das explicações de Crépieux-Jamin, não nos aprofundaremos no estudo da letra "A" maiúscula, pois iríamos além dos objetivos deste manual de iniciação, mas darei duas informações que serão muito valiosas para captar e interpretar o significado desta letra.

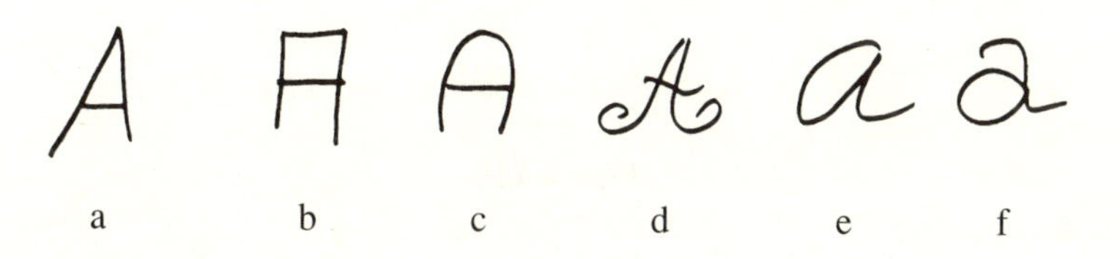

Figura 123
Mostra seis variantes do "A" maiúsculo.

a) Maiúscula tipográfica de ponta aguda. É uma letra harmônica, de pessoa culta, equilibrada, que sabe harmonizar seu eu íntimo e seu eu social. É uma forma positiva de fazer o "A". Talvez indique, também, se for um pouco estreita, inibição e energia que é canalizada para a explosão de caráter, irritação que em geral aparece nas pontas agudas no cume das letras.

b) A letra "A", digamos quadrada, dá a impressão, e o contraste confirmou, de proceder de pessoas que lutam entre suas duas partes integrantes: **o íntimo** e o **social**. Parece que separam sua personalidade, principalmente se há diferenças entre o lado direito e o esquerdo. A haste da esquerda revela o íntimo e familiar; a da direita; o profissional e social.

c) A letra "A" curvada em cima tem duas interpretações que, às vezes, servem para uma mesma pessoa. Concluiu-se, estatisticamente, que entre artistas, principalmente plásticos, a curva simboliza a arte, a graça e a expressividade; e em alguns casos corresponde à reserva. Não devemos nos esquecer de que é uma arcada alta. Por isso, pode igualmente revelar exibicionismo e desejo de chamar a atenção, originalidade etc.

d) O "A" caligráfico é utilizado por indivíduos tradicionalistas, apegados ao passado, aos costumes do meio em que vivem. Próprio de pessoas maleáveis, amáveis, que executam bem suas tarefas e trabalhos, temerosas de infringir as leis...

e) O "A" maiúsculo com forma de minúscula é pitoresco, pois assim a executam as pessoas simples, que fogem das honrarias. Simplicidade, austeridade, naturalidade. É uma forma positiva de executar a letra. Devemos estudar a maneira de percorrer o caminho e suas dificuldades, que têm relação com a introversão.

f) "A" maiúsculo em forma de minúscula tipográfica. Vê-se pouco este tipo de letra. Significa simplicidade e naturalidade, mas há algo de afetação nesse jeito de manifestar-se.

Figura 124

A figura 124 mostra algumas variantes da forma de executar o corte do "A", um dos mais importantes elementos ativos diante das decisões. A projeção do indivíduo relaciona-se com o modo como ele situa esse traço. Vejamos algumas de suas variantes "vivas". A típica decisão-indecisão da barra do "t" repete aqui suas interpretações, mas com limites um pouco mais restritos: a decisão inicial depois da reflexão e a tomada de contato com um problema ou uma alternativa.

g) O egoísmo e a desconfiança criam um clima defensivo, e as decisões são tomadas depois de muitas suspeitas e temores. Pessoa interessada, amiga de grupinhos e camarilhas. Gosta de permanecer na sombra, temerosa.

h) Precisão, reserva, dissimulação, mas em formas suaves e agradáveis. Ocultação escrupulosa da maneira de ser e pensar. Indecisões e vacilações que não possuem ímpetos compensatórios.

i) Indecisões e preparação na sombra, inibições que terminam com decisões drásticas e inesperadas, violentas, próprias de quem explode depois de brincar de desfolhar a margarida sem tomar uma decisão adequada.

j) Suspeitas e segredos ocultos. Elaboração das decisões com preocupações mais de forma do que de fundo. Superficialidade e escassa eficácia, porém amor à efetividade.

k) Decisões rápidas, audazes, cortantes, racionais, nas quais se aprecia o desapego ao tradicional, disciplina e sensatez no que investe.

l) Apego ao passado e à tradição. Escrúpulos e vacilações na tomada de decisões que terminam em nada a maior parte das vezes. É pessoa que busca sempre uma saída para voltar atrás na palavra empenhada, na decisão que tomou. Engana até a si mesmo...

LETRA "B" MAIÚSCULA

A haste básica de cima abaixo reflete o masculino, o eu. A parte da direita, o feminino, o social. No lado esquerdo estão as amarras ao que lhe é familiar, às origens, à pátria e aos bons e velhos amigos.

Sempre há dois conceitos em luta ao executar-se uma letra: a forma caligráfica diante da tipográfica, que encerram duas concepções diferentes de ver a vida e de vivê-la. É o choque do tradicional, do correto e aceito (forma caligráfica (a)) perante a inovação e a aventura, o fundamental sem amarras, o racional que encerra a forma tipográfica, mais ágil e legível.

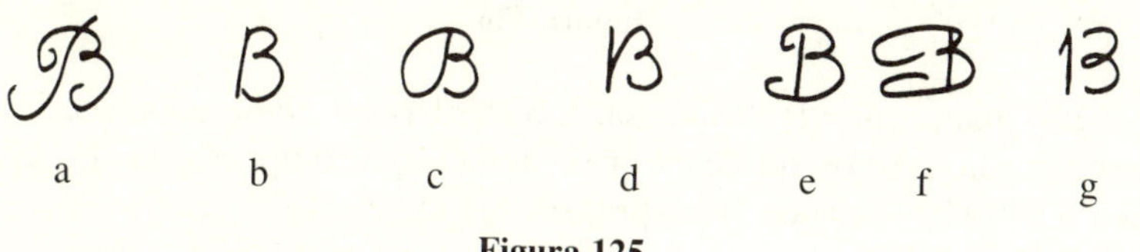

Figura 125

a) "B" caligráfico. Pessoa cuidadosa, tradicional, atenta e circunspecta em suas relações sociais. Aferra-se a "seu tempo passado que foi melhor".Vive imersa nas convenções sociais. Executa com atenção e cuidado suas tarefas, das quais usufrui fazendo o melhor possível. Adaptável ao meio em que vive.

b) "B" maiúsculo de forma tipográfica. Próprio de pessoas cultas, que aproveitam suas energias para produzir racionalmente. Inovação, clareza de idéias, contundente na ação. Maturidade pessoal.

c) "B" com haste básica fechada na letra. Pessoa reservada, introvertida, que vive um tanto na defensiva, ocultando-se dentro de sua máscara.

d) "B" com haste básica aberta. Pessoa aberta e extrovertida, sociável, mas com bom senso e certo amor-próprio sem extremismos.

e) Há, neste "B" maiúsculo, algum equilíbrio em suas partes. O tradicionalismo o prende, mas não impede que veja o futuro com esperança e decisão. Inclusive os impulsos práticos e realizadores predominam sobre os conservadores.

f) Conservador, indeciso, apegado ao passado e à tradição que o imobiliza em seu avanço. (Isto se a haste básica foi feita, como é provável, em primeiro lugar.) Quando a haste é feita por último, indica arrebatamento e decisão, que não vacila em desprezar o convencionalismo e a tradição para chegar às suas metas. Angústia: impaciência e pressa.

g) "B" em forma de cifra. Os grafólogos acreditam que essa maneira de grafar o "B" denota um espírito metódico e matemático. Mas ignoram que, quando uma letra é dividida, ocorre uma perda de vitalidade, e talvez o metodismo não passe de uma defesa diante dos demais e uma economia de forças que apenas oculta a fraqueza da personalidade. Também deve ser interpretada como uma cisão entre as características masculinas e femininas de nossa personalidade. E, sem dúvida, existe uma cisão entre o "**eu**" e seu ambiente socioprofissional.

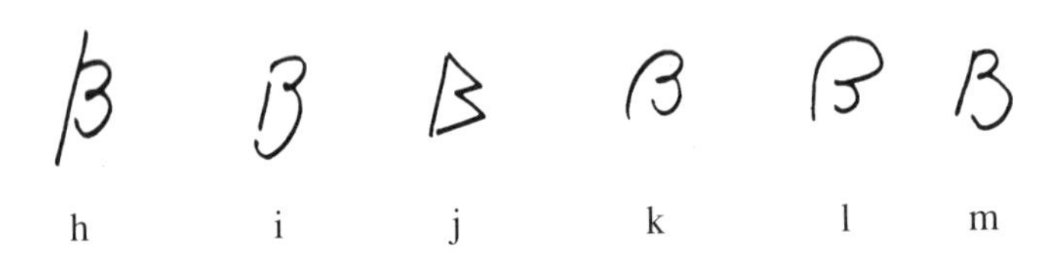

Figura 126

h) Quando no "B" sobressai a haste básica, como acontece neste caso, revela desejos de destacar-se, uma supercompensação do sentimento de inferioridade. Amor-próprio suscetível. Altivez.

i) Quando a haste básica é mais curta que a parte dupla-curva da direita no "B" indica simplicidade e naturalidade. O indivíduo prefere passar despercebido a deslumbrar o ambiente social que tanto o preocupa. Desvaloriza-se a si próprio. Teme as críticas.

j) O ângulo com modificação no "B" indica franqueza, dureza, intransigência, perigo de obsessões.

k) Ganha na adaptabilidade e perde na intransigência, mostra reserva e tendência a proteger-se. Harmonia entre as necessidades espirituais e os projetos, as necessidades materiais e as realizações. Tanto os ideais como a praticidade fazem parte de sua personalidade.

l) Quando destaca a curva superior, o nível de idéias, projetos e sonhos em suma, é mais forte que a realidade, representada na curva inferior. Por isso, quem faz este "B" pensa e planeja, mas não realiza, porque seus "sonhos" são inconscientes e a pessoa precisa de energia para executá-los na prática. Corman diria que se trata de um tipo de "lua".

m) Já o homem realista, que se baseia em sólidas realidades, faz a curva inferior mais acentuada (além de que essa forma gráfica "arquitetônica" é mais estética).

n) A curiosidade, o estar de volta, o procedimento cauteloso, podemos encontrar nessas laçadas hábeis que também podem significar destreza em trabalhos manuais.

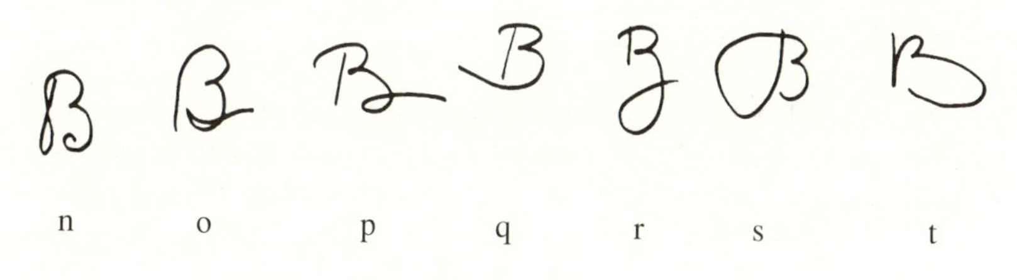

Figura 127

o) Sempre que a haste básica fica afastada do bucle, ou melhor, o ponto de união entre a curva superior e a inferior vai para a direita e não toca a haste básica, como acontece no **B**, **d**, **g**, **h**, **i**, **j**, **k**, **l**, **n**, e **o** – além de outras que não mencionei –, indica que a pessoa é decidida, atirada, não pede conselhos aos outros para tomar decisões, nada consegue detêla, viola as regras e se lança rapidamente em direção às suas metas, sem esperar. Neste caso, na curva da base aparece uma ponta aguda, que pode ser interpretada como uma latência masoquista por causa da sua colocação.

p) Quando o final se lança violentamente à direita, teremos de interpretá-lo como audácia, atividade de tipo cinético, movimento físico. Mas, principalmente, como impulso prático de realização e desenvolvimento corajoso e decidido na vida.

q) Ao contrário, quando o final retrocede, significa que a pessoa está amarrada ao passado e sempre uma série de inconvenientes a privam de atirar-se em busca de suas metas. Essas pessoas sempre se apóiam na prudência e nos conselhos dos outros.

r) Quando o bucle inferior se prolonga abaixo da linha e se fecha, como acontece nesta figura, a pessoa tem preocupações de tipo erótico, a sensualidade e a fantasia levam-na a imaginar e desejar situações pornográficas.

s) Quando o bucle aparece na esquerda, que é a área da família, da tradição e do passado, caracteriza a criatura que gosta de voltar a seu lar, relembrar os bons tempos, aumentando-lhes um pouco o brilho e a cor, engrandecendo as virtudes de seus pais, amigos, parentes, de suas propriedades, de sua terra etc. Também pode ser um símbolo de prudência e tato, de elaboração cuidadosa de projetos e planos.

t) A decisão impetuosa, a impaciência em ver realizado o que planeja e, sobretudo, o impulso um pouco precipitado, podem ser vistos nas formas que avançam apoiadas na zona inferior. Estas são pessoas realistas que preferem "colecionar" fatos a elaborar leis ou viver num mundo de abstração. Talvez o realismo se converta num fechado materialismo.

A LETRA "C" MAIÚSCULA

Na figura 128 vemos algumas das variantes encontradas nesta letra simples, curva, que não apresenta dificuldades, mas que pode ser reveladora em certas formas extremas, o que comentaremos a seguir

Figura 128

a) Letra caligráfica, que revela tradicionalismo, elaboração pensada, sonhos da classe média ou baixa, realiza-se e apóia-se no cotidiano; em sua realização, é normal e segura.

b) Quando o começo está enredado, como neste caso, demonstra vacilações e dúvidas. Essas pessoas atrapalham-se com cálculos e têm dificuldade em dar o primeiro passo.

c) Elaboração premeditada é a que se produz neste "C", em que o egoísmo se une à dureza da zona oculta. É letra de pessoas francas, duras, que sabem ocultar suas intenções e que possuem excelentes condições para o comércio e transações de todo tipo.

d) Horizontes curtos, fantasia bloqueada, é egoísta, porque quando os dois extremos se fecham, a pessoa que escreve priva-se da luz do sol e também da generosidade daqueles que a rodeiam. O oposto é o que se pode ver em um "C" aberto: mente desembaraçada e altruísta, sinceridade, como o caso do "h", que logo comentaremos.

e) Os sonhos inconsistentes da juventude se perdem na amplidão do céu e não se esteiam na realidade, como ocorre com este "C" que se infla na parte de cima e não cria raízes na base.

f) Aqui, ao contrário, não há sonhos, senão sólidas realidades e egoísmo sem excessos.

g) A inconstância feminina encontra uma excelente oportunidade de exercer seus encantos numa fraca e graciosa espiral que se situa no nascimento encaracolado desta letra. Graça, doçura, vaidade, expressividade.

h) O "C" maiúsculo de forma tipográfica é próprio das pessoas cultas, realistas, dinâmicas, eficazes. Também a simplicidade e a naturalidade se encerram nessa forma austera e clara, perfeitamente legível.

i) Quando se reduz à mínima expressão, estamos diante de pessoas realmente eficazes, francas, austeras, que fogem das honrarias e preferem a obscuridade. É uma letra simplificada ao máximo. Mas mantém a mesma legibilidade que quaisquer das outras que já vimos no desfile da letra "C".

A LETRA "L" MAIÚSCULA

O "L" é uma letra na qual se relacionam diversos movimentos, que vão do traço inicial ou nascimento, do bucle superior ou cume, da haste básica, do bucle que se forma no lado esquerdo, embaixo, até a base ou pé que, às vezes, termina num bucle final. Não estudarei nesta letra o mencionado bucle final, que indica em todos os casos um egoísmo normal, humano, tanto mais forte quanto mais o autor o repetir em outras letras, antes de unir-se às minúsculas que compõem a palavra.

Vejamos os significados das diversas variantes do "L".

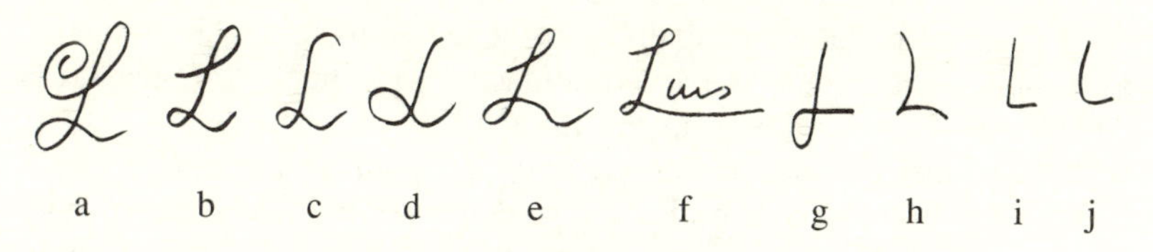

Figura 129

a) Os enrolamentos no plano ou parte inicial revelam elaboração de idéias, planos ocultos e muitas vezes intriga. Nas espirais sempre se nota o narcisismo.

b) O "L" caligráfico indica, como em todas as outras interpretações, a pessoa tradicional, sonhadora, bucle superior partindo de sua origem, traço inicial, sabe adaptar-se ao meio em que vive e está contente nele; curva e doçura na haste básica; pede à vida o que ela lhe pode dar; pequeno bucle no lado esquerdo; luta corajosamente por consegui-lo, pé que avança para a direita e ascende para unir-se às letras seguintes.

c) Os artistas, às vezes, buscam no futuro e no desconhecido as fontes de sua inspiração, por isso suas letras se curvam por cima e precisam de traços iniciais prolongados à esquerda. Além de ser uma forma de expressão original.

d) Quando o bucle inferior da esquerda cresce, indica que o escritor exige demais da vida, fonte de desgostos, principalmente se precisa de asas em cima – bucle superior – e se o pé é pequeno ou curto, já que este indica "o que fazemos para transformar em realidade nossos sonhos e nossas necessidades na vida".

e) Quando o pé avança para cima, o autor é idealista, foge um pouco do contato com a realidade. Entretanto, havendo equilíbrio entre as partes e não sendo excessiva a sobrelevação do pé, é positivo esse enfoque nobre e elevado das questões. Sempre insisto para que o autor não se prive de ter em mente a realidade.

f) As pessoas que tratam de preparar o terreno antes de lançar-se às suas ações gostam de avançar por baixo, como ocorre com este "L". É também um reforço de seu talento para a organização.

g) Quando o bucle da esquerda cai, sabemos que estas pessoas são muito exigentes – pedem demais à vida –, mas são precisamente o erotismo e a sensualidade que estão presentes em seus desejos.

h) O modelo caligráfico, como dissemos no começo, revela a adaptação ao meio. A forma de "L" curvado é indício de rebeldia e de masoquismo. Essas pessoas são extremamente desconfiadas, fecham-se em si mesmas e vivem numa eterna postura defensiva. Essa torção lembra o escudo protetor que os cavaleiros da Idade Média usavam para estar em guarda nos combates e defender-se dos ataques de seus inimigos.

i) O "L" tipográfico anguloso revela franqueza, energia e dureza, além de agressividade no trabalho e excelente visão das coisas. A mente, a vontade, a simplicidade e a naturalidade – geralmente acompanhadas da cultura – as tornam pessoas de alto nível.

j) Ao contrário, as pessoas que evitam o ângulo e fazem o "L" com união curva entre a haste básica e o pé demonstram maior humanidade. São como as anteriores, simples, concretas, dinâmicas, eficazes, e tudo isso as reveste de cordialidade, de bons modos, de benevolência.

A LETRA "f" MINÚSCULA

É a letra em que mais se notam os sinais de equilíbrio entre nosso mundo espiritual e material.

a) Na forma caligráfica vemos a progressão do gesto, e é uma letra em que há equilíbrio entre o mundo ideal e o material. Sinais de altruísmo e doação. É uma das formas positivas de escrita.

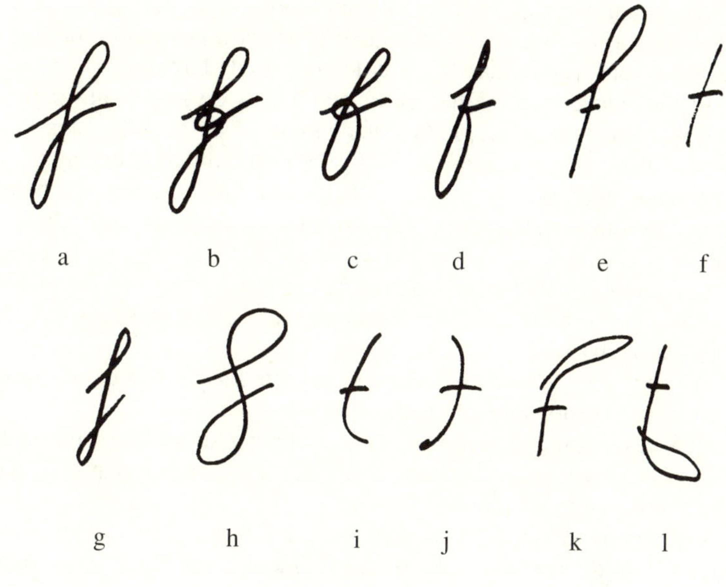

Figura 130

b) Quando se faz um bucle no plano central, estamos diante do movimento egoísta, mas também gracioso e hábil de quem sabe desenvolver-se e fazer-se notar. Essas pequenas espirais na zona central da escrita revelam narcisismo.

c) O condicionamento à doação existe em todo tipo de inversão, se bem que essa forma de grafar o "f" encontra-se também nas planilhas de caligrafia inglesa, onde ele é feito indistintamente, como as formas "a" ou "d", mas com equilíbrio entre as partes, embora um pouco mais pesado embaixo. Quando numa letra existe opção entre duas formas, cada um escolhe a que melhor se adapta à sua personalidade. Doação e progressão na forma caligráfica "a" e tendências possessivas, quando o bucle se fecha como neste caso "c".

d) O positivismo fica patente quando o pé da letra cresce, e o bucle e o tamanho da crista diminuem. O realismo, o positivismo, as preocupações ocupam a mente de quem escreve assim. A prevalência dos interesses práticos e do bom senso costumam ser interpretações que devemos dar a esse tipo de escrita.

e) De modo contrário, o movimento idealista, o predomínio do mundo espiritual sobre a matéria e também a fuga da realidade são encontrados nessas formas que "voam" pelo vasto mundo, um pouco nas asas da imaginação.

f) A austeridade, a ausência da fantasia e a repressão se unem nessas formas duras em que também há um fundo de eficácia ativa que não se deve desprezar, mesmo que esta se produza à custa do empobrecimento das belezas da vida, da cor e do encanto da fantasia.

g) Quando a interseção é curta nos bucles e estes se afastam um pouco do centro da escrita, indica que há um *déficit* de imaginação e de vida produzido por uma inibição ou timidez do indivíduo, que afeta não só o mundo de planos e projetos – fantasia criativa –, mas também o mundo dos fatos concretos: sexo, atividade, doação na amizade e no amor.

h) A exaltação da fantasia, a histeria e as grandes necessidades, tanto espirituais como materiais, se encontram nas formas inchadas em seus bucles altos e baixos.

i) A pessoa aberta e cordial curva a haste básica vertical de forma que se torne receptiva ao ambiente.

j) A suscetibilidade e a reserva são características dessa forma em escudo, que serve ao escritor para "esconder-se" do meio, diante do qual vive em constante defensiva.

k) Tudo o que implique avançar uma das partes – ou as duas – para a direita, fala de agressividade verbal ou ideológica. Neste caso, o que está avançando é a parte ou o mundo das idéias.

l) É o sadismo e a agressão física o que podemos ver nessas formas de avanço, se bem que esta agressividade sádica pode ser canalizada e convertida em força positiva. Agressividade controlada é aquela dos bons vendedores, que aprendem a vender a qualquer custo e forçam seus fregueses a comprar o que não tinham intenção de fazê-lo.

A LETRA "r" MINÚSCULA

Podemos dizer que a letra "r" minúscula é a que melhor expressa a forma como a pessoa canaliza sua energia diante do trabalho e alcança suas metas imediatas.

Roseline Crepy, em seu livro *Las minusculas*, associa a letra "r" à capacidade profissional do indivíduo e à perfeição do trabalho. Não há dúvida de que esta tem relação com a forma de canalizar a energia. Não é verdade, porém, que somente no "r" aparecem as condições profissionais ou a energia, que vemos realmente em todas as letras que têm ângulo:

- Letra "s" minúscula (que analisaremos a seguir).
- Letra "t" já estudada.
- Letra "b" minúscula, em seu ponto de união com a letra seguinte, forma um pequeno ângulo.
- Letra "v" minúscula que forma um ângulo similar ao do "b".
- A união do pé do "f" minúsculo com a haste básica, antes de unir-se à letra seguinte.
- Finalmente, o "z", onde o claro ziguezague fala de controle da energia.

Agora vamos continuar com uma série de letras "r", partindo da suposição de que a energia se canaliza por meio do duplo ângulo desta letra. E levando-se em conta que as formas caligráficas falam de tradicionalismo, enquanto que as tipográficas são um detalhe de inovação e sentido prático por sua mais fácil e racional progressão de formas.

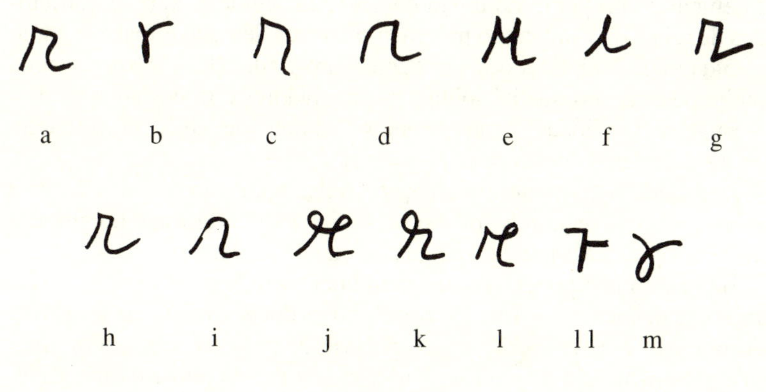

Figura 131

a) Quando vemos o "r" caligráfico, digamos, quadrado, devemos interpretá-lo como equilíbrio entre a persistência ou continuidade – ângulo da esquerda – e iniciativa, decisão, impulso, representado pelo ângulo da direita.

b) A forma tipográfica preconiza um saudável sentido prático. Espírito inovador, eficiência. Também é um sinal de altruísmo e de dinamismo ativo.

c) Quando se acentua mais o ângulo da esquerda – da persistência –, é indício de que o indivíduo considera importante a constância, que para ele é uma meta. Também pode indicar tradicionalismo e persistência, se mostrar elementos reforçantes que nos levem a afirmar esta suposição. (A regularidade ao longo do traçado e das formas também nos convencem da constância em trabalhos e afetos.)

d) A mesma interpretação devemos dar, só que inversa, ao ângulo da direita, que indica que a pessoa luta por ser inovadora na forma de pensar, criar ou projetar-se. A iniciativa é sua meta, assim como a decisão, embora não signifique necessariamente que o seja, mesmo que sempre demonstre querer atingir seus ideais.

e) Quando o "r" faz uma dupla subida espinhosa – em geral todas as pontas agudas que olham para cima falam de agressividade e irritabilidade –, a pessoa canaliza sua energia para os "grunhidos" e para o mau humor. Próprio de pessoas ásperas e pouco tratáveis.

f) Quando o "r" se converte num "i" sem ponto, numa só elevação, dificultando a legibilidade da escrita, revela também a explosão do caráter e sobretudo do trabalho com interrupções; há uma atividade dinâmica, impaciente e vigorosa, mas realmente pouco eficaz pela falta de equilíbrio e controle.

g) Um "r" bem-feito, com seus dois ângulos, mas com um novo ângulo embaixo, no ponto de união com a letra seguinte, apregoa dificuldades de relação e contato no tratamento com os demais. É marcial como um soldado e disciplinado e seco como um frade. (Esta é apenas uma maneira de falar, porque há soldados encantadores e frades amáveis.)

h) A sociabilidade é curva, como o ponto de união com a letra seguinte que vemos nesta forma de escrita.

i) Quando o "r" se deforma e se converte numa curva, semelhante à que fazemos ao executar o "m" ou o "n", indica indolência e preguiça, e a energia, canalizada para a fraqueza, perde a tensão.

j) Quando nos extremos aparecem bucles em lugar de ângulos, isso indica um desejo de aparar as arestas, que deve vir associado a uma energia suave e certa indolência. É próprio de pessoas que sabem viver bem e não costumam ter enfarte, o inimigo mortal do homem estressado.

k) Quando aparece só um bucle à esquerda, a bondade está restrita aos familiares e pessoas íntimas, ao passo que é formal e enérgico no plano socioprofissional.

l) Os termos se invertem quando o ângulo aparece no lado direito: bonachão no escritório ou socialmente, e enérgico e duro em sua vida familiar e íntima.

ll) Também existe o "r" anguloso na forma tipográfica, que revela energia, marcialidade e dureza, dentro de um espírito inovador e moderno, projetado para a realização.

m) A curva é igualmente encontrada nas formas evoluídas e nos inovadores, onde algumas vezes podem revelar preguiça, mas sempre boas maneiras, suavidade e cortesia. Os bons modos e a sociabilidade estão ligados às curvas, assim como o sentimento artístico.

A LETRA "s" MINÚSCULA

Comecei a estudar a letra "s" minúscula por causa dos doentes mentais. O "s" é uma das letras que melhor revela a desproporção e a ambivalência nas relações histéricas. Mas ele foi importante também no estudo da vontade e da energia, que me proporcionou a oportunidade de examinar seu ângulo superior. Parece que nesta letra tão miúda podemos observar os escrúpulos e a amplitude de critério que possui o autor.

Não serve como argumento o que dizem aqueles que desmerecem a grafologia e principalmente a "indução alfabética", que quem escreve não grafa sempre do mesmo jeito as formas gráficas. Isto é lógico. Só um robô repete exatamente do mesmo modo todas as letras em todas as palavras. Porém, de acordo com a proximidade ou distância, vemos o limite e as possibilidades de originalidade, versatilidade ou imaturidade nas pessoas.

Vamos repassar a seguir as formas do "s" que preparamos para ilustrar este capítulo com as variantes das figuras 132 e 133.

a) Quando executa o ângulo superior – veja as figuras (a) e (b) –, a pessoa faz um esforço e exerce uma pressão no pulso ao escrever, na qual revela energia ativa e dinâmica em prol de suas metas. Não gosta de postergar suas tarefas e fez seu o ditado popular: "Não deixe para amanhã...".

Mas também temos que considerar a parte inferior da letra. A amplitude de seus princípios ou a mente fechada à inovação podem ser observadas no ar que penetra ou não no interior da letra, como ocorre no "s" que estamos vendo em (a). Severidade, mentalidade estreita e fechada, mas também prudência, reserva. Tanto neste caso como no seguinte – fechada ou aberta –, em que vemos duas letras bem formadas, indica um desejo de executar bem as tarefas que nos impomos ou que nos encomendam.

b) Critério amplo, indulgência, abertura de idéias e de ânimo, reforçante da indiscrição e da extroversão.

c) As formas curvas em geral revelam uma tendência à preguiça, a abandonar as tarefas antes de seu término. Essas letras dão a impressão de não manterem a tensão dinâmica e ativa, se abandonam, deixam de impulsionar a máquina agressiva que impele o homem para os ganhos individuais.

d) Quando o "s" cai por baixo da linha e se mistura com a letra anterior, cabem três interpretações:

Figura 132

Figura 133

- Pessimismo, sinal de declínio inconsciente contra o qual o sujeito não pode se opor, que escapa a seu controle. (Neste caso, essas quedas terão lugar em diversas letras finais.)
- Intelectualidade, quando o sujeito é capaz de unir formas sem que percam a legibilidade, e consegue racionalizar o pensamento e a atividade, e de um só movimento faz quase duas letras “e” e “s”, como neste caso.
- Egoísmo. Já dissemos, ao estudar os movimentos para o **eu** e para o **não-eu**, que todo impulso que se verifica para a direita ou para o alto é um movimento **alocêntrico** ou **altruísta**, e todo impulso

da letra ou parte da letra que se faz para baixo ou para a esquerda é um gesto **egocêntrico**: neste, além disso, o gesto se torce, indo ao mesmo tempo para baixo e para a esquerda. É um gesto evidente de interesse e sujeito a exploração mais profunda. Os interesses comerciais honestos, o desejo sadio de ganhar mais, a inveja imposta pelas necessidades da vida se fecham ou podem fechar-se nessa forma de letra.

e) Quando o "s" sobe por cima da linha, vemos nele um símbolo claramente contrário ao anterior, pois estatisticamente corresponde a pessoas alegres, idealistas, vivazes. É um reforçante das tendências idealistas e espirituais.

f) Quando desproporcionalmente "explode" para cima e para baixo, temos uma clara latência histérica. Há verdadeira desproporção na assimilação e compreensão e, sobretudo, nas reações.

g) O exibicionismo e a histeria são evidentes nessa forma elaborada e barroca, onde o narcisista e o confuso se dão as mãos para produzir formas surpreendentes e estranhas.

h) A forma invertida do "s" é um sinal manifesto de egoísmo e preocupação com dinheiro – cobiça – e é também uma forma de interesse. Mas, igualmente pode significar uma tendência obsessiva, que deverá vir reforçada por outras.

i) O "s" em forma de "i" revela extroversão, generosidade e também impulsividade e improviso. É a forma contrária à anterior, pois aqui a pessoa transformou o gesto egoísta em doação, em vez de voltar-se para si mesma, como lhe impõe a caligrafia, revelando altruísmo e dedicação aos outros.

j) Quando descende – como vimos na forma "d" –, mas retrocede por baixo da palavra até atingir a parte inferior de várias letras, não se fundamenta num intelectualismo ou impulso racional ativo simplificador. Aqui há ocultação, fuga, apropriação. É um dos traços que devemos considerar como reforçantes de "apropriação" indébita. Mas o fato é que em pessoas superiores revela egoísmo ambicioso e preocupações em acumular o "vil metal", conforme se diz.

k) A pessoa normal, e caligraficamente assim o aprendemos, faz o "s" com curva na base. Não há dificuldades no pensamento e o "eu" se produz de uma forma natural. Quando, também, como acontece nesta letra, faz-se um pequeno bucle que se une à letra seguinte, pode-se interpretar como uma das formas de tenacidade, pois reforça a constância em trabalhos e afetos, e a continuidade do grafismo é também a perseverança na marcha em prol de nossas metas.

l) Quando se faz um ângulo na base, o "eu" encontra asperezas e dificuldades para pensar e associar. É o primeiro sintoma de propensão a escrúpulos, mesmo numa mente aberta.

ll) O ângulo é feito antes de fechar a letra. Os escrúpulos são evidentes numa mente de visão um tanto estreita.

m) As pessoas que resistem a novos planos, obstinadas e aferradas a suas idéias, obsessivas e muito escrupulosas, realizam este "s", no qual vemos claramente o olhar para trás, o retroceder nas decisões e a negação da luz do sol e do avanço intelectual de nossos tempos.

n) O "s" tipográfico, sobretudo quando desligado das demais letras, é uma mostra de independência de opiniões. A boa execução é também uma das características que esta letra pode revelar segundo Ras e A. L. Guevara, em *Grafologia morfologica* (1972). Mas temos de levar em conta que a amplitude de visão, os desejos inovadores e a cultura costumam ser atributos que podemos aplicar a essa forma de "s".

o) Quando ao fazer o "s" se produzem oscilações e se mesclam os traços de avanço e retrocesso, podemos interpretá-lo como:

- Planos ocultos, não se expressa com a devida clareza.
- Gênio explosivo que muda inesperadamente.

p) A intransigência da haste reta numa letra graciosamente curva, como é o "s", revela uma boa dose de irritabilidade. Fortes desejos de afirmar a personalidade. Inveja e preocupações financeiras. Desproporção nas reações. Latência histérica.

q) Um simples traço ondulado, gracioso, legível, geralmente ocorre com os artistas, pintores, poetas. Não há dúvida de que é um sinal de independência de idéias, de graça, de simplificação e originalidade. O "s" de Picasso (duplo "s") costuma ser assim em muitas assinaturas.

r) Muitos grafólogos vêem neste formato de letra o isolamento, a introversão e a tendência à utopia e ao contra-senso. Há marcialidade, secura, disciplina, contundente auto-afirmação, sem os excessos mostrados na forma (p).

s) Final de letra em forma de "acento", concreta e angulosa. É uma manifestação de vivacidade, de impaciência, de desejos de afirmar a própria personalidade e também de concisão e aproveitamento racional dos impulsos, que vemos dentro de uma correta moderação em razão de seu tamanho.

ALGUMAS CONSIDERAÇÕES COMPLEMENTARES SOBRE O "s" MINÚSCULO

Há pessoas, de acordo com a grafologia indutiva alfabética, que dizem fazer várias formas de letra. É verdade, e principalmente no "s" é freqüente sua variação, dependendo da localização que este se encontra na palavra: se no princípio, meio, ou no final.

Não somos uma mesma pessoa, quer em nosso nível consciente – começo da palavra –, no ponto gélido entre o consciente-inconsciente – centro da palavra –, quer no inconsciente puro – final de palavra.

Além disso, existem outros elementos que se somam a essas dificuldades de execução. Não é a mesma coisa o fato de o "s" unir-se a determinadas letras, tanto antes quanto depois.

Por isso, uma pessoa pode ser madura, conseqüente, persistente e dinâmica, embora grafe a letra "s" de diversas maneiras. Tudo depende de as variações estarem condicionadas a algo ponderável:

- Início, centro e fim da palavra.
- Obrigação de determinada forma em razão do enlace com as letras que o seguem ou precedem.

Mas mesmo que não haja nenhuma dessas razões, também se pode variar a forma das letras e principalmente do "s". Fazer as letras sempre iguais representa monotonia. Os artistas fogem da regularidade das formas. (Veja *El analisis grafologico* de J. L. Villaverde, a assinatura de Picasso, em que aparece claramente a fuga da monotonia, própria do artista.)

Mas nesta regra devemos ter em mente que, ao fugir da monotonia, não podemos optar pela improvisação e anarquia. Para evitar a monotonia, podem ser feitos dois tipos de "s" que nos livram dessa sensação de rotina e acomodação que a regularidade produz.

Convém repetir que não basta um desses sinais para se chegar a uma decisão interpretativa, pois unicamente depois de analisada toda a escrita poderemos afirmar se há vontade, dedução etc.

Entretanto, a pista que nos fornecem esses sinais pode ser valiosa quando comprovada.

QUINTA PARTE
ANÁLISE EXAUSTIVA DA LETRA "D" MAIÚSCULA

Cada sinal tem seu próprio valor, mas quando imerso no conjunto, ao fazer a avaliação total, ele passa a ter somente um valor relativo, devido à influência de outros sinais que se apresentam dominantes.

(Rodolfo Ben Avides, em sua obra *La escritura huella del alma*, seguiu as teorias próprias da grafo-análise, do pesquisador norte-americano M. N. Bunker, cujo ensino a International Graphoanalysis Society, Inc, em Chicago, Illinois, divulgou.)

Introdução ao estudo do "D" maiúsculo

Como exemplo, vamos desenvolver agora um amplo trabalho sobre a letra "D" maiúscula, que consideramos muito importante.

As possibilidades de analisar, estudar e interpretar as variações de cada letra, como já ficou claro, são praticamente ilimitadas, conforme detalhamos neste livro nos capítulos destinados a esse tema.

Pode-se enfocar o estudo de uma letra de diversos pontos de vista. Apoiando-nos nas leis gerais da *mímica*, *símbolos*, *emoções profundas* etc., podemos chegar a uma série de amplas e importantes conclusões.

Mas, também, por sua morfologia particular, cada letra reflete ou manifesta melhor que outras determinados níveis da personalidade.

Assim, sabemos que o "C" maiúsculo é a letra da comunicação afetiva, o "g" minúsculo, um verdadeiro mergulho em nosso mundo instintivo sexual, o "t" minúsculo, em seus traços cruzados (vertical-horizontal), mostra ou não o império da vontade em ação, do mesmo modo que o "r" minúsculo é uma demonstração da aplicação do esforço muscular a tarefas delicadas, que exigem atenção e precisão, o que evidencia uma excelente ou deficiente canalização da energia.

O que a letra "D" maiúscula pode indicar, que seria motivo de nosso estudo exaustivo?

A forma curva e o difícil equilíbrio entre suas partes levou o grupo alemão a supor que nesta letra se observa principalmente a capacidade artística.

Faz falta, efetivamente, um sentido estético mais ou menos consciente (as maiúsculas geralmente costumam ser mais conscientes que as minúsculas) para produzir um belo e bem-proporcionado “D” maiúsculo.

A excelente grafóloga francesa Roseline Crepy, reproduzindo sinteticamente, vê nesta letra uma manifestação da criança em contato com seus pais e o adulto com seus projetos no futuro.

Fora esses autores, há muito pouca literatura relacionada com esta letra.

As pesquisas que efetuei sobre o consciente e o inconsciente (veja a respeito meu livro *Grafologia profunda*) me aproximam de novas considerações sobre a letra.

Matilde Ras, a introdutora da grafologia clássica francesa na Espanha e nas Américas, dizia que as letras “D” maiúscula e “i” minúscula eram as que melhor podiam “dançar” e girar ao longo de uma escrita.

Matilde interpreta o “dançar” com muita propriedade, lembra o movimento do indivíduo depois de sua independência e, segundo as circunstâncias de seu ambiente social, se manifestava à margem das imposições e das sugestões da sociedade em que vivia.

Vamos determinar as leis e sentidos gerais simbólicos, emocionais, profundos, do “D” maiúsculo, para vermos em seguida uma série de letras que, considerando as leis gerais de interpretação, os trabalhos do grupo alemão, as abordagens de R. Crepy e nossas próprias conclusões, nos ajudem a interpretar uma quantidade de variações dessa letra.

Neste trabalho cito a contribuição dos estudos realizados em aproximadamente sessenta mil grafismos, e para o trabalho de interpretação concreta da primeira parte utilizo 211 exemplos, que além da escrita propriamente dita, de cartas com umas 15 linhas em papel sem pauta, com assinatura, me oferecem:

- Desenhos de uma casa, uma árvore e um casal.
- Modelos de escrita com palavras que começam por A, B, C, até o Z, primeiro em maiúsculas e depois em minúsculas.
- Algarismos em diversas combinações, somas, datas, a fim de que se possam ver os números do 1 ao 0 inclusive.
- Dados pessoais, constituídos por sexo, idade, escolaridade, profissão, estado civil, situação das relações dos noivos, casados, número de filhos, duração do noivado etc.

Esse trabalho será desdobrado em várias partes, tendo em conta primeiro as leis gerais, achados no “D” maiúsculo, descrição das mais importantes variações que são o “D” caligráfico, tipográfico e estranho. Depois veremos um desfile das letras “D” da figura, organizadas. E terminaremos com a pesquisa, até onde nos for possível, dos seguintes temas: Relações com o pai e a mãe, Deus e as crenças religiosas. A orfandade. As tensões dos pais. A letra "D" e a maturidade psicológica da personalidade.

Realmente, esse material e essas metas previstas pressupõem um verdadeiro ensaio, que pode constituir um livro, e que ampliará notavelmente esta edição de *Grafologia para todos*.

Talvez, no percurso que faremos juntos, pesquisando escritas e formas do "D", entramos em contato com algo novo, não previsto neste esquema, porque a pesquisa e tudo o que ela representa será "diretamente" analisado.

LEIS GERAIS

Enfocamos neste capítulo as premissas e possibilidades de análise das variações do "D" maiúsculo e suas interpretações.

Em primeiro lugar, temos de mencionar os dois planos em que quase todas as letras são feitas (o que no "D" é bem evidente), e que constituem os lados esquerdo e direito.

Os lados **esquerdo** e **direito**, sempre nas linguagens ocidentais, revelam em princípio obstinação na esquerda, saída de si mesmo, avanço na direita, pela própria direção da escrita que, começando à esquerda, avança para a direita. Vejamos essas considerações sobre a letra "D".

O lado esquerdo do "D" maiúsculo (figura 134a) reflete com bastante clareza o **eu** e seu **meio ambiente**.

A haste *básica*, figura 134b, é o mais claro símbolo de auto-afirmação do **eu ideal**, ou melhor, da **meta ideal do eu** e sua origem. **Seu ambiente íntimo** e seus atavismos estão refletidos nos bucles ou no bucle, segundo o caso, da esquerda (figura 134c).

O lado direito da letra "D" maiúscula (figura 134d) representa o plano de desenvolvimento socioprofissional. Por isso, o lado esquerdo é a zona mais própria da juventude, de seus vínculos inevitáveis com a família, de grande interesse para os psicanalistas, porque nelas podem esboçar as figuras do pai e da mãe ou suas representações.

À direita, inversamente, estão as realizações adultas, as iniciativas voltadas para tarefas e esforços, rompendo muitas vezes, nesta fase, com as amarras ou ataduras que o freiam. Como o navegante que queimou suas naves no desejo de "vencer ou morrer em seu empreendimento".

Também devemos ver um contraste entre a haste básica viril (figura 134b) e as curvas femininas do lado direito (figura 134d).

Lembremos que a virilidade do traço reto, do ângulo em geral, opõe-se à feminilidade graciosa da curva fácil.

Contudo, mesmo chegando aos extremos psicanalíticos, a haste, longa e reta, como um simples bastão onírico ou cigarro, representa um símbolo fálico evidente, em oposição ao quase círculo – que muitas vezes, como veremos na figura, é total –, que representa, como qualquer recipiente freudiano, o sexo feminino.

Não seria demais contrastar essa letra com as concepções psicanalíticas de Jung, o *anima* e *animus,* tão bem expressas por Ania Teillard em seu livro *El alma y la escritura* (1974).

As apreciações dos pesquisadores alemães sobre a potencialidade artística na formação da letra "D" maiúscula vão de encontro às minhas próprias conclusões e considerações, como veremos neste primeiro grupo de letras.

Nas maiúsculas em geral, observam-se conteúdos conscientes muito ricos. O artista, além de suas possibilidades e quase ignoradas potencialidades inconscientes, tem com freqüência a psique ocupada em nível consciente com preocupações de criação original e estética. A matéria e as formas, os pesos e as superfícies inquietam-nos de forma obsessiva.

Lembro-me, a esse respeito, de um caso ocorrido em meus tempos de juventude.

Meu tio "Ragon" (composição formada pelas sílabas iniciais de seu nome e sobrenome, Ramón Gonzáles), excelente fotógrafo, diretor artístico, fundador de *Vida Vasca*, e diretor da revista alavesa (pertence à Álava, de festas *Celedon*) havia me prometido uma fotografia artística quando eu fosse a Vitoria, onde estavam situados seus estupendos estúdios fotográficos.

Na primeira viagem que fiz à capital, aproveitei para pedir ao meu tio que tirasse a desejada fotografia. Mostrei-a a vários amigos e entre eles estava nosso conselheiro de Ação Católica, o reverendo dom José Salcedo. Examinou a e disse zombando, com sua fina ironia:

– Para os artistas, uma fotografia bem centrada e "correta" é como esta, posicionada em 45 graus.

Foi uma brincadeira que tinha sempre em mente quando interpretava os desenhos da figura humana, de uma árvore etc.

Uma árvore com inclinação de 45 graus é característica dos artistas. Algo assim pode acontecer com esta letra, que aceita uma oscilação e o movimento "dançante" como nenhuma outra.

É comum a todas as maiúsculas a inquietude artística, e nem sempre as letras curvas são precisamente as mais expressivas. A harmonia e o equilíbrio artísticos, nessa possibilidade de oscilação, se prestam aos movimentos de rebeldia que se manifestam no balanço de oposição, mediante o qual o escritor se afasta dos demais, libertando-se do pensamento coletivo.

É inegável que o artista se afasta da multidão e até de seu tempo. Geralmente, por este motivo, não é compreendido na vida, é um pioneiro do pensamento, quase um profeta, se bem que não falte a guerra de interesses bastardos e invejas da "competência incompetente", que insistem em manter nas sombras seu êxito pessoal. Lançam mão até de interesses partidários. A arte nasce da originalidade e da força expressiva do homem. Não há dúvida de que há, no "D" maiúsculo, um maior número de possibilidades de interpretação.

Vamos ver agora o egocentrismo e os movimentos defensivos.

O "D" é uma letra **fechada**, que se presta muito bem como escudo protetor, que lembra as armas primitivas e usadas antigamente, modernamente substituídas por coletes à prova de balas.

Como letra defensiva pode facilmente se converter numa cobertura protetora, onde o egoísmo e a defesa formarão um conjunto compacto difícil de dividir ou separar. Por isso mesmo, a ousadia, o valor e a covardia podem encontrar-se nesta letra, e me custa compreender por que não foi mais estudada. Na verdade, o "M" maiúsculo foi muito valorizado nesse trabalho de pesquisa. No começo não consegui saber por quê. Depois, veio à luz, repentinamente, como sempre acontece.

É possível que o interesse pelo "M" maiúsculo se deva ao fundador do método grafológico, que se chamava Jean H. Michon, (M) inicial de seu sobrenome. Matilde Ras, (M) inicial do nome, deu também importância a esta letra, porque chamando-se Matilde e vivendo em Madri, recebia em cada envelope duas letras M. O pesquisador Max Pulver, que mais se aprofundou no "M", também ostentava em seu nome a letra "M". Muñoz Espinalt, Maria Rosa Panades e eu mesmo, Mauricio, temos o "M" ao alcance da mão.

Mas, quando na fria realidade estabeleci um estudo sistemático das letras, encontrei outras de alto valor interpretativo, como o "A" maiúsculo ou o "D", que veremos agora, nas quais podemos alegremente nos aprofundar e aplicar tudo o que conhecemos, com a certeza de que surgirão tantas ou mais conclusões sobre a vedete das maiúsculas, o "M".

Também me parecem demonstrar amplas possibilidades o "P", "R" e "L". Todas realmente podem oferecer dados e possibilidades interpretativas de acordo com sua própria morfologia.

Posso dizer, pela mesma razão, que a *Grafologia Indutiva* é um mundo novo e apaixonante a ser desvendado. Quem não acreditar, que me acompanhe por este trabalho, que é uma pálida amostra do que se pode fazer.

Roseline Crepy, uma das pioneiras deste movimento indutivo, confessou em *Las maysculas* que se seu primeiro livro, *Las minusculas*, fosse escrito agora, duplicaria sua extensão e possibilidades interpretativas.

É que nós, grafólogos, fomos nos fixar no já conhecido – *El alma y la escritura*, de Ania Teillard (1974) – e valorizamos fortemente a personalidade como um todo e os grandes gestos, depreciando este micromundo dos pequenos traços ou caracóis e as variações das letras...

Digamos ter esquecido a frase que o próprio fundador da grafologia usou ao citar um simples refrão popular: "Pelas unhas se conhece o leão".

Melhor dizendo, o método de pesquisar o homem por meio da escrita pode ser **indutivo** (das partes à totalidade) ou **dedutivo** (da totalidade às partes). Ambos, de diferentes pontos de vista, abarcam o homem total, que definitivamente é o que se pretende: conhecer o caráter indômito e variante, individual e único do ser humano.

Continuando com o plano estabelecido, vamos considerar outra das possibilidades da letra "D" maiúscula e suas interpretações. Os vínculos com as figuras materna ou paterna. Não é fácil, de acordo com minha maneira de ver, chegar a conclusões coerentes sobre este ponto de vista.

Roseline Crepy expressa que a área de relações ou apego entre o pai e a filha encontra-se no laço ou bucle superior esquerdo, assim como do filho com a mãe (figura 135a). Embaixo, observa-se a ligação afetiva da filha com a mãe e do filho com o pai.

Segundo essa teoria de R. Crepy, os dois laços embaixo e à esquerda representarão equilíbrio e harmonia nas relações triangulares do filho ou da filha com os pais.

Eliminar um laço, o de cima, por exemplo, ou o de baixo, supõe atritos do filho com o pai, /embaixo / ou com a mãe / acima / ou da filha com o pai / acima / e com a mãe / embaixo, figuras 135b e c.

Porém, ao mesmo tempo, indicaria uma boa relação de acordo com a representação do bucle desenhado. A colocação da figura materna/paterna varia de lugar no caso de filho ou filha.

A eliminação dos dois bucles ou os atritos com os progenitores pode ser observado na figura 135d.

No entanto, na morte física, é comum idealizar-se desmedidamente a figura desaparecida. Também a vida vai centrando as figuras e muitas das desavenças; quando o amor existe, desaparecem com o tempo. Por isso, os critérios da senhora Crepy, como ela mesma afirma, são relacionados à juventude.

E, exatamente da mesma forma que se vêem nos adultos os complexos de Édipo e de Electra, também na escrita veremos os resíduos dessas lutas a nível psíquico. Logo mais vamos comprovar esta teoria.

Pessoalmente, custo a aceitar a idéia de trocar de lugar os progenitores de acordo com o sexo da pessoa analisada.

Aceitaria melhor, como acontece com o **teste do horizonte do mar** (Prueba de Carreras Batllé), uma colocação fixa e lógica para cada símbolo. (Veja *III Jornadas de Grafologia*, editada pela Escuela de Medicina Legal e pela Sociedad Espanõla de Grafologia, Madri, 1975 e Barcelona, 1976, respectivamente). Nesses trabalhos se determina e aceita com facilidade que o **sol** situado *acima* representa a figura paterna. Enquanto a terra, as plantas e o mar indicam a mãe, *embaixo*.

Em nosso estudo, figura 135a, vemos o "D" com os dois bucles e as teorias de R. Crepy. Bucle embaixo, b, bucle em cima, c, e ausência de bucles na figura 135d.

As teorias de Carreras Batlle aplicadas ao "D" nos mostram a colocação das figuras sempre no mesmo lugar, a despeito do sexo de quem escreve. Veja a respeito as figuras 136a, b, c, d.

Em nossa pesquisa vamos considerar essas duas possibilidades, com o objetivo de emitir nossa opinião baseada na estatística de alguns casos concretos. Ainda fica outro ponto a pesquisar, que tem relação com **Deus** e as crenças religiosas.

Em várias ocasiões pude constatar que os ateus tendem a executar a letra "D" maiúscula pequena e achatada.

A escola emocional, como já sabemos, mostra-nos, por outro lado, que dedicamos cuidado e atenção ao executar as letras correspondentes às pessoas ou coisas que amamos, respeitamos, admiramos etc.

Não há dúvida de que **Deus**, para os crentes, é um símbolo maravilhoso, respeitado e amado.

É possível que o "D" inicial de **Deus** em castelhano (também **Dieu** em francês) pode oferecer algumas conclusões a respeito, que veremos ao longo desta pesquisa.

DESFILE DE LETRAS "D" MAIÚSCULAS

Intencionalmente, chamei a este estudo "desfile" e não pesquisa sistemática, porque realmente provoca um choque com a realidade, sem análise, ordem ou planos prévios.

Vamos ver juntos uma série de 68 variações da letra "D", tais quais se apresentam na vida, com meus comentários a respeito, conforme sua execução em cada caso.

Quase todas são produto da realidade mais próxima. A maioria procede de consultas que me foram feitas durante uns quatro anos no *El noticiero universal* de Barcelona.

Depois desse desfile, não-exaustivo, nos ocuparemos dos diversos aspectos já mencionados anteriormente e de uma forma mais organizada.

Já avançamos nos tipos **caligráfico**, **tipográfico** e **estranho** da letra "D". Figura 137a, b, c, d, e. Nas próprias ilustrações encontra-se a interpretação ao pé da página.

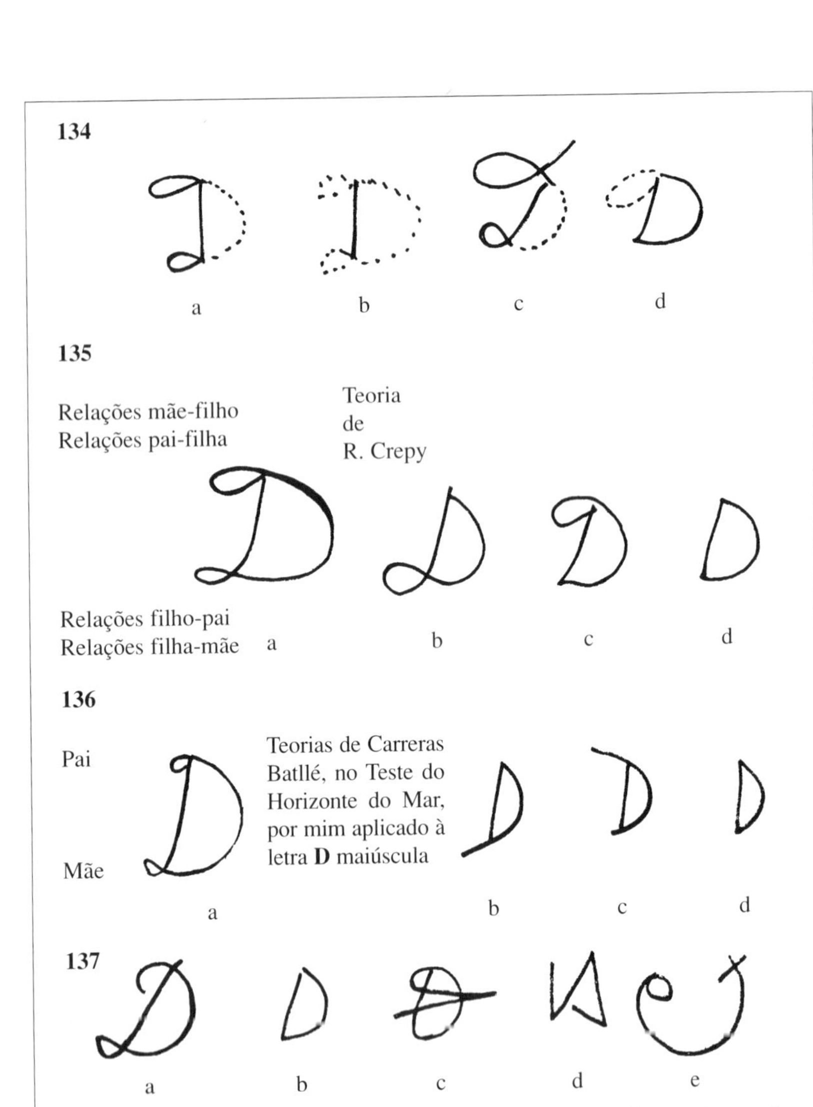

137a: **D** caligráfica. Pessoa que se adapta ao meio ambiente. Ao tradicionalismo. À maioria. Perfeição na obra reprodutora, boa execução do trabalho. Formalismo.
137b: **D** tipográfico. Simplicidade e naturalidade. Superioridade. Cálculo. Disciplina. Inovação. Dinamismo.
137c: **D** estranho. Pessoa fora do lugar, incompreendida, sem ambiente. Discussão e polêmica, agressividade, da defensiva passa à ofensiva.
137d: **D** estranho. Dureza e energia. Intransigente e fora da realidade. Egocentrismo forte. Autoritarismo.
137e: **D** estranho. Pouca personalidade. Suavidade, doçura, preguiça. Atavismos descontrolados em forma de idéias obsessivas. Fora da realidade.

Só voltaremos, excepcionalmente, ao que foi dito sobre as três variáveis citadas. Vamos descrever os aspectos gerais das formas que analisamos.

138. D unido por cima à letra seguinte
Intenções elevadas, intelectuais, ideais religiosos na sua vinculação ao meio ambiente. Qualidade nas uniões lógicas.

139. D unido pela zona média
Sentimentos de culpa, profundo descontentamento consigo mesmo. Vinculação impulsiva ao meio.

140. D unido pela parte de baixo
Decisão e atividade. É impulsionado pelos movimentos econômicos em projetos e planos. A motivação principal de seus atos é a produção de riquezas.

141. D largo e separado das letras seguintes
Aprumo e confiança em si mesmo. Observação positiva de planos e projetos que amadurecem previamente.

142. D estreito e desligado das letras seguintes
Inibição e timidez. O temor e a insegurança reprimem as decisões ao refletir negativamente.

143. D inflado e vulgar
Pessoa do "povão", no sentido de vulgaridade, que Rorschach dá ao termo. Grandes interferências da vaidade e presunção da personalidade. Possível mau gosto estético.

144. D de traços duros com paralelismo
Bloqueio afetivo da personalidade. Neurose. Dureza e repressão dos sentimentos. Negativa no terreno artístico. Há forças e energia, dores e sacrifícios para obter o que deseja.

145. D alto e estreito
Trata-se de pessoa insegura e ao mesmo tempo orgulhosa, com forte amor-próprio e sensibilidade à flor da pele. Fechada em seu mundo interior, onde falseia inclusive a realidade.

146. D de forma quadrada
Um dos sinais de negação da arte. A curva graciosa, uma das partes de que se constitui o **D**, está endurecida. Rigidez impositiva. Ataduras obsessivas, irreprimíveis, que o fixam à origem ou à mãe. Possível nostalgia.

147. D tipográfico, prolongado para baixo, à esquerda

A curva é um dos sinais da arte, senso artístico, e com essa prolongação para baixo e à esquerda mostra também vinculação à mãe ou nostalgia com laivos obsessivos.

148. D com relevo, duro, pressionado

Letra **D** que não pode ser feita com esferográfica, parece feita com pena ou com caneta de ponta porosa. Senso de plástica e de cor. Força e criatividade consideráveis. Originalidade e personalidade de destaque. Energia forte que pode chegar à brutalidade e à intransigência.

149. Vulgaridade na formação do D

Vida sombria, com repressões, fechada para o mundo circundante. Vulgaridade de maneiras e idéias.

150. Diversas áreas na letra D

Para seu estudo e posteriores pesquisas, proponho dividir suas partes e prolongações como segue:

1) **Bucle baixo**, inferior esquerdo, zona materna e de origem. (Ver o que já foi dito.)
2) **Traço** ou **bucle** segundo os casos, **superior esquerdo**, área onde se localiza o apego ou a figura paterna (ver o que foi indicado anteriormente. Voltaremos a este tema tão importante).
3) **Prolongação** ou **origem** da letra **D**, onde – além da destacada ou cuidada execução – pode-se situar o interesse de tipo idealista ou religioso. Zona do contato do homem com Deus.
4) **Amplo bucle central**, do lado direito, por onde o sujeito se protege do meio ambiente social, projetos e planos futuros...
5) **Haste básica**, onde se nota, segundo sua rigidez ou curvatura, a adaptação do sujeito a seu ambiente ou rigidez frente aos planos íntimo e social.

151. D curvo e aberto acima

Gesto suave e conciliante, de abertura confiada e de dons femininos de sedução.

152. D fechado e anguloso

O autor, é um homem, converte seus contatos com o mundo exterior num verdadeiro campo de batalha. Letra típica do sádico agressivo. É uma agressividade dura e sagaz ao mesmo tempo. Sua defesa se apóia no ataque contundente. Defende a teoria de que *quem bate primeiro bate duas vezes.*

153. D fechado e curvo

Começa a letra em cima, em sua formação, depois descende formando o bucle da esquerda e, por cima, descende ao formar o bucle da direita, terminando no mesmo ponto em que começou. O egoísmo, a reserva e a desconfiança são as características mais notórias nesta forma de fazer o **D**.

154. Curvo e fechado em sentido inverso ao anterior

Aqui também há prudência, movimentos de defesa a nível inconsciente, e pesam sobre ele atavismos ancestrais, juvenis etc. Aqui se forma a haste básica, exatamente como no caso anterior, mas em vez de ir primeiro à esquerda e acumular, executa corretamente o "D" e depois se entretém, inconscientemente, em sua origem, zona paterna, se bem que também alcance toda a parte de origem e pode-se dizer que desta forma poderá haver um equilíbrio compartilhado entre os pais.

155. D aberto por cima e por baixo, unido por baixo

Deixar descoberta a haste básica é sinal de abertura e comunicação, mas, neste caso, associado à arcada e abertura por baixo, o sentido é negativo, pois se abre para conseguir confidências ou para obter algum benefício. Sua abertura inicial não é sincera nem altruísta. A mesma vinculação às letras seguintes por baixo mostra uma atividade em busca de bens materiais e ações encaminhadas ou guiadas pelo interesse.

156. D aberto por cima e também unido por cima

Aqui sim há uma abertura direta, sincera e desinteressada, porque na parte alta achamos os mais nobres sentimentos e a manifestação menos convencional na comunicação com os demais. Também vemos facilidade de expressão, talvez certa improvisação, extroversão em geral.

157. Tipográfico perfeito, fechado

Além das interpretações já feitas no capítulo correspondente às três variantes de direção geral, ao nos referirmos ao "D" tipográfico deveremos dizer: Trata-se de pessoa simples, prudente, com excelente controle sobre si mesma. Há harmonia entre o indivíduo e seu meio ambiente. A nível familiar (amarras à origem), superou obstáculos e se desenvolve sem problemas.

158. Fechado e anguloso

Gênio agressivo e irritável. Lutas entre o indivíduo e seu ambiente socioprofissional. Fechado e reservado. Prudente. Introvertido.

159. Grande haste básica

A haste básica como símbolo da individualidade reflete amor-próprio e orgulho, quando é grande em tamanho e superior ao próprio **D**. Os problemas de contato e relação se devem a sua natureza suscetível, seus melindres diante do menor desprezo dos outros.

160. Pequena haste básica

O sujeito se sente inferior ao meio em que se desenvolve. Tenta ocultar de alguma maneira a inferioridade que sente.

161. D feito de uma só vez

Boa continuidade e esforço controlado. Lógica. Harmonia entre o indivíduo e seu meio ambiente.

162. D feito em duas vezes

Podem ser várias as causas que motivam uma letra fracionada. Do ponto de vista físico, a fadiga e a ansiedade tendem a fracionar a escrita, como forma de descanso ao realizar uma tarefa ou um esforço. Do ponto de vista intelectual, a intuição e a multiplicidade de idéias surpreendem a pessoa. Também se admite versatilidade, falta de continuidade por fadiga e talvez pela multiplicidade de idéias. Rica vida interior. Pode haver, por isso mesmo, dificuldades de contato e relações com o meio ambiente em que se desenvolve.

163. Clara, legível e concreta nas formas

Há um entendimento natural e intencional com o meio. Procura ser claro e compreendido pelos demais. Enfrenta os problemas. Naturalidade e simplicidade.

164. Ilegível e confusa

Essas letras são típicas em pessoas que vivem fechadas em seu mundo sem muito contato com a realidade. Não os preocupa fazer-se entender. Neste caso, além do mais, por causa dos ângulos no lado esquerdo, indicaria dureza nas relações íntimas, principalmente na área materna (masoquismo, crueldade) e encobrimento desta dureza perante os demais.

165. Confusa e enrolada, além de ilegível

O excesso de voltas indica egocentrismo e afã de colocar-se em seu mundo interior. Pode causar intrigas para conseguir o que deseja. Trata de enganar os demais sobre seus verdadeiros sentimentos. Mentiras hábeis na forma de manifestar-se. Confusão nas idéias. Também pode haver certas doses de confusão mental. Indecisões.

166. Muito enrolada e confusa

É característica nas idéias obsessivas. Nada melhor que o "muito enrolada" para simbolizar o "dar voltas às idéias obsessivamente". Mas também há uma grande dificuldade de contato e relacionamento. A extroversão é extrema, e o mundo interior é rico.

167. Graves desordens na formação do D

Imaturidade. É mais alta a barreira defensiva que o próprio sujeito representa nessa pequena haste básica. Sentimento de inferioridade. Medo, covardia. Respeito humano, medo de ser criticado. É como se a fantasia e a elaboração mental trabalhassem para tecer um forte complexo ou muro defensivo do eu.

168. D confuso e enrolado

Há sinais evidentes de vaidade. A haste básica não é tão rígida como exige a caligrafia. Há desejos de exibição dos próprios méritos, narcisismo. O brilho pessoal e a defesa estão patentes nesta letra elaborada. Não há dúvida de que a intriga não está ausente, assim como a mentira, a serviço de seus planos secretos.

169. Ilegível, se confunde com um "L"

Dá a impressão de ser um coração sangrento, aberto, que procura contar seus pesares. É aberto, mas egoísta. Impreciso, pouco atento e pouco dono dos seus impulsos e impressões. Há orgulho e um certo distanciamento dos demais.

170. D tipográfico estranho e sobrelevado

Realmente se assemelha a um "A". Dureza e decisão se unem nesta letra em que impera um forte amor-próprio. A defesa e o ataque se confundem num só gesto. Esta pessoa tem arestas por toda parte. Facilmente esbarra nelas em relações de qualquer natureza.

171. Ilegível, fraca, incompreensível

Tem a fraqueza do duplo traço (feito em duas vezes) e a ilegibilidade de quem deixa tudo por terminar. É intuitivo, mas defeituoso em seu raciocínio. Pode ver "fantasmas" e obcecar-se por adivinhações errôneas. Há emotividade e forte receptibilidade. Parece haver fortes correntes de tipo místico ou no mínimo um grande idealismo que às vezes pode levá-lo para fora da realidade.

172. Forma esquisita do D

Trata-se de pessoa reservada e prudente, com imaginação e certa dose de idealismo. O acúmulo evidente, que se vê no descenso e retrocesso do plano curvo da direita, evoca um mundo de criatividade e idéias que não quer exibir.

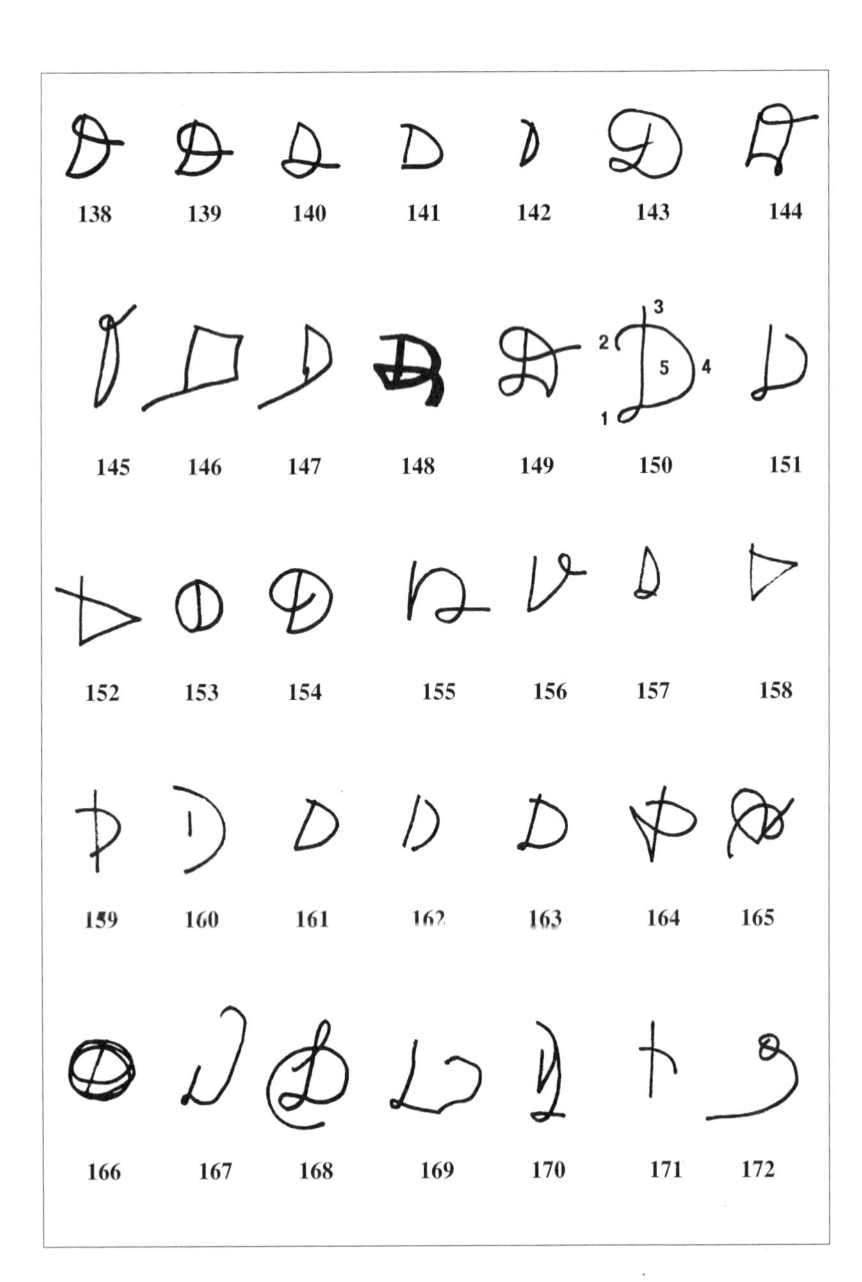
138
139
140
141
142
143
144
145
146
147
148
149
3
2
5
4
1
150
151
152
153
154
155
156
157
158
159
160
161
162
163
164
165
166
167
168
169
170
171
172

173. Estranha derivação de formas caligráficas

(Se começar em cima e terminar em ângulo): A imaginação é algo obsessivo no terreno idealístico, mas se aferra às suas idéias afirmando-se obstinadamente. Possível egoísmo e preocupações de tipo econômico (Se começar embaixo, como parece mais normal e terminar em cima nesse bucle): A premeditação e o cálculo estão presentes antes de investir num empreendimento ou projeto. A originalidade pode apresentar algo extravagante. Uma certa passividade e devaneio mais receptivo que ativo.

174. D que lembra um "L", mas unido à letra seguinte

O idealismo é forte, assim como o próprio orgulho. Mas trata-se de pessoa aberta e comunicativa, incapaz de guardar um segredo. Tem bom raciocínio lógico. Continuidade em trabalhos e afetos. É decidida, corajosa e impaciente. Seu defeito é que não acaba bem as coisas, influenciada ou empurrada pela impaciência e pela pressa.

175. Formação de um círculo (a)

Nas formas seguintes do "D" maiúsculo vamos nos fixar num fenômeno observado por nós: a formação em círculos de diversas características, que iremos comentando neste e nos cinco casos seguintes. Haverá mais formas circulares, como já vimos outras anteriormente, nesse desfile desorganizado e sem intenções classificadoras.

Reflete, a meu ver, a tendência egocêntrica de unir-se de maneira absorvente aos demais. (Quase todos os que a fizeram eram casados ou noivos, à exceção de um único caso de uma jovenzinha de 14 anos.) São pessoas absorventes e ciumentas. Eu diria que têm tendência a associar-se ou a formar grupos. (A inclinação à direita deve ser considerada na formação deste círculo, consistente na impulsividade afetiva.)

176. Bucle curvo embaixo à esquerda, circular (b)

(Tem as mesmas características que o caso anterior): São pessoas mais doces e com melhores reações diante da figura materna.

177. Formação circular (c), totalmente fechada

Traços muito declarados de introversão, planos ocultos.

As características psicológicas que citamos no caso da formação circular (a) persistem. Em todos eles há uma força retentiva que, apesar de seu egocentrismo, pode ser classificada como admirável.

178. Formação circular (d)

Há, em todas essas pessoas, uma grande facilidade de se unir às demais e manter essa relação dentro do seu círculo, íntimo e fechado ao mesmo tempo. Há um fundo masoquista, e suas relações com a figura materna não são boas. Apresenta alguns sinais de crueldade.

179. Formação circular, de inclinação invertida (e)

Possível frustração afetiva. Possíveis torturas íntimas. Também deve ser-lhe aplicada a interpretação que já indicamos no caso da formação circular (a).

180. Formação circular (f)

Aqui a variação mais notória é a maior inclinação à direita do que no caso (a). Além do que já dissemos anteriomente devemos acrescentar: afetos fortes, que não podem ser contidos, aos quais exige correspondência, razão pela qual pode padecer de ciúmes violentos, tipo Otelo.

181. D com círculo alto ou em cima

Esta letra estreita mostra certa insegurança. Há também formação circular, principalmente no mundo das idéias. Participa em menor escala do complexo interpretativo da formação circular (a).

182. Letra fechada larga

Há aprumo e confiança em si mesmo. Há um bom contato social. Quase forma o círculo, mas não é completo.

183. Bucle alto, fechando-se

Há um bom equilíbrio entre os planos íntimos (relação com os pais) e o socioprofissional (com os estranhos).

184. O bucle superior se enrola mais

Há habilidade comercial. Desejos de produzir efeitos perante os demais. Mas tanto a habilidade comercial – lucros legais, mas benefícios inteligentes bem calculados – como produzir efeitos se manifesta dentro de um quadro de correta normalidade, sem extremismos.

185. D fechado com um grande bucle espiral

Fortes tendências narcisistas, quer ser o centro do mundo. Para a própria satisfação precisa exibir habilidades e méritos. Mentiras vaidosas. Dons de sedução que podem chegar à intriga.

186. D oscilante que apóia seu "ventre" sobre a linha

Dentro da linha interpretativa de Julio Crépieux-Jamin e Matilde Ras, as letras basculantes, que não descem por baixo da linha do texto normal, representam independência de idéias, mas na sua rebelde forma juvenil, que nasce mais da inclinação viva à direita do que de um desejo de sair dos "trilhos" a que levam as "regras".

187. O D passa por baixo da linha

A descida é meio agitada. Interesses materiais. Possível depressão. Há sinais de realismo e positivismo nessa fixação ao solo. (Letra de uma viúva que voltou a se casar.)

188. Oscilante e movediça

É uma letra de rebeldia juvenil, mas também de um romantismo sadio, de um realismo sonhador que ainda não teve contato com a realidade. (Letra de uma adolescente sem namorado, de quinze anos.)

189. Apoio correto do D

Caso semelhante ao anterior (mocinha de quatorze anos), mas a fantasia irradiante e sem controle, que aparece no caso anterior, aqui se nota controlada e perfeitamente dirigida. O coração governa, mas supomos que se trata do "sarampo" infantil que a vida vai curando.

190. D muito caído por baixo da linha

Há um interesse materialista no projeto de vida. Talvez de empreendimentos e planos de algum tipo. Embora o bucle alto estabeleça o equilíbrio por meio de devaneios, não há um vigor adequado na personalidade (haste básica curta, pequena) que se submete a essas idéias materialistas e depressivas. Também pode ser interpretado como desânimo inicial naquilo que empreende. É o gesto próprio dos negativistas que jogam um balde de água fria nos que querem fazer alguma coisa.

191. Bucle superior fechado à direita

Forma (a) de fechamento sem tocar a haste básica.

É uma letra juvenil, do famoso "*decênio crítico*" (14-21 anos). É a idade da introversão enriquecedora e também do egoísmo das idéias. Assimilamos e cremos que nossas idéias são originais, sem nos darmos conta de que estamos acoplando elementos e materiais muito díspares e sempre dos outros. É um desejo de açambarcar afetos e idéias. Afetos e idéias que saboreamos sonhadora e passivamente em nossa profunda intimidade.

Também pode ser a rebeldia diante do pai e a vinculação alegre à mãe, que desejamos somente para nós.

192. Fechamento sem tocar na haste (b)

O narcisismo e a vaidade se apoderam desses sonhos juvenis. Os jovens sentem-se heróis ou sábios, numa tremenda auto-idolatria. Também devemos aplicar o que foi dito no caso anterior, só que "carregando nas cores" o que for relativo ao narcisismo.

193. Abertura sem tocar na haste (c)

Seguindo no plano da direita, sem voltar atrás, pode dar-se esta formação aberta, que lembra um "V" egoísta. É uma letra infantil, com forte carga instintiva, repressões afetivas e profunda introversão, mas com algumas explosões compulsivas, que o levam a contar suas coisas, "em segredo", a todo mundo.

194. Abertura que não ultrapassa a haste básica (d)

Devemos nos fixar no impressionante bucle e na sinuosidade da haste básica. É também uma letra infanto-juvenil. O mundo é fantasmagórico. A personalidade aparece torturada e masoquista. Há quedas depressivas no "ventre" que desce. Uma personalidade pouco formada, com muitos sonhos temerosos e possivelmente um desconhecimento completo da vida.

195. Bucle inferior descendente (a)

Possível depressão ou desprestígio da figura materna, ou de quem representa esse bucle esquerdo inferior, sempre aos olhos do autor. Todo o descenso, mais ou menos visível, está refletindo em tendências positivistas e talvez depressivas.

196. Pequeno bucle inferior descendente (b)

Os sonhos, talvez a figura paterna, elevam-se, compensando a personalidade com um realismo cinza, de algumas relações com a mãe pouco gratificantes.

197. Descende abaixo da linha (c)

Pai e mãe aparecem representados neste duplo jogo de prolongamentos. Ainda que os afetos em relação à mãe sejam um tanto interesseiros, não há dúvida de que as relações por parte de quem escreve são boas.

198. Descende abaixo da linha (d)

Dureza e ângulos são observados nesse "D", que penetra dura e cruelmente na terra e, também com dureza, se projeta "sobre" a sociedade. Tem atritos com quem convive. Carrega dentro de si a guerra. Qualquer assunto serve para iniciar hostilidades. Há tendências impositivas em sua forma de projetar-se. Entende melhor a ditadura que a democracia. Sinais de crueldade.

199. Descende abaixo da linha (e)

Há conflitos entre seu idealismo e seu positivismo com nuances de erotismo. Demonstra irradiação contundente e ativa em prol de seus projetos, planos e ideais.

200. Prolongação da haste básica

Esta prolongação, como se vê facilmente na figura, é para cima. Esta letra foi encontrada entre um grupo de pesquisa, em pessoas solteiras, sem namorado. Das muitas que fizeram este traço, somente duas se referiam a um casal: um deles, de 34 anos, disse que era casado e tinha quatro filhos. Uma moça revelou que tinha um amigo fazia um ano. Ainda não o considerava namorado ou grande amigo, no máximo uma tímida amizade. Não há dúvida de que esta prolongação para o alto é um sinal de idealismo. O idealista manifesta uma triste concepção da vida. Mais do que triste, errada. Não existem os seres "ideais", todos somos de carne e osso, sem asas nem virtudes teológicas. Não existe um tipo ideal de homem ou de mulher. As grandes exigências idealísticas levam ao celibato obstinado ou ao matrimônio infeliz, por engano. Ele não é como acreditava ser, em seu idealismo.

Neste traço notável para cima é onde vemos o idealismo, a espiritualidade, a fé em Deus, as crenças religiosas. Mas estas também se vêem no cuidado, carinho, respeito com que se executa a letra "D", símbolo da inicial de **Deus**.

201. Grande bucle embaixo, à esquerda

Próprio de pessoas amantes da família, do lar, da tradição e da pátria. Possível e forte vinculação à figura materna. Há também afetividade reflexiva (o "D" se separa das letras seguintes).

202. Invertida e com bucles equilibrados

Há desconfiança perante o meio ambiente. Mas um panorama agradável no meio familiar, já que ambas as figuras, a paterna e a materna, têm seu lugar no coração e na memória do escritor que assim o fizer.

203. Bucle tão alto quanto o próprio D

Excessivo orgulho da família e da origem. Há um verdadeiro endeusamento da figura materna. É possível que a imaginação o esteja levando a lembranças que ele transforma à sua maneira, afastando-as da verdade e da realidade.

204. Haste básica com ângulo, torcida

Agressividade encoberta. Poderíamos interpretá-la como uma reação dura e agressiva que se oculta perante os outros, aparecendo ou gostando de mostrar-se conciliante e simpático.

205. Bucle aumentado na horizontal, para a esquerda

Há indubitável apego à origem, principalmente à mãe, refletido nesse traço que se estica para a esquerda. Vemos também a prudência,

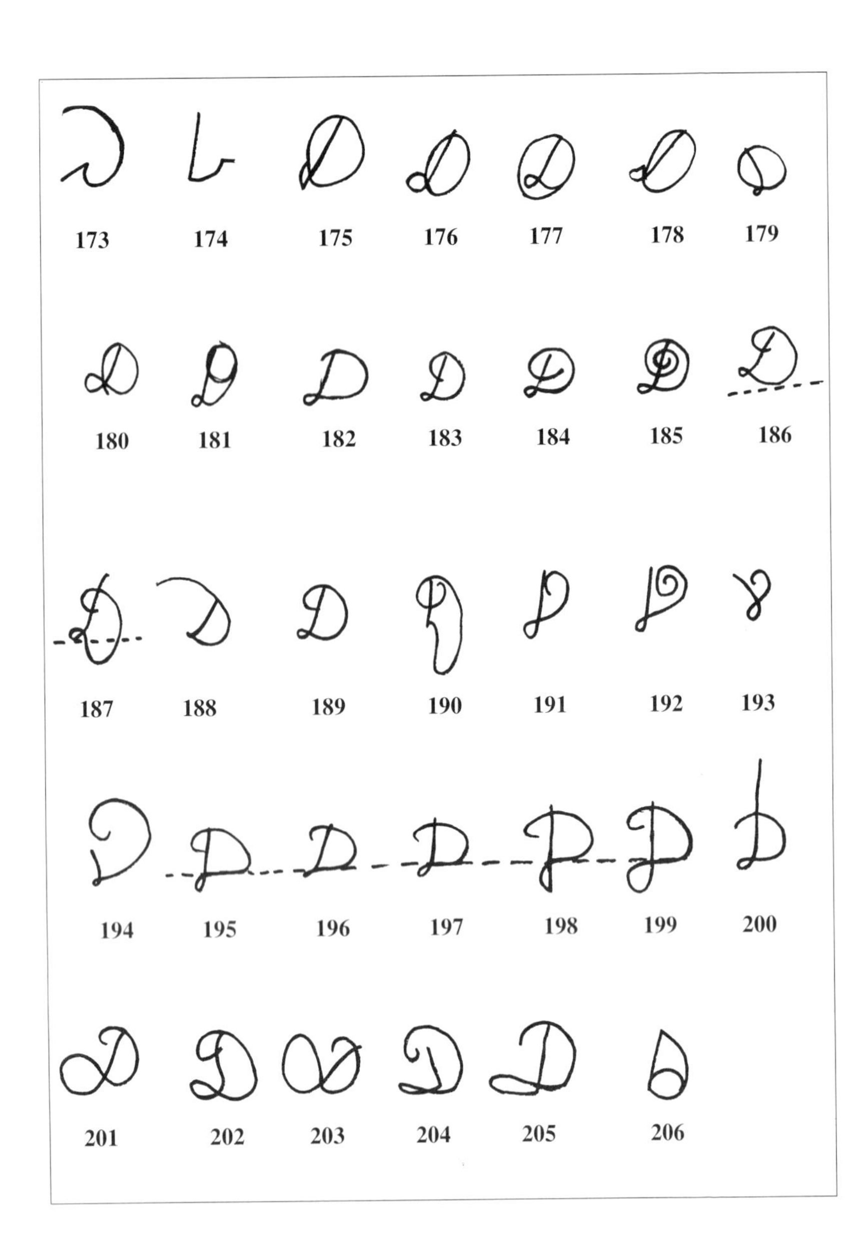
173
174
175
176
177
178
179
180
181
182
183
184
185
186
187
188
189
190
191
192
193
194
195
196
197
198
199
200
201
202
203
204
205
206

que não esquece as experiências anteriores ao planejar atividades ou planos futuros.

206. Bucle inferior fechado no D

É outra forma de círculo fechado, agora na base: sinal de egocentrismo, de apoiar-se e consolidar sua pessoa sobre a própria mãe. É também um egoísmo açambarcador oculto que se apropria de bens e riquezas materiais e os acumula. Próprio de pessoas egoístas e interesseiras que defendem com unhas e dentes sua intimidade, mas não têm o menor respeito pela intimidade alheia.

Com esta descrição de número 206, terminamos o desfile de letras **D** maiúsculas, seguindo a linha que marcou as consultas verídicas feitas ao *Noticiero Universal*, baseadas em 211 casos completos.

Continuando com os planos propostos, temos que orientá-los para o estudo estatístico comparativo e justificado das imagens ou figuras paterna/materna e suas relações com a escrita das pessoas analisadas.

RELAÇÕES COM O PAI E COM A MÃE

Esta é uma das metas a que nos havíamos proposto. Comprovar se R. Crepy tinha razão, se existem mudanças de figuras segundo os sexos ou se é constante a presença do pai em cima e da mãe embaixo.

Para tanto, dispúnhamos de 128 escritas com grande variedade de letras "D" que nos indicariam o comportamento das relações pai-mãe de quem escreve.

As informações que solicitamos aos leitores do *El Noticiero Universal* foram estas:

1. Seus pais estão vivos?
2. Se um deles está ausente, qual a sua idade quando da morte dele? Se ambos estão ausentes, quais as datas das perdas?
3. Se não os conheceu, relate-nos também como transcorreu sua infância.
4. Qual seu sexo e idade?
5. Teve maior simpatia ou ligação com o pai ou com a mãe?
6. Teve bom relacionamento igualmente com ambos?
7. Teve atritos ou desgostos com algum deles ou com ambos?
8. Se forem casados, indiquem também as relações que têm com seus filhos.

Das 128 pessoas questionadas, os resultados foram os seguintes:

Roseline Crepy, a excelente grafóloga e pesquisadora da escrita, que nos surpreendeu com sua exaustiva classificação de letras soltas: **maiúsculas**, **minúsculas** e **algarismos** difundiu a teoria de que no "D" maiúsculo, vê-se a relação com o pai e a mãe (nas crianças) simbolizados pelos bucles da esquerda superior e inferior.

Para ela, no enfoque partindo das **filhas**, o pai está em cima, no bucle superior, e a mãe no bucle inferior. As supressões de bucle indicam alterações ou significam desavenças entre a filha e o pai ou a mãe.

Do ponto de vista dos **filhos**, a mãe situa-se no bucle superior e o pai no inferior. A colocação das figuras paterna/materna se inverte, se quem escreve for homem ou mulher.

Pelos estudos que realizamos sobre o **Teste do Horizonte do Mar** – como já foi dito –, sempre achamos que tanto para homens como para mulheres o sol em cima simboliza o pai, e o mar e a terra, embaixo, o reflexo da imagem materna.

Minha idéia é que as figuras paterna e materna não mudam de lugar. Sempre, do meu ponto de vista, à margem do sexo da pessoa analisada, veremos a figura paterna em cima e a materna embaixo.

Cheguei também à conclusão de que a falta de bucle não implica necessariamente um rompimento com o pai e a mãe. Devemos analisar a prolongação para cima e para baixo para determinar qual das áreas "tem mais peso". Comprovaremos nesta amostra ambas as teorias. Partimos do pressuposto de que os pesquisadores dizem a verdade, sua verdade, e é desse ponto de vista deles que julgamos os grafismos.

Das 128 pessoas, 31 eram homens e 97 mulheres

Como as idéias de Roseline Crepy se baseiam na relação triangular do menino/menina com seus pais, achei mais importante examinar primeiro as escritas dos autores de menos de vinte anos, que, mesmo não sendo crianças, estão mais próximos delas do que os adultos maiores de vinte anos.

Foram 29 casos no total, entre rapazes e moças.

Os órfãos, que não indicaram suas preferências, foram descartados.

Foram rejeitados os que consideraram igualmente o pai e a mãe.

Não foram levados em conta os que não responderam às previsões de uma ou outra forma.

Os sinais que nos pareceram significativos tanto nos atritos com ambos os pais como com um deles, assim como a orfandade, serão examinados posteriormente.

Fixando-nos agora somente nos casos em que a preferência materna-paterna foi citada, por haver melhor relacionamento, menos lutas e atritos etc., obtivemos os 29 casos classificados.

Neste estudo consideramos também, ainda que R. Crepy não o cite, a prolongação acima ou abaixo no lado esquerdo, pois, apesar de ambas serem iguais, entendemos que há certa preferência no lugar em que o traço é mais suave e curvo.

Com as amostras de letras "D" dos próprios participantes, formamos páginas completas para poder apreciar os traços e, inclusive, chegar a outras conclusões. O campo da pesquisa é tão apaixonante que, procurando uma coisa, muitas vezes encontramos outras.

Caso 1 (fig. 207): Mulher (M) 19 anos (19a.) Relaciona-se melhor com a mãe (M.M.) Entre parênteses aparecem as abreviaturas que serão utilizadas nos próximos casos. Ainda que neste caso apareçam os dois bucles, não há dúvida de que o inferior é mais empolado e rico que o superior. A preferência da **mãe**, **embaixo**, coincide com as teorias da pesquisadora francesa e com as minhas próprias.

Caso 2 (fig. 208): M. Não indica idade (N.I.I.) M.M. Mesmo não fazendo nenhum dos dois bucles, que segundo R. Crepy (R.C.), significaria ruptura com ambos os progenitores ou suas figuras, do meu ponto de vista se prolonga por baixo e para a esquerda numa pequena curva, o que me leva a crer que há predomínio da área inferior. Aceitando esse sinal identificador, ambos estaríamos certos.

Caso 3 (fig. 209): M. N.I.I. M.M. Muito evidente a preferência materna e o correspondente bucle.

Caso 4 (fig. 210): M. N.I.I. Relaciona-se igualmente bem com ambos (I.B.A.). Não há dúvida de que minha teoria do desenvolvimento alternado das zonas superior e inferior é perfeitamente válida.

Caso 5 (fig. 211): M. 16a. Conflitos com os pais (C.P.). O curioso é que principalmente na área superior, mas também na inferior, há pontas agudas olhando para as figuras paterna-materna.

Caso 6 (fig. 212): M. 15a. M.M. Mas discute com ambos (D.C.A.) Curiosamente, há pontas para a esquerda, principalmente na esfera superior, embora existam algumas inferiores.

Caso 7 (fig. 213): M. 15a. M.M. Surgem dúvidas, já que desapareceram os dois bucles, as prolongações são iguais e não se pode dizer que um traço é mais importante ou mais longo em cima ou embaixo.

Caso 8 (fig. 214): M. 14a. M.M. O bucle que vemos claramente na letra é o superior, e há uma ponta claramente dirigida para baixo. (Estaria ignorando seus verdadeiros sentimentos e inclinações? Ou estes estão misturados e adulterados pela razão e no plano consciente?)

Caso 9 (fig. 215): M. 15a. I.B.A. Diz que tem alguns atritos com a mãe. (Não vemos ângulos ou pontas.) Há os dois bucles: superior e inferior, o que coincide com ambas as teorias.

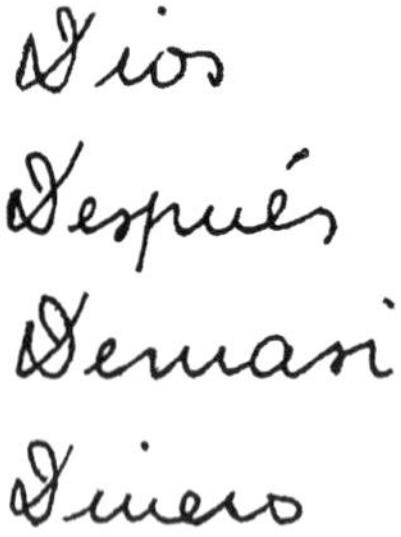

Figura 207

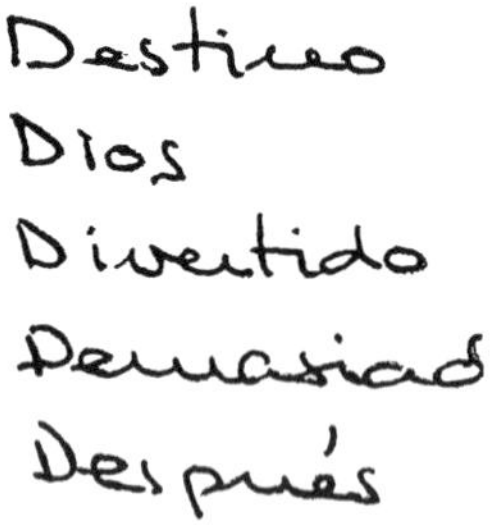

Figura 208

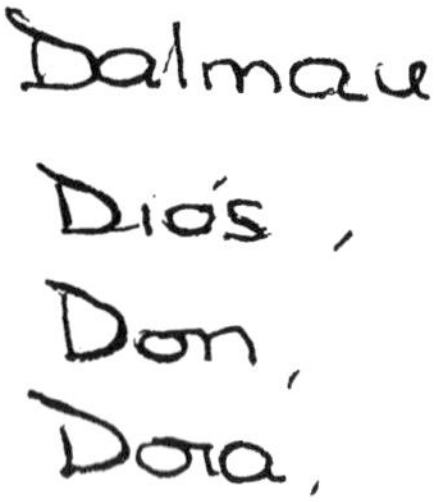

Figura 209

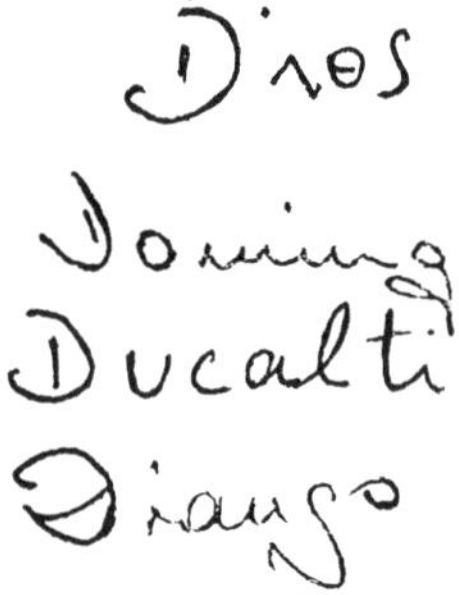

Figura 210

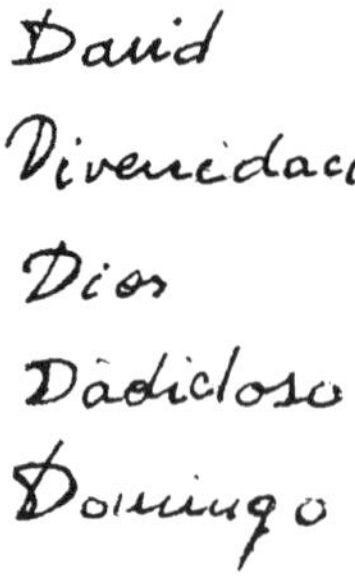

Figura 211

Figura 212

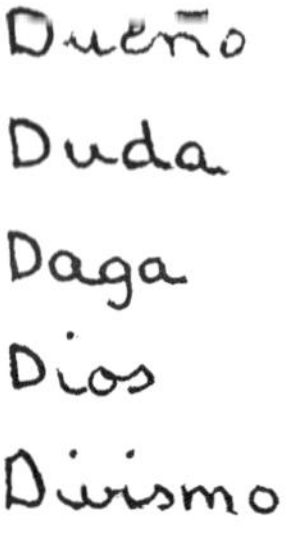

Figura 213

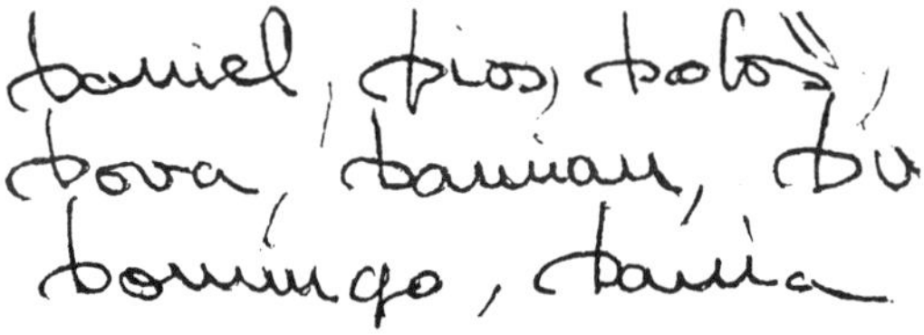

Figura 214

Caso 10 (fig. 216): M. 16a. I.B.A. Coincide com ambas as teorias.

Caso 11 (fig. 217): M. 17a. I.B.A. Plena concordância tanto na forma caligráfica quanto na tipográfica.

Caso 12 (fig. 218): M. 16a. **órfã de pais**. (O.A.) Não consideramos suas relações com eles, pois nada indica. Mas nos surpreende encontrar preenchido o interior da letra "D".

Caso 13 (fig. 219): 17a. M.M. Apesar de ambos os traços prolongados à esquerda terem tamanho aproximado, não resta dúvida de que na zona superior apresenta um ângulo duro, que não se repete em todas as letras, mas em várias ocasiões.

Caso 14 (fig. 220): M. 16a. Relaciona-se igualmente com ambos (R.I.A). Nós vemos, à luz deste trabalho, que suas relações com a mãe são um pouco mais cordiais. Há certo confrontamento com o pai.

Caso 15 (fig. 221): M. 18a. Se dá melhor com o pai (M.P.). Não há dúvida de que o único bucle que existe é embaixo, ainda que a curva de cima o cubra e seja prolongada. A haste básica, que R.C. (R. Crepy) não considera, aparece torcida. Tanto esta figura quanto seu respectivo caso dão margem a dúvidas, já que estão contra minha maneira de pensar, e a da pesquisadora francesa.

Caso 16 (fig. 222): M. 16a. M.M. Atritos com o pai (A.P.). Há uma tremenda mistura de traços até contraditórios, mas aparece um ângulo, em algum momento, embaixo e não em cima, o que faz supor que ocorrem ou deveriam ocorrer atritos com a figura materna e não paterna. Este erro pode ser atribuído à imaturidade da pessoa analisada.

Caso 17 (fig. 223): 15a. I.B.A. Ainda que o bucle exista unicamente embaixo, não há dúvida de que a curva superior compensa este traço, e pode se aceitar que se relacione melhor com a mãe e idealize a figura paterna.

Caso 18 (fig. 224): M. 13a. M.M. A pouca idade da pessoa pesquisada pode ser a causa deste lapso. A figura paterna aparece sublimada. Talvez a severidade do pai faça com que ela diga que se dá melhor com a mãe. Mas ela quer se relacionar com o pai, a quem admira profundamente, e esse belo complexo de Electra está sendo demonstrado mesmo contra sua vontade.

Caso 19 (fig. 225): M. 14a. **órfã de pai** (O.P.) Não indica preferência. Há torção no traço vertical básico. Idealiza a figura paterna, mas não muito mais que a anterior. Ao mesmo tempo, é como se as intensas relações com a mãe tentassem compensar a ausência do pai e o vazio que deixou em ambas.

Caso 20 (fig. 226): M. 16a. I.B.A. As prolongações para cima e para baixo no lado esquerdo possuem tamanhos muito semelhantes, o que confirma minha teoria.

Caso 21 (fig. 227): M. 15a. RIA (relaciona-se igualmente com

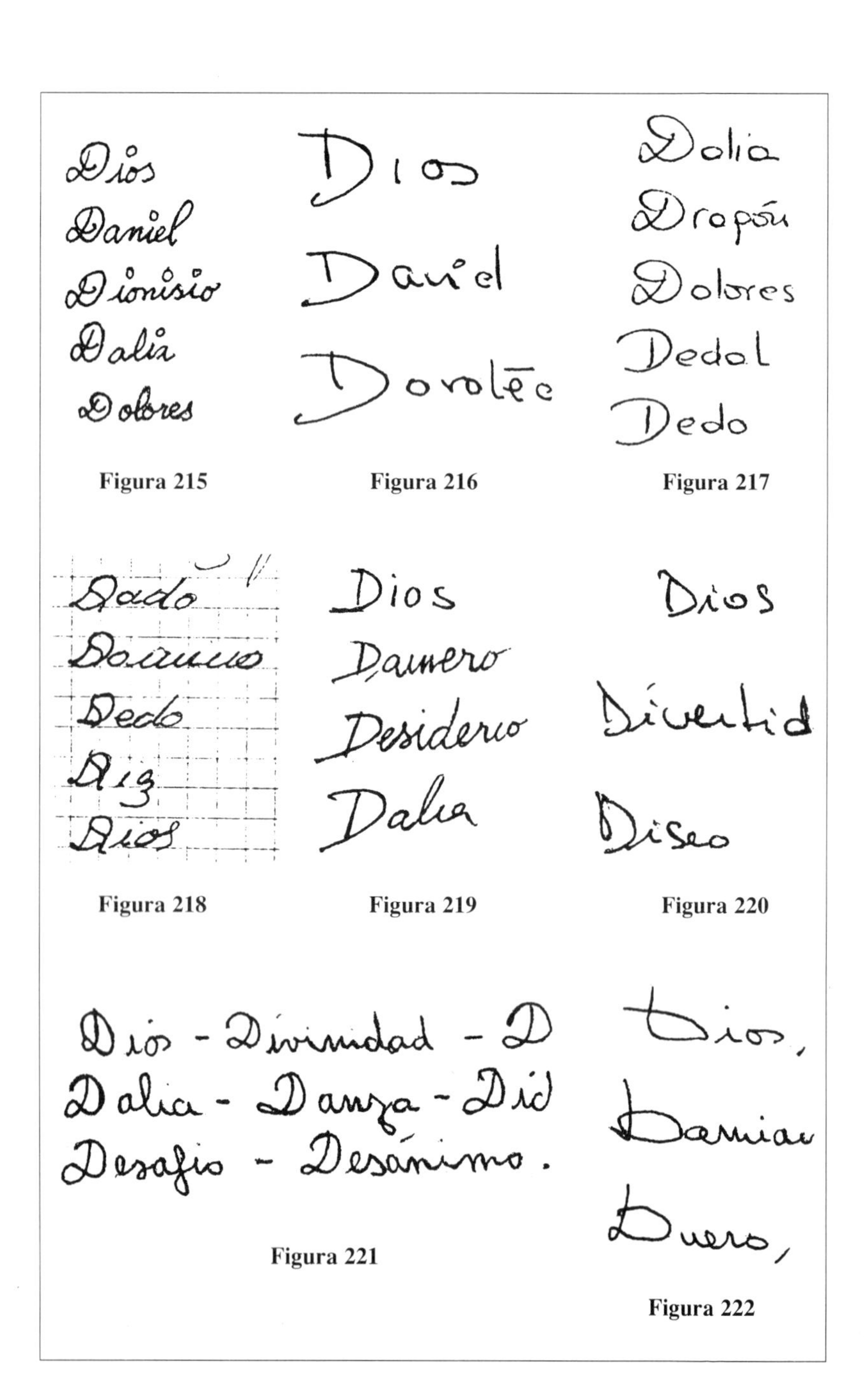

Figura 215

Figura 216

Figura 217

Figura 218

Figura 219

Figura 220

Figura 221

Figura 222

ambos). Atritos também com ambos (A.A.). Os atritos podem estar refletidos na torção da haste básica, como conseqüência dos próprios problemas projetados sobre os demais.

Caso 22 (fig. 228): M. 16a. R.I.A. Também coincide com as prolongações que são iguais em cima e embaixo.

Caso 23 (fig. 229): Homem (H.) 18a. M.M. Não há dúvida de que a área inferior se destaca por seu bucle mais acentuado que o superior.

Caso 24 (fig. 230): H. 20a. M.M. Diz que tem **ódio** do pai, diz que o odeia mais que a nenhuma outra pessoa. Minha teoria sobre o bucle inferior mais curvo e mais rico, e sobre o ângulo superior, mostram a dicotomia pai-mãe com seus símbolos claros de suavidade embaixo e dureza em cima.

Caso 25 (fig. 231): H. 19a. O.P. Veja a divinização da figura paterna neste bucle imenso, rico, imaginativo, exaltado. Neste caso, o pai também aparece em cima.

Caso 26 (fig. 232): H. 19a. M.P. O bucle está embaixo, rico, bem apoiado, confirmando a suposição de que o pai está embaixo para os homens. Mas é curioso, e de certo modo representativo, que ao indicar seu sexo diz: "Meu sexo... homem. Fisiologicamente. Esta sim é uma pergunta ambígua". Copiado textualmente e presente na fig. 232. Se bem que isto não indique nada, do meu ponto de vista.

Caso 27 (fig. 233): H. 18a. M.P. O bucle superior é mais suave e curvo. Está de acordo com as minhas idéias.

Caso 28 (fig. 234): H. 19a. M.M. Aparecem os dois bucles, porém mais rico e cheio de fantasia, o que reflete a figura paterna.

Caso 29 (fig. 235): H. 16a. M.M. A evidência não dá margem a dúvidas.

Por essa pequena amostra, vemos que nas mulheres é evidente a situação pai em cima, mãe embaixo. E nos poucos casos vistos de crianças, a situação não variou significativamente, exceto em um.

Como disponho de mais algumas escritas, de jovens de menos de trinta anos e até trinta, inclusive, vamos dar uma rápida olhada nas crianças desse segundo grupo, doze no total, e assim poderemos contrastar os sinais de orfandade e de agressividade contra os pais nos ângulos do lado esquerdo e nos lugares correspondentes às figuras paterna-materna.

Como as teorias de R.C. e as minhas coincidem quanto à colocação da figura paterna **nas meninas**, vou me fixar unicamente nos rapazes. Parto da suposição, já expressa pela pesquisadora francesa, de que estas posições pai-mãe se referem exclusivamente às crianças. Estamos analisando rapazes jovens, e não sei se isto modificará sensivelmente a interpretação.

Para continuar esta "Pesquisa" seria interessante que meus leitores, educadores, que estão em contato com crianças de todas as idades que já

Dios
Donatelo
Dionisio
Diablo
Dinero

Figura 223

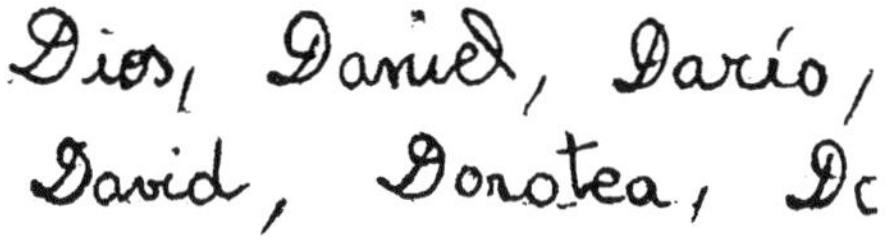

Dios, Daniel, Darío,
David, Dorotea, Dc

Figura 224

Dolos, Dios, D
streza, Desigualdad

Figura 225

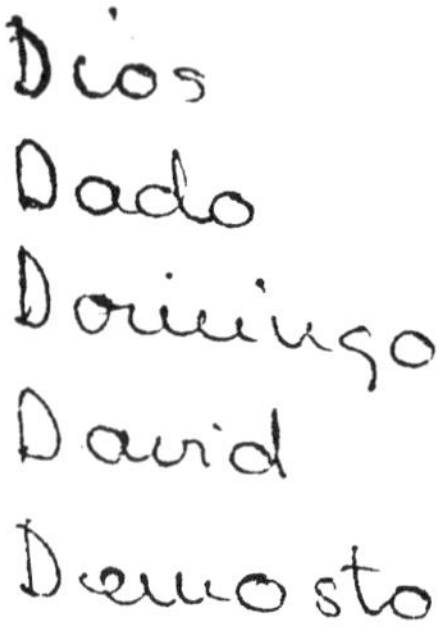

Dios
Dado
Domingo
David
Demosto

Figura 226

Dios
Dedo
Dado
Déspota
Disco

Figura 227

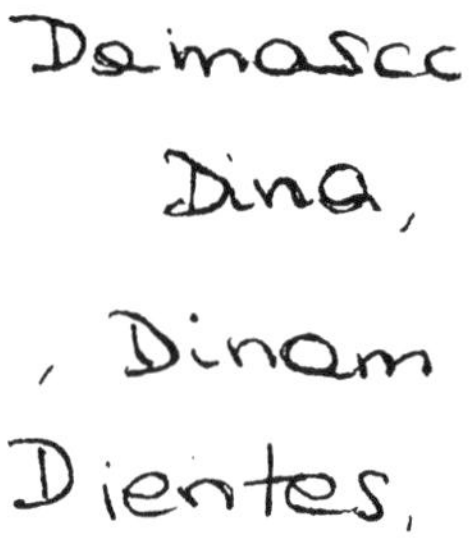

Damasco
Dina,
, Dinam
Dientes,

Figura 228

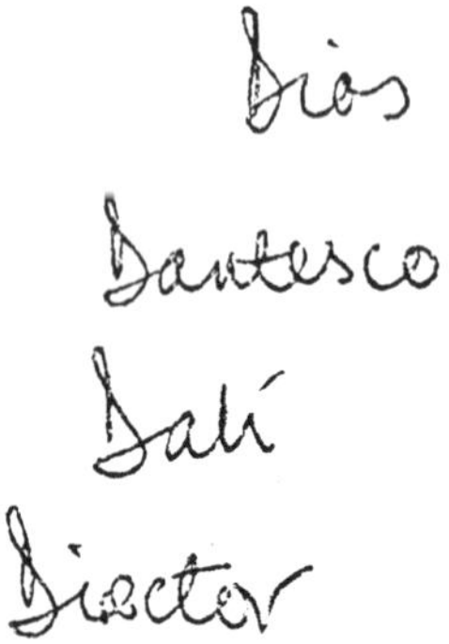

Diós
Dantesco
Dalí
Director

Figura 229

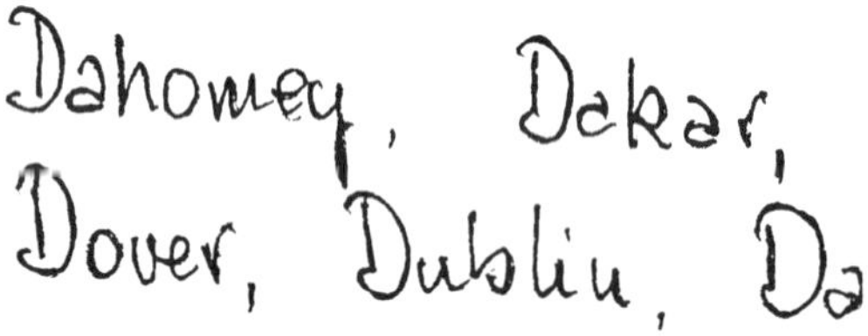

Dahomey, Dakar,
Dover, Dublin, Da

Figura 230

Diós Domingo - Derecho
refe - Dragón - Dinero - Difícil

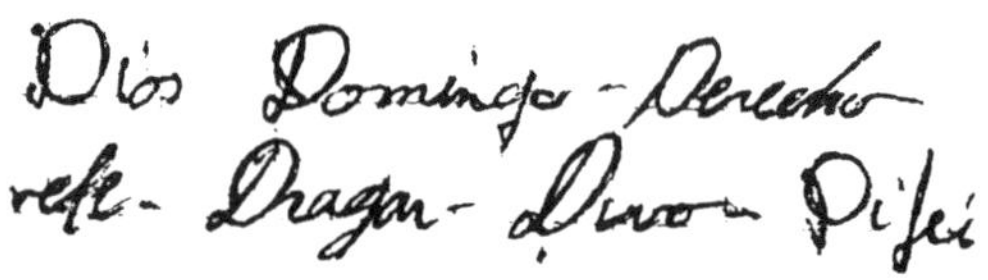

Figura 231

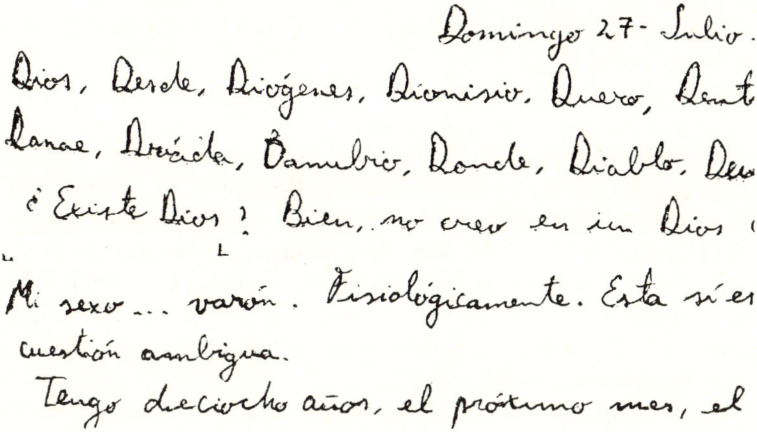

Domingo 27 - Julio.
Dios, Desde, Diógenes, Dionisio, Duero, Dent
Danae, Drácula, Danubio, Donde, Diablo, Deu
¿Existe Dios? Bien, no creo en un Dios
Mi sexo... varón. Fisiológicamente. Esta sí es
cuestión ambigua.
Tengo dieciocho años, el próximo mes, el

Figura 232

Dios, Dominio, Diez, Dirección, Diario.

Figura 233

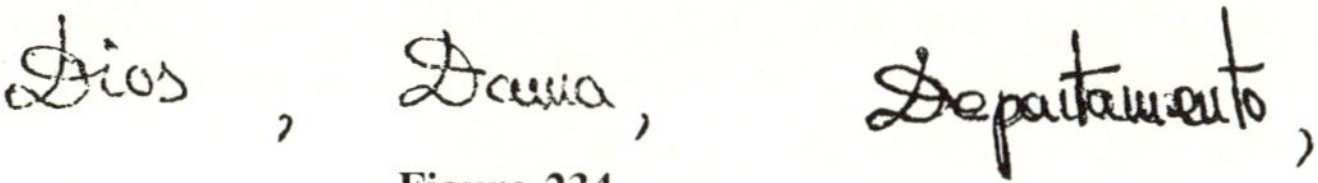

Dios, Dama, Departamento,

Figura 234

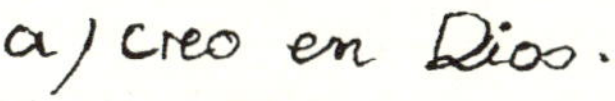

a) creo en Dios.

Figura 235

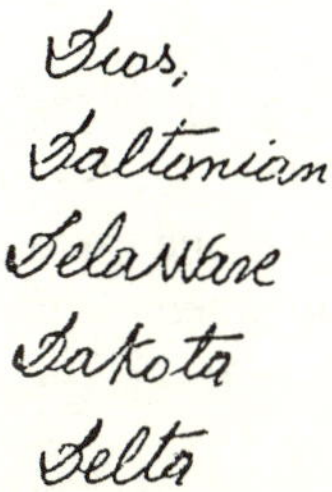

Dios,
Daltonian
Delaware
Dakota
Delta

Figura 236

sabem escrever, me enviassem várias centenas das respostas às perguntas que são solicitadas no questionário anteriormente citado. E que façam uma relação das palavras que começam com **D**.

Agradeceria que enviassem para Apartado 40.099, Madri, Espanha.

Vamos repassar esses 12 novos casos a que me refiro, de idades um pouco superiores às anteriores.

Caso 30 (fig. 236): H. 26a. M.M. Coincide com meu critério, já que o bucle mais pronunciado é o de baixo.

Caso 31 (fig. 237): H. 26a. M.M. Órfão desde os sete anos (O.A.). Há um bucle aceitável na figura materna. (Boas relações, segundo indica) e um amplo traço curvo, imaginativo, que idealiza a figura paterna.

Caso 32 (fig. 238): H. 28a. RIA. Esta expressão oferece muitas dúvidas, porque a figura materna está mais desenvolvida. Será que não quer reconhecer sua forte e obsessiva tendência de depender de sua mãe? Se não for isso, teríamos de classificá-la como **duvidosa**, pois não coincide com nenhuma das duas teorias.

Caso 33 (fig. 239): H. 28a. M.M. Vai bem ao encontro da minha própria teoria de que a figura materna aparece embaixo em ambos os sexos.

Caso 34 (fig. 240): H. 24a. M.M. Coincide com as teorias de R.C. Rica expressão, bem marcada em cima.

Caso 35 (fig. 241): H. 25a. M.M. Há concordância com minha teoria.

Caso 36 (fig. 242): H. 25a. Relaciona-se mal com ambos. M.A. A letra expressa o contrário do que revela o pesquisado. Não há dúvida de que os subjetivismos possuem um papel importante nessas apreciações.

Caso 37 (fig. 243): H. 25a. M.P. O bucle idealizador da figura paterna é evidente, de acordo com meus critérios.

Caso 38 (fig. 244): H. 26a. M.P. Não está claro, porque há uma dupla imagem de pai e mãe.

Caso 39 (fig. 245): H. 26a. Os dois estão vivos. Não indica nada relativo às suas relações com eles. Com a experiência que temos desta visão atual, sabemos que esses ângulos na zona superior podem indicar problemas, principalmente com o pai.

Caso 40 (fig. 246): H. 28a. O.P. (Quando tinha 20 anos.) Figura paterna idealizada.

Caso 41 (fig. 247): H. 23a. Seus pais se separaram quando ele tinha sete anos. É uma forma de **orfandade**, mas com o fato que ele mesmo cita, em seu "D": "há em mim, em relação a eles, uma mistura de afeto e ódio". A proliferação de pontas agudas, principalmente diante da figura do pai, evidenciam esse ódio pela privação do afeto e da alegria no lar, produzida pela separação da qual considera seu pai o maior culpado.

Figura 237

Figura 238

Figura 239

Figura 240

Figura 241

Figura 242

Figura 243

Garanto-lhes que eu mesmo estou surpreso com esses resultados, não obstante serem bastante evidentes na teoria. Os sinais de orfandade, o ódio e os conflitos com os progenitores são algumas das questões já vistas.

Como somente observamos 40 das 128 escritas que continuaremos a analisar, voltaremos ao assunto para poder comprovar aquilo que nos interessa.

DEUS E AS CRENÇAS RELIGIOSAS

Iniciei este trabalho, sem saber nem pretender, quando há alguns anos tive em mãos a escrita de um herege. Ainda não conhecia as teorias simbólicas de Max Pulver.

Aquele herege fazia uma letra "D" maiúscula pequena e achatada.

Pensei que esse pudesse ser um caminho. O "D" em castelhano e em outros idiomas representa a primeira letra da palavra Deus.

Foi um dado que ficou no meu subconsciente e que comentei algumas vezes nas aulas da Universidade e do Instituto de Técnicas Psicografológicas onde leciono, desde 1967, Grafologia, Testes Gráficos, Fisiognomonia e especialidades da grafologia: Grafopatologia, Seleção de Pessoal etc.

Ao analisar esse exemplo, destinado unicamente ao "D" maiúsculo, pareceu-me oportuno esclarecer as dúvidas e buscar uma certeza.

Cada vez mais tenho acreditado nessa possibilidade, especialmente depois de comprovar as teorias da Grafologia Simbólica e Emocional.

Só que eu tinha que correr o risco de que o "D" pudesse refletir algum outro símbolo querido, parentes, amigos, pessoas admiráveis ou o próprio pesquisado.

A pesquisa, ao mesmo tempo em que focalizava as relações pai-mãe, introduziu no questionário os seguintes elementos:

Em cada dez palavras escritas, pelo menos uma vez a palavra Deus deveria ser incluída.

As perguntas na pesquisa foram:

Existe Deus?

Você é crente?

O "D" é sua inicial ou a de algum ente querido?

Já vimos 41 casos. Vou dizer agora quais das pessoas pesquisadas eram crentes e quais não.

Dos 41 casos pesquisados, dizem ser crentes os seguintes:

Figuras: 209 a 228 (ambas inclusive)

Figuras: 233 a 235 (ambas inclusive) e, finalmente, da 238 à 247 (ambas inclusive).

Digamos, pois, que dos 41 há 33 crentes.
Dizem não ser crentes os seguintes:
Casos: 1 e 2 e 23 a 26.
Finalmente, casos 30 e 31.
Resumindo, são 8 os não-crentes.
Mas, se convertermos a números todos os casos pesquisados, veremos que o resultado final do total foi assim:
128 pessoas pesquisadas.
97 mulheres e 31 homens.
100 crentes: 22 homens e 78 mulheres.
28 não-crentes: 9 homens e 19 mulheres.
A amostra foi assim distribuída por idades:

Menos de 20 anos: 7 rapazes e 22 moças.
rapazes: 3 Crentes.
4 Não-crentes.
moças: 20 Crentes.
2 Não-crentes.

De 21 a 30 anos de idade: 12 homens e 27 mulheres.
homens: 10 Crentes.
2 Não-crentes.
mulheres: 18 Crentes.
9 Não-crentes.

De 31 a 40 anos de idade: 5 homens e 19 mulheres.
homens: 3 Crentes.
2 Não-crentes.
mulheres: 14 Crentes.
5 Não-crentes.

De 41 a 50 anos: 1 homem e 12 mulheres.
homens: 1 Crente.
0 Não-crente.
mulheres: 9 Crentes.
3 Não-crentes.

Mais de 51 anos: 5 homens e 12 mulheres.
homens: 5 Crentes.
0 Não-crente.
mulheres: 12 Crentes.
0 Não-crente.

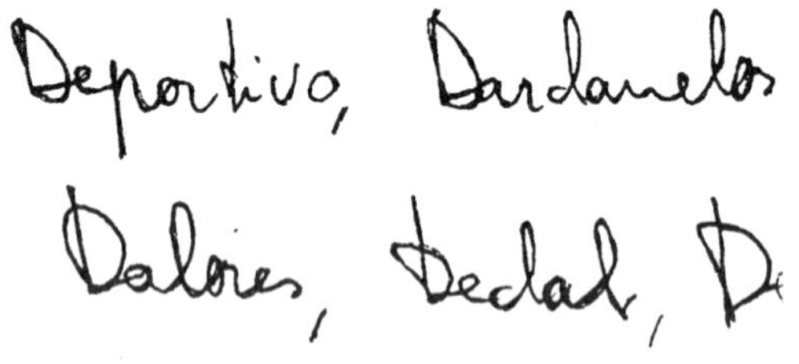

Figura 244

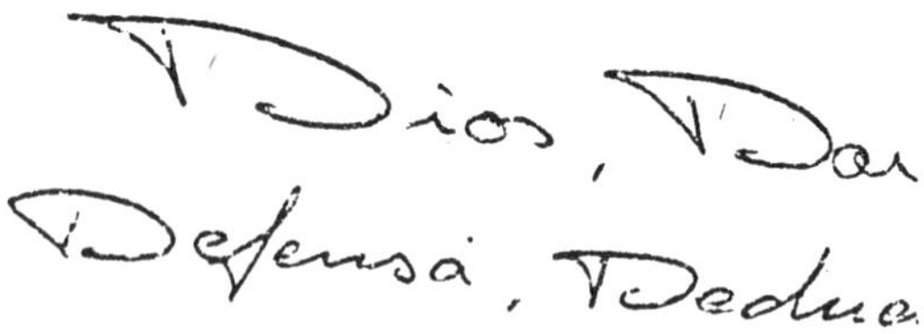

Figura 245

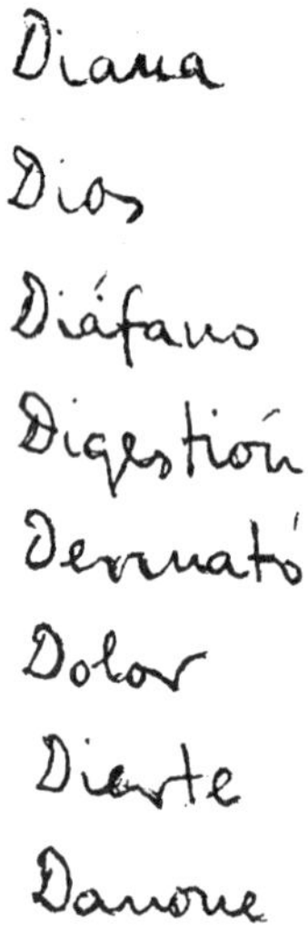

Figura 246

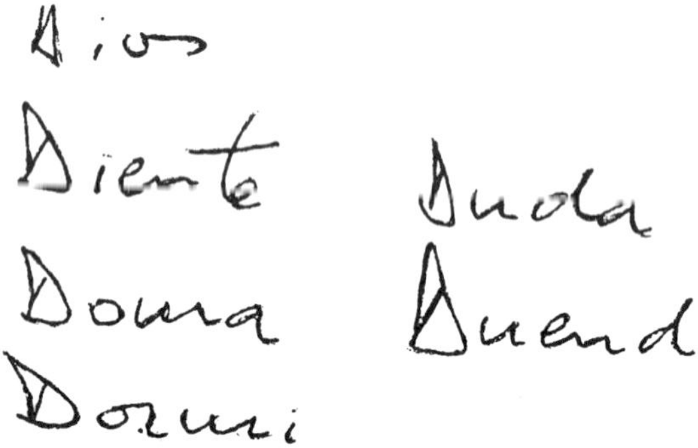

Figura 247

A pergunta que cabe fazer ao pesquisador é: existe algum tipo de diferença no "D" maiúsculo, entre os que dizem ter fé e os que dizem não ter?

Como os de menor número são os não-crentes, vamos começar por eles.

Pelo que tenho visto, suponho que o caminho seja bastante difícil se considerarmos os elementos que podem interferir em nosso plano inconsciente e subconsciente.

Desde entes queridos esquecidos, a quem rendemos um tributo na inicial de seu nome, até tabus enraizados que não podemos extirpar, por mais que nossa razão nos leve a isso.

Há duas mulheres que dizem não crer, e são os casos 1 e 2.

Quanto ao "D" enfeitado no caso número 1, sua forma tem um aspecto superficial. Notem como parece mais rico ou inchado no plano inferior. O caso número 2 também mostra maior "peso" na parte inferior da curva da direita.

Podemos dizer que quanto à forma e arquitetura das letras não há evidência de que os crentes manifestem sua fé num enfeite, ou no carinho com que executam as letras.

No entanto, há maior peso nas escritas dos não-crentes na base da curva do "D", como podemos verificar também nos casos 23, 24, 25 e 26.

Finalmente, analisemos os casos 30 e 31.

Não há dúvida de que a curva pesa mais embaixo do que em cima.

Nos crentes, numa grande proporção, vemos que a parte alta, estatisticamente considerada, se destaca mais do que a baixa, e vamos transformá-la em cifras, pesquisando os 128 casos.

Digamos, portanto, que, segundo nossa opinião, há uma preponderância manifesta nos crentes em fazer o "D" como a figura 248, e os não-crentes, como a 249. Mas, individualmente, em casos isolados, pode ocorrer o contrário, porque um crente pode enfocar a vida de forma realista e um descrente pode ser um realista obscurecido.

Entre os elementos a considerar para o estudo da presença da **fé** ou de **Deus**, seu símbolo, vamos ver estas quatro suposições:

a) Descartamos o enfeite do "D", porque não encontramos nada expressivo.

b) Levamos em conta o *peso* na curva da direita para cima (presumivelmente crentes) e para baixo (talvez não-crentes).

c) Pode dar-se o equilíbrio, o peso não se inclina para baixo nem para cima, fig. 250.

d) A haste básica pode projetar-se para cima numa procura mística de Deus, fig. 251.

Vejamos agora nos 128 casos citados o que ocorre com estes elementos:

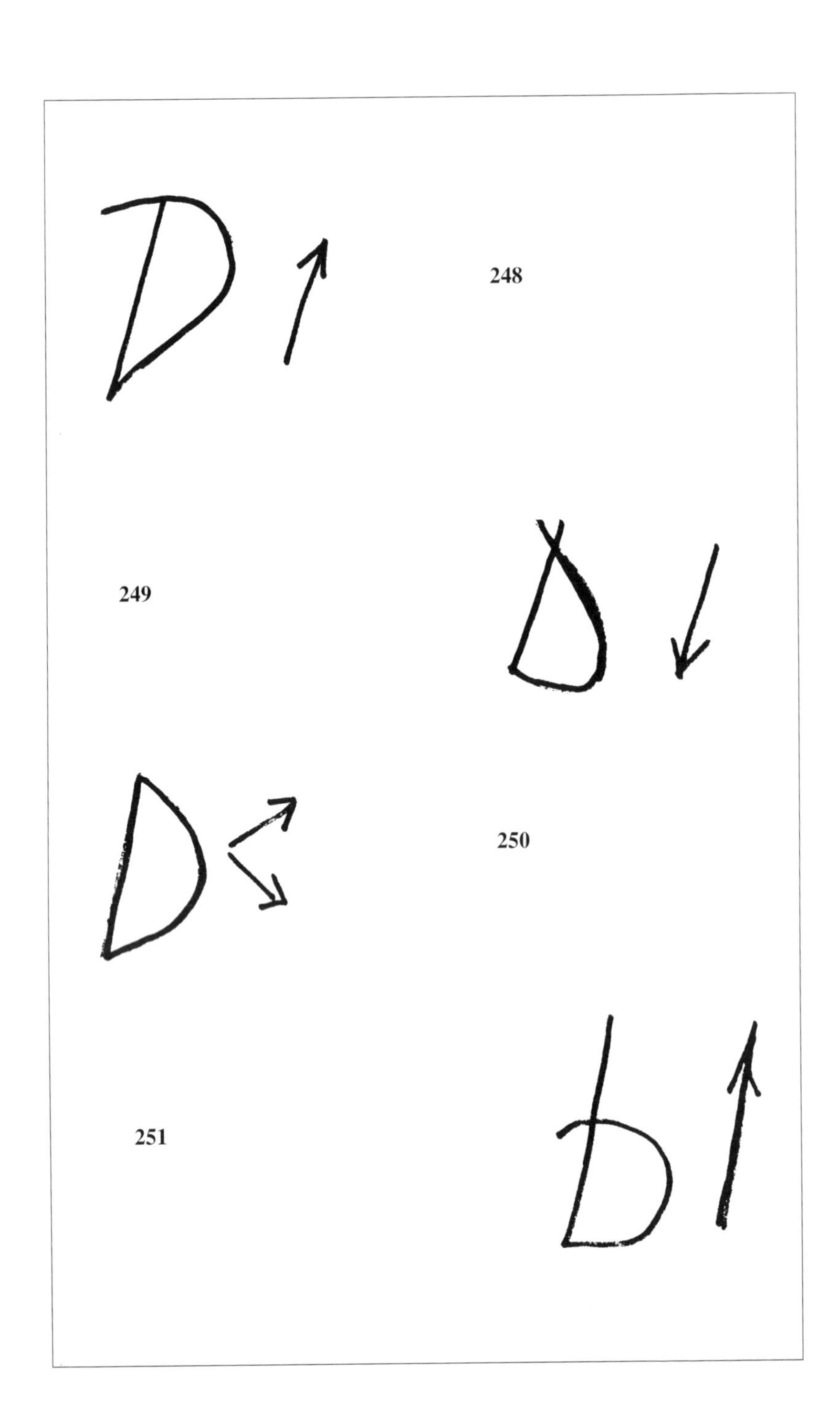
248
249
250
251

- Peso em cima: 29% em crentes e 15% em não-crentes.
- Peso embaixo: 41% em crentes e 82% em não-crentes.
- Peso no meio: 23% em crentes e 21% em não-crentes.
- Haste saliente em cima: 50% em crentes e 35% em não-crentes.

Mesmo tendo chegado a um índice, não estamos seguros em relação à interpretação, pois as coincidências encontram-se dentro de limites muito amplos de erro.

O TRAÇO DA ORFANDADE

Não pretendemos estabelecer esta premissa, mas chegamos a uma certeza, já conhecida na psicologia e que fica patente neste estudo.

A morte do pai e sua ausência em geral leva as pessoas a idealizar a imagem em sua lembrança, em sua imaginação e enfeitá-lo com todas as virtudes.

Há um traço característico dos órfãos?

É muito curioso, e quase uma afirmação, que entre os 31 órfãos analisados desse grupo, em 74% apareceu um bucle superior significativo, muitas vezes exagerado e inchado até limites surpreendentes e reveladores do que acabamos de dizer.

Há entre o grupo, caso 49 (fig. 253), uma **órfa de mãe**, que viveu com duas madrastas, a primeira entre os 2 e 7 anos, tem boas recordações da infância, e a segunda entre os 11 e 24 anos, com quem se deu muito mal.

Observem a figura citada e verão um estreitamento da letra, sem bucle alto mas com uma ponta aguda em cima, e embaixo um traço rico, às vezes com bucle, que se volta exageradamente para a esquerda, área da mãe, da origem, do passado.

Para este estudo foram considerados unicamente os que ficaram órfãos depois dos 21 anos, sem levar em conta sexo ou idade.

Vamos montar um quadro dos 31 casos, com numeração geral, caso tenhamos que voltar a ele, com número de figuras, indicando idade, sexo, idade em que perdeu o pai, a mãe ou ambos, assim como o "aparecimento do bucle alto, baixo ou linha que cruza". Finalmente, depois de visto o quadro, analisaremos os casos em que "não se encaixam" no previsto. Já adiantamos que 74% têm o bucle alto nos casos de perda do pai ou de ambos. Somente um caso, de uma mulher, mostrou, conforme a figura 253, o bucle baixo pela perda da mãe.

Vejamos os resultados refletidos no quadro:

Nº	Caso	Figura	Idade	Sexo	*Idade ao perder*		*Bucles*		*Letra cruzada*
					Pai	*Mãe*	*Alto*	*Baixo*	
1	12	218	16	F	9a	9a	sim	não	sim
2	19	225	14	F	11a		sim	sim	não
3	25	231	19	M	14a		sim	não	sim
4	31	237	26	M	7a		sim	sim	não
5	40	246	+20	M	20a		sim	não	sim
6	48	252	21	F	13a		não	sim	sim
7	49	253	30	F		7 meses	não	sim	não
8	63	254	+25	F	8a		sim	sim	sim
9	67	255	+22	F	18a		não	sim	sim
10	69	256	34	M	9 meses		sim	não	não
11	70	257	38	M	13a		sim	não	não
12	71	258	39	M	15a		não	sim	sim
13	74	259	40?	F	7 m-a	15 d-d	sim	não	sim
14	75	260	40?	F	4a	4a	sim	não	sim
15	80	261	?	F		ao nascer	sim	sim	sim
16	81	262	+30	F	13a		sim	sim	sim
17	88	263	31	F	21a		sim	sim	sim
18	94	264	49	M	13a		não	sim	sim
19	95	265	45	F	3a		não	não	não
20	101	266	50	F	18a	25a	não	não	não
21	102	267	43	F	6a		sim	não	sim
22	107	268	62	M	18a		sim	sim	sim
23	108	269	67	M	20a	muito peq.	sim	não	sim
24	110	270	54	M	21a		sim	não	sim
25	111	271	56	M	1a		sim	não	sim
26	114	272	55	F	19a		sim	não	sim
27	117	273	63	F	7a		sim	não	sim
28	120	274	55	F	19a	31a	sim	não	sim
29	121	275	58	F	20a	48a	não	sim	sim
30	123	276	55	F	20a		sim	sim	sim
31	124	277	51	F	10a		sim	não	sim
							23	14	25

Deste estudo obtivemos 23 bucles altos e 1 baixo, coincidentes com a idealização do pai ou da mãe e é significativo que haja 25 casos, dos 31 com traços cruzados por cima do "D".

Encontramos 77% de incidência de aumento ou idealização do bucle correspondente à pessoa ausente, pai ou mãe, fielmente refletidos. 81% dos casos apresentam traços cruzados, como se refletissem dor pela falta desses entes queridos.

Chamaram nossa atenção, em primeiro lugar, as figuras claramente dolorosas, 254 e 218, que expressam sofrimento idêntico, mas sem a "divergência" do caso anterior.

Partindo daí e do bucle idealizado, chegamos quase à conclusão de que estamos diante de um sinal, se não de orfandade, ao menos da idealização

Figura 252

Figura 253

Figura 254

Figura 255

Figura 256

Figura 257

Figura 258

da figura paterna-materna e com possível repercussão dolorosa – orfandade – quando além do bucle aparece o traço cruzado.

Deveríamos estudar com calma os casos que não se encaixam nessa linha, mas o espaço e o tempo não permitem, além de que fizemos outra descoberta que pode ser reveladora e que refletirá fielmente nossas teorias.

ÓDIO, DESGOSTO E CONFLITOS COM OS PAIS

Já lemos frases tão fortes como estas:

"Odeio meu pai mais do que a qualquer outra pessoa."

Caso 24 (fig. 230): Não é aí que vão aparecer os sinais de ódio contra os pais. Nesse "D" curvo por todos os lados não se nota o ódio exagerado de um rapaz de vinte anos com um possível complexo de Édipo. No romance *Os irmãos Karamazoff*, de F. Dostoiesvski, um deles exclama:

– "Quem não desejou alguma vez matar o pai?"

Essa foi uma entre tantas coisas ditas no terrível julgamento que constitui parte do livro.

E esta outra me fez pensar ainda mais: *Caso 74 (fig. 259)*:

"Meu pai adotivo foi um santo homem; mas ele foi o ser mais sádico e cruel que encontrei em minha vida. Destroçou minha infância e minha juventude, me degenerou mentalmente, meu ódio o acompanha mais além de sua cova."

Nesse *Caso 74*, que já estudamos, ela é órfã *(fig. 259):* vemos claramente os ângulos duros e tensos do bucle inferior, e a curva superior inchada e rica. Lembrança grata que ela mesma define assim em sua carta, e que está de acordo com o bucle superior:

"Meus pais adotivos morreram. Mas a lembrança que guardo do meu pai adotivo é de inesquecível ternura dentro da minha alma".

Vamos ver mais alguns exemplos que podem ser ilustrativos e abrir o caminho para uma nova pesquisa.

Caso 5 (fig. 211): Mostra que tem atritos com os pais. Diz que não se entende bem com nenhum dos dois. Ao referir-se ao pai, diz: "Tem caráter odioso e exerce sobre mim certa atração. Tenho brigas constantes com ele".

"Minha mãe" – continua escrevendo – "inspira-me ao mesmo tempo afeto e pena. Me deixa nervosa com seus carinhos e me causa aversão."

Convém notar as pontas agudas para a esquerda, tanto em cima como embaixo.

Caso 6 (fig. 212): Diz ter discussões com ambos e que se dá melhor com a mãe.

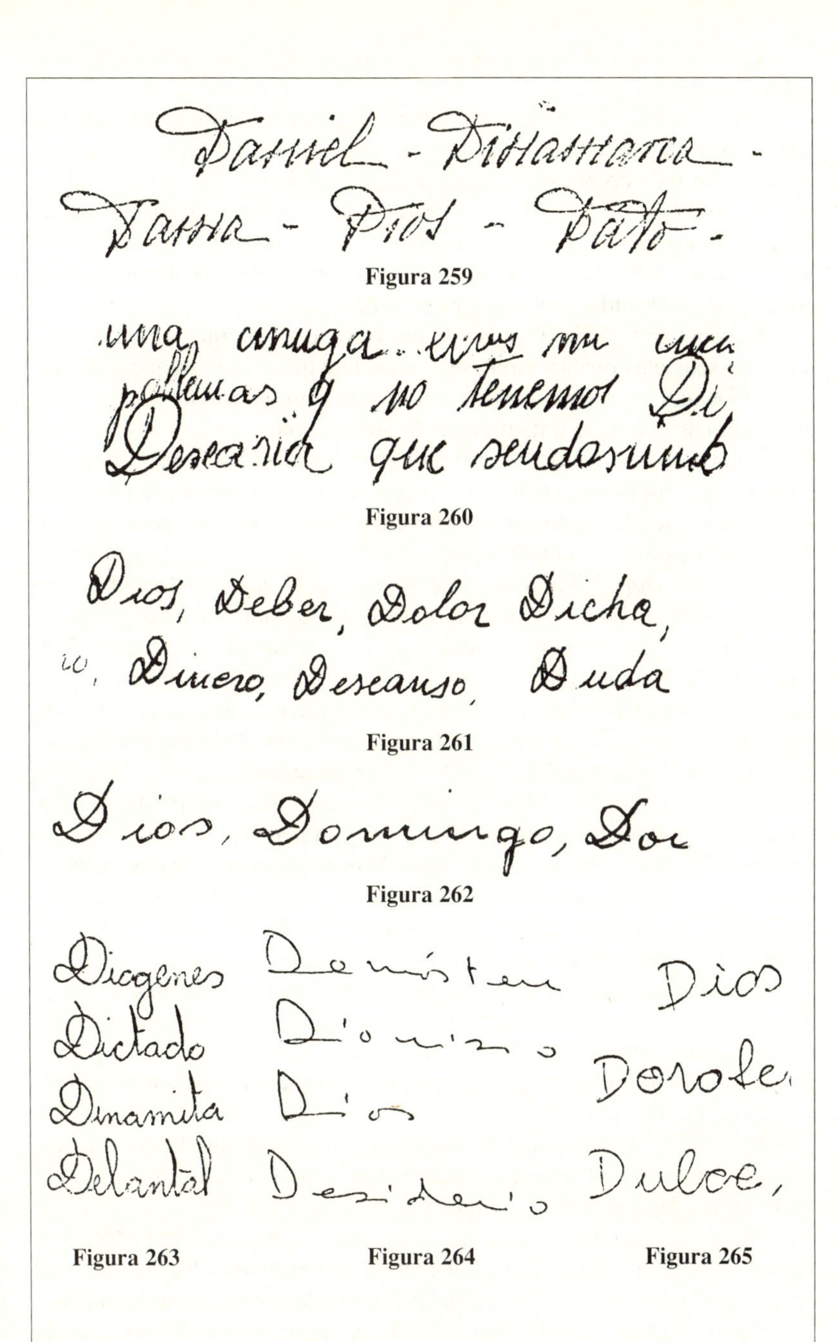

Figura 259

Figura 260

Figura 261

Figura 262

Figura 263

Figura 264

Figura 265

Efetivamente, os ângulos são intensos e agudos em cima, e embaixo nota-se a curva.

Caso 16 (fig. 222): Esta moça jovem, 16a., diz que se dá melhor com a mãe e que tem atritos com o pai. Há ângulos bem nítidos, mas na zona "materna", embora não sejam feitos sempre.

Caso 39 (fig. 245): As únicas indicações que temos deste jovem de 26 anos é que seus pais estão vivos, mas não revela qual o seu tipo de relacionamento com eles. As pontas altas nas letras "D" nos fazem pensar em atritos, sobretudo com a figura paterna.

Caso 41 (fig. 247): Trata-se de um rapaz de 23a., que sofreu a separação de seus pais quando tinha sete anos. Diz que o mimaram excessivamente. Quando se refere aos seus sentimentos em relação a eles, confessa que há em seu coração uma mistura de afeto e ódio.

Toda essa irritabilidade e raiva produzidas por constantes decepções e frustrações afetivas, resultantes da privação da presença dos pais concentra-se nesse "D" doloroso, afiado e agudo como uma adaga, a ponto de cair sobre alguém, talvez o pai...

Caso 45 (fig. 278): Suas únicas indicações são que os pais estão vivos e que se dá melhor com a mãe (M.M.). As pontas agudas por todas as partes parecem pressagiar que não há um relacionamento agradável entre eles. Existem espinhos e sofrimentos próprios que atingem os demais. Torturas e tensões, atritos que, seguramente, um tanto otimista, pensa que com a mãe são menores do que com o pai. Pelo menos, é o que esse espinhoso traço do "D" sugere. Não lhes parece?

Caso 49 (fig. 253): M. 30a. Aos sete meses de idade perdeu a mãe. Quando tinha dois anos, seu pai casou-se novamente e ela conviveu com sua primeira madrasta até os sete anos. Novamente viúvo, o pai casou-se pela terceira vez quando ela já estava com onze anos de idade. Com esta madrasta, que faleceu quando ela estava com 24 anos, seu relacionamento foi bastante ruim.

As relações com seu pai na segunda fase não foram realmente boas. Sentiu-se "explorada" e desprezada como a gata borralheira, e se olharmos esta letra veremos uma ponta aguda em cima (tensão com o pai) e, ao mesmo tempo, idealização de sua primeira madrasta, a quem sempre considerou como sua verdadeira mãe.

Caso 57 (fig. 279): M. 27a. Suas informações são um tanto restritas, e diz textualmente: "Não me entendi bem com nenhum dos dois, que estão vivos. Tive atritos com ambos".

Não há dúvida de que esse "D", com cantos e anguloso, faz prever um caráter "difícil" e áspero. Está endurecendo uma parte da letra que deve ser curva. É uma espécie de "defesa ofensiva" que salta diante de qualquer coisa.

Caso 72 (fig. 280): H. 36a., casado. Diz que seus pais estão vivos, que se entende melhor com o pai, que tem atritos com a mãe.

Figura 266

Figura 268

Figura 267

Figura 269

Figura 270

Figura 271

Figura 272

Figura 273

Figura 274

Figura 275

Figura 276

Figura 277

Observem as duas maneiras de fazer o "D": em sua forma **tipográfica**, desenvolve amplamente a zona superior e, na caligráfica, em geral enrijece a parte inferior.

Caso 96 (fig. 281): M. 50a. A mãe está viva, perdeu o pai faz uns dez anos. Admira seu pai e magoa sua mãe com lembranças de uma infância dupla, em que por um lado os desgostos familiares a fizeram sofrer, pela ausência do pai num longo exílio, mas, por outro, a fizeram feliz pela irrefreável alegria da juventude despreocupada que viveu.

O bucle alto é revelador – que chamamos impropriamente de orfandade, ou da idealização da figura paterna, um ângulo em forma de faca, que expressa de certa forma os atritos com sua mãe.

Caso (fig. 282): M. 47a. Outro elemento que costuma aparecer nos atritos com o próximo é a torção da haste básica das letras maiúsculas.

Eis um exemplo em que, além do desgosto que muitas mulheres sentem por permanecer solteiras até essa idade, como nesse caso, não há dúvida de que estamos diante de um relacionamento melhor com o pai, que vemos no suave bucle superior, e pior com a mãe, refletido quase sempre no ângulo baixo e na ausência de bucle.

Caso 106 (fig. 283): M. 47a. Aos 22 anos de idade, ela perdeu o pai, que ficou cego nos últimos 14 anos de sua vida. Diz textualmente: "Sentia grande ternura por meu pai, pois, apesar de ser um homem admirável, ficou cego em seus últimos 14 anos". "Considero minha mãe uma mulher excepcional, muito boa, inteligente e, embora autoritária, não chegou a me fazer sofrer." A letra "D" mostra claramente a idealização do pai e, digamos, também sua resistência à figura da mãe.

Caso 118 (fig. 284): M. 57a. Perdeu os dois, mas como o pai se separou delas, não sabe quando ele morreu. Atritos com sua mãe. Lembranças desagradáveis pelas discussões dos pais.

Há uma idealização da figura paterna que nos lembra o traço da "orfandade" e que apresenta uma rigidez na base e no lugar destinado à mãe. Será que a estaria culpando, talvez pelos problemas familiares, sem nunca havê-los percebido conscientemente?

Caso 144 (fig. 277): M. 51a. É órfã de pai, e já notamos em sua letra a idealização paterna.

Vamos ver o que diz a respeito das relações com a mãe.

"Eu amava muitíssimo meu pai. Dizem que eu era sua preferida. Talvez seja por isso, pois com minha mãe foi o contrário. Ela me amava menos que aos outros. Já na idade adulta, antes e depois de casar-me, tive alguns aborrecimentos por causa dela."

Reparem na forma estranha e duramente angulosa, secundariamente ressentida, da base do "D" maiúsculo, como se houvesse um acúmulo de ressentimentos, sofrimentos e tensões com a figura materna. Digamos que parece um armazém repleto de rancores em torno da figura da mãe.

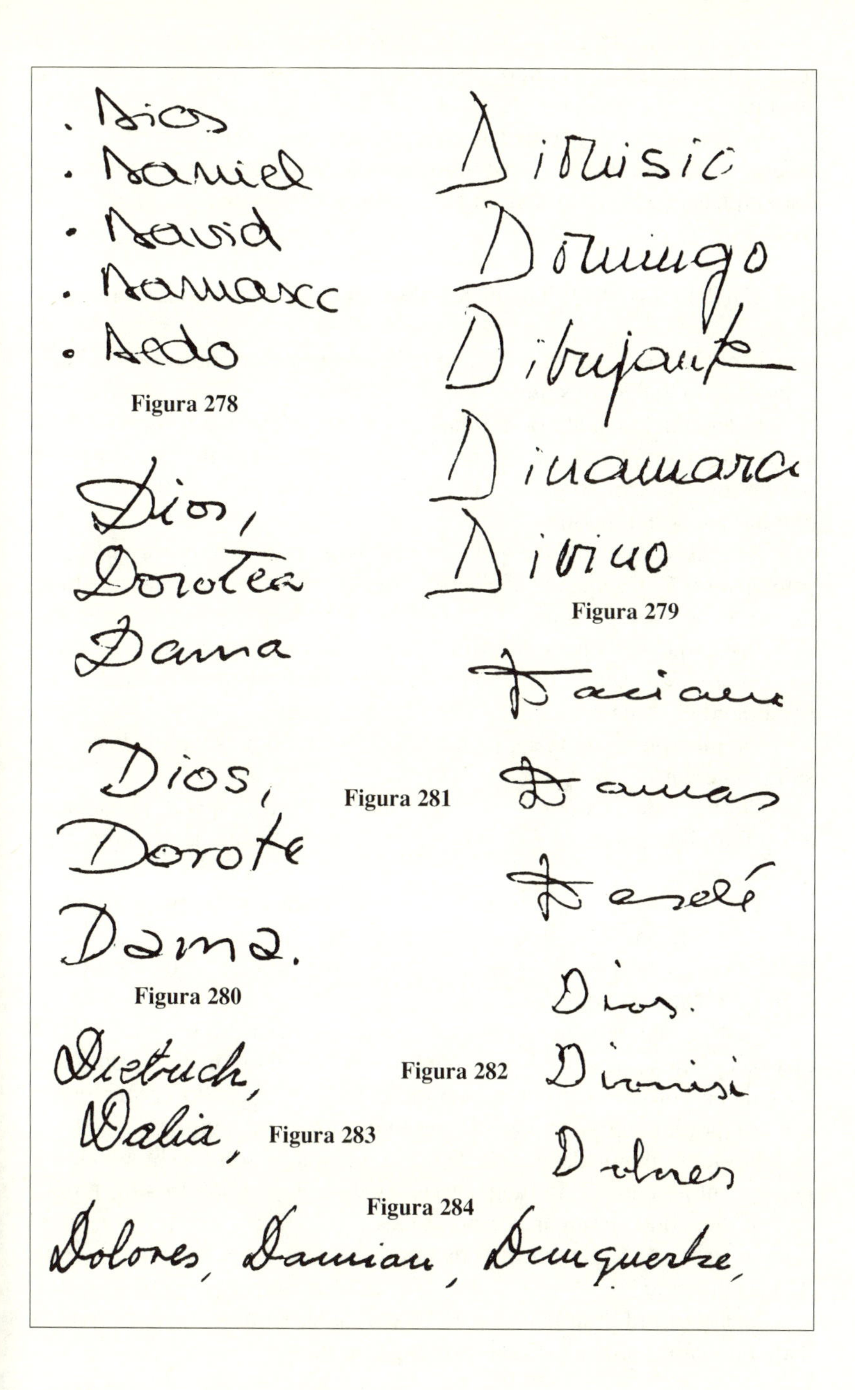

Figura 278

Figura 279

Figura 281

Figura 280

Figura 282

Figura 283

Figura 284

Repassamos 15 casos dos 128 estudados que ofereciam ângulos na letra e que, ao mesmo tempo, nos davam pistas sobre suas relações com seus pais.

Suponho, como aconteceu comigo, que esse seja um ponto a considerar no futuro, quando quisermos saber algo das relações do indivíduo com aqueles que representaram em sua vida figuras de autoridade.

AMADURECIMENTO DA PERSONALIDADE E A LETRA "D"

É notável o trabalho realizado pela pesquisadora francesa R. Crepy sobre a letra "D" maiúscula.

Independentemente de minhas incertezas sobre a colocação das figuras paterna/materna, que segundo ela variam para ambos os sexos e nas crianças, o campo de estudo que envolve adultos é surpreendente e não dá margem a dúvidas.

A análise que ela faz em seu segundo livro *Las mayusculas* (O primeiro foi *Las minusculas*) é dificilmente superável e se refere a tudo que já mencionamos aqui.

Penso que seria justo da minha parte felicitar a pesquisadora francesa. À margem de seu estudo, vou referir-me agora ao amadurecimento da personalidade, que se manifesta no "D" maiúsculo.

Do meu ponto de vista, o amadurecimento da personalidade é o resultado de vários fatores que vou mencionar:

Por um lado, o próprio conhecimento, com tudo o que implica, tanto em possibilidades como em limitações, é, conseqüentemente, uma conquista adulta.

Unimos o autoconhecimento e a segurança nos próprios recursos perante os demais como conseqüência de experiências sofridas, de êxitos e frustraçoes passadas, tanto na esfera infantil e entre os familiares, como no plano socioprofissional.

Junto ao autoconhecimento e à fé em nós mesmos, devemos aceitar nossos defeitos, possibilidades e limitações. Aceitar também os outros, a sociedade, com seus problemas e deficiências, buscando compreender seu comportamento, oriundos do modo de ser de cada um.

No tema maturidade, caberia um comentário sobre a liberdade de pensamento isenta de influências do meio; compreendê-lo sim, porém não se deixando subjugar por opressões ideológicas, nem pressões partidárias que nos chegam através da imprensa, dos meios de comunicação, da literatura etc.

Nessa atitude também existe sinceridade, simplicidade e estabilidade que vão sendo adquiridas ao longo do tempo.

Com o objetivo de determinar essa imagem na letra "D", vou fixar-me nos elementos que melhor podem representar essas virtudes, possivelmente sublimes, que não estão ao alcance da imensa maioria dos mortais:

a) Em primeiro lugar, o tamanho da letra "D" deve situar-se dentro dos limites da normalidade (de três a quatro vezes o tamanho do corpo central das minúsculas). Veja a respeito o quadro correspondente da página 37 deste livro.

b) Proporcional em todas suas partes, tanto na sua forma clássica caligráfica mais juvenil, quanto na tipográfica. Nos referimos à largura e perfeitas uniões dos traços.

c) Simplicidade, ausência de traços desnecessários para a formação da letra. Todas as formas mais ou menos exageradas são indicativas de conflitos, de imaginação preocupada com certos interesses específicos.

d) Legibilidade, que o "D" possa ser lido sem dúvidas. Que se atenha à forma habitual caligráfica ou tipográfica.

e) Regularidade no tempo. Que as formas do "D" se mantenham mais ou menos inalteradas ao longo do tempo, como imagem de nós mesmos.

As fortes emoções e as perdas de controle levam a pessoa a agir de modos muito diferentes, de acordo com a situação.

Partindo desses princípios vamos resumir o que foi dito e classificar alguns "D", julgando ao mesmo tempo sua maturidade ou a falta dela. Se examinarmos as letras "D" já expostas no desfile de letras, veremos que dentro da maturidade entram as seguintes:

1. Figura 137 a, fórmula caligráfica.
2. Figura 137 b, forma tipográfica.
3. Figura 138, sem excessos, unida às letras seguintes por cima.
4. Figura 140, semelhante à anterior, unida por baixo.
5. Figura 141, larga e simples.
6. Figura 157, bem-feita, simples, separada.
7. Figura 161, feita de uma só vez.
8. Figura 163, clara, legível e definida, com uma ligeira reminiscência de tipo caligráfico, que chamamos, neste livro, caligrafia personalizada.
9. Figura 186, letra oscilante, apoiada, própria de pessoa independente, talvez rebelde, mas a caminho da maturidade.
10. Figura 213, ponderação e equilíbrio, segurança na formação da letra.

Penso que são esses dados complementares, sem grandes oscilações no tempo, de uma a outra carta, os que determinarão, à margem de outros elementos complementares, a maturidade ou imaturidade pessoal.

O estudo detalhado e penetrante de uma letra é uma espécie de termômetro ou sintoma, um sinal, que unido a outros mostram a verdadeira maturidade. Mas se tentássemos ver esse sinal por meio de um mínimo traço de uma letra, o "D" maiúsculo poderia nos ajudar, e na minha opinião esse é o caminho.

POSSIBILIDADES DA GRAFOLOGIA INDUTIVA

Depois de ter visto o que se pode obter de uma pesquisa, não muito bem dirigida, mas que consegui ao estudar o "A" maiúsculo, *Diario Noticiero Universal*, Barcelona, 1974-78, compreendo a importância que a *grafologia indutiva* tem no estudo do ser humano.

Sabemos que não se pode substituir a grafologia dedutiva, mas pode-se complementá-la e ajudá-la a desvendar aspectos do homem, que de outra forma passariam despercebidos.

O estudo do vínculo com a mãe e as relações com o pai também podem ser feito por meio da rubrica e da assinatura, mas não resta dúvida de que quanto mais elementos pudermos obter, mais seguro será o resultado final.

É algo assim o que proponho no livro *Grafologia superior*,[1] ao referir-me ao sistema das ***reforçantes***.

Pareceu-me tão importante, para o avanço da grafologia, o estudo de letras soltas, que já planejo fazer um trabalho mais completo, sem limites, e sobre todos os elementos indutivos menos estudados, que constituam uma espécie de coleção de temas sobre uma base comum.

---

1. *Grafologia superior*, 2ª ed., Barcelona, Herder.

SEXTA PARTE

CONSIDERAÇÕES FINAIS

Um exército não é um conglomerado de botas, fuzis, correias, homens, chefes etc. Um exército é uma unidade de homens sob o comando de um chefe, devidamente armados e uniformizados...

(Matilde Ras, no curso que fiz com ela, particularmente entre os anos de 1950-52, e que possivelmente e de forma semelhante deu a conhecer também em algum de seus livros. Com isso quero dizer que uma informação grafológica deve expressar organizadamente o ser humano.)

A interpretação grafológica

Na realidade, a matéria da Análise Grafológica é uma disciplina que merece ser tratada num livro à parte.[1]

Não obstante, saindo do propósito deste livro e ampliando sua extensão, vou fornecer algumas regras que serão úteis ao aficionado, permitindo que faça seus julgamentos com mais segurança.

Convém notar que "cada professor tem seu livro", e isto é claramente provado pelo grande número de obras que há no mercado, sendo que poucas se dedicam a esboçar um método claro e eficaz de interpretação.

Todos os autores se limitam a dizer que devemos reunir os achados e terminam o livro pedindo que tomemos cuidado com as contradições.

É verdade que a interpretação é uma arte, e que cada qual deve inspirar-se de acordo com seus conhecimentos, mas creio que é dever de quem escreve um livro sobre interpretação grafológica que, no mínimo, ofereça um caminho certo, seguro e experimentado.

Como ajuda ao leitor, vou transcrever o curioso método que o grafólogo W. Hegar propõe, que se apóia na teoria de que o traço surge diretamente do subconsciente. Para poder começar uma análise temos que achar uma das 16 combinações do quadro seguinte.

1. Veja *El analisis grafologico*. J. L. Villaverde, Editorial Paraninfo.

SISTEMA HEGAR DOS COMPONENTES DO TRAÇO GRÁFICO

ELEMENTOS DO TRAÇO	POSITIVO		NEGATIVO	
	MOVIMENTO	CARÁTER	MOVIMENTO	CARÁTER
EXECUÇÃO	rápida	atividade	lenta	vacilação
TONALIDADE	firme	vontade	deficiente	impressiona-bilidade
ARQUITETURA	ângulo	ação	curva	imaginação
CONTORNO	nítido	força mental	pastoso	sensualidade

Temos de escrever o que vamos analisar nas quatro disjuntivas e procurar os pontos que se sobressaem nestes elementos. Podem dar-se as seguintes variações:

Totalmente positivo, com os quatro elementos positivos e nenhum negativo.

Totalmente negativo, com os quatro elementos negativos e nenhum positivo.

E depois pode haver **três positivos** e **um negativo** em quatro combinações diferentes.

Os mesmos elementos inversos, **três negativos** e **um positivo** em outras quatro combinações.

E, finalmente, **seis combinações** de **dois positivos** e **dois negativos**.

Se houvesse uma **ambivalência**, movimento ou traço intermediário, tudo o que foi estudado se complicaria muito nestas combinações.

Mas o que deve ser levado em conta é que este método nos põe rapidamente diante de determinado tipo de indivíduo.

Podemos classificá-los rapidamente, de forma quase instantânea, estudando esses elementos positivos e negativos, que nos fornecerão pistas valiosas.

Atividade, rapidez na execução, a atividade é a garantia de realização.

Vacilação, os que se movem para a frente e para trás sem executar, nem realizar; é um movimento de luta interior, com letra lenta.

Vontade, potência, firmeza, que procede da tonalidade firme, e garante esforço consciente, energia, além de movimento.

Impressionabilidade, própria dos traçados deficientes, que oferecem maior vulnerabilidade às condições externas.

Ação, franqueza, controle, dureza, que provém da arquitetura **angulosa**.

Imaginação, suavidade, graça, doçura, que vêm da curva.

Força mental, canalização da energia que vem do contorno nítido que o traço apresenta; a nitidez está relacionada com alguma coisa concreta, firme, vigorosa e dirigida.

Sensualidade, traços pastosos, apoiados com deleite no papel, alguma sujeira no contorno.

Esses oito ingredientes podem determinar uma personalidade, pois são os indicadores, efetivamente, de uma série bem estudada de elementos que nos levam a certas aptidões.

Os pontos positivos são os que nos impelem à **realização**; possuir os quatro seria uma exceção. Mas quem duvida que os que possuem **três** deles e a imaginação são pessoas mais humanas que esses super-homens?

Para mim, o mais importante é que com esse primeiro passo, seguindo o método **Hegar**, já podemos formar uma idéia bastante completa da pessoa, pois esses são elementos básicos da personalidade.

E outra coisa importante é que o método é muito simples de aplicar. Rapidamente, em **quatro** pesquisas, elaboramos um caminho e fazemos uma primeira descrição que pode se encaixar em quase todas as áreas.

Quatro aspectos positivos: uma característica dos chefes. Conforme o aspecto negativo que os acompanha, surge uma nova possibilidade. O homem realizador, que levanta dúvidas (segundo ingrediente negativo), será também um bom chefe, pois, embora retarde suas decisões, levará adiante seus projetos e os realizará.

Os artistas podem estar entre **dois positivos**, "**atividade** e **vontade**" e **dois negativos**, "**imaginação** e **sensualidade**", por exemplo os pintores, e **atividade** e **força mental**", ao lado de "**impressionabilidade** e **imaginação**", músicos compositores.

Uma vez obtido o esquema humano, partindo dos componentes do traço gráfico, podemos continuar agrupando os demais elementos já estudados, partindo de um esquema de personalidade.

A. M. Cobbaert propõe o seguinte esquema:

ESFERA INTELECTUAL:

Cultura geral	Maiúsculas tipográficas, simplificações e os outros sinais de cultura citados.
Forma de visão	Letra grande – visão global – ou pequena – minúcia e detalhamento, clareza ou confusão – linhas que se misturam, confusão; linhas que não se misturam, clareza –, ordem ou desordem – margens determinam amplamente este aspecto.

Rapidez de raciocínio	Letra rápida – agilidade –, letras verticais – objetividade, controle, razão –, letras inclinadas – afeto, paixão, subjetividade.
Forma de raciocínio	Por dedução – ligados –, por intuição – desligados –, misturas de intuição lógica – agrupamento de letras –, boa observação – letras que diminuem –, espanto, ingenuidade – letras que aumentam de tamanho.
Flexibilidade, inflexibilidade	Curvas, inclinação, suavidade, progressão, dão um caráter flexível. Ângulos, retidão, dureza, dão rigidez, inflexibilidade.
Sentido criativo	Traços altos, símbolos A – curvo, curvas em geral, "d"
Originalidade	Escrita de formas originais, cultura, distinção.
Concentração	Pingos bem colocados, traçado comprimido, margens pequenas etc.

ESFERA DO CARÁTER:

Introversão	Letra pequena, invertida, angulosa, margem esquerda pequena, vogais "a", "o" fechadas etc.
Extroversão	Letras grandes, inclinadas, abertas, curvas, largas...
Emotividade	Letras variadas, inclinadas, leves etc.
Sensibilidade	Inclinação, curva, delicadeza...
Vontade	Ângulos, regularidade do "t", ligados, pressão firme, escrita grande.
Atividade	Escrita ascendente, angulosa, pingos do "i" ligados à letra seguinte.
Valentia	Inclinação à direita, firmeza, barras antecipadas, finais longos...
Influenciabilidade	Movimento, deficiência de relevo, barras do "t" baixas etc.
Vitalidade	Letras grandes, pressionadas, impelidas, bem delimitadas.

ESFERA SOCIAL:

Relações com os demais	Aberto, cordial, prudente etc.
Sinceridade	Letras abertas, linhas retas, simplificações, regularidade etc.
Eficácia	Papel ocupado, letras concretas firmes, simplificadas, enérgicas, ascendentes, angulosas...
Orgulho, suscetibilidade	Maiúsculas altas, inchadas, distâncias na margem superior, na assinatura do texto...
Dependência ou independência	Letras ligadas – dependência – ou desligadas – independência –, texto ocupando totalmente o envelope, ou texto à direita – independência –, à esquerda – dependência.

Digamos que esse seja o resultado que deveria aparecer no papel, uma vez agrupados todos os sinais.

Matilde Ras agrupa os seguintes aspectos:

- Intelectuais.
- Volutivos.
- Sinais de moralidade.
- Peculiaridade do caráter.

É esse é o objetivo que devemos traçar antes de dar início ao trabalho.

Para chegar a esse objetivo devemos seguir o seguinte caminho:

Organizamos fichas para cada um dos traços, incluindo descrição e nome, assim como suas interpretações gerais, positivas e negativas.

Por exemplo: Título: **escrita grande**. A que tem mais de 3,5 mm no corpo das minúsculas. Extroversão etc.

A primeira tarefa é classificar o grafismo de acordo com as fichas e ir separando, ordenadamente, aquelas que correspondem à escrita que estamos analisando.

OBSERVAÇÕES IMPORTANTES

Somente pegamos e separamos as fichas que temos certeza que correspondem à escrita que vamos analisar. É melhor trabalhar com quinze ou vinte fichas **confiáveis** do que com cinqüenta duvidosas, que dêem margem a erros. Só devem ser analisadas escritas verdadeiramente confiáveis, pois nisto se baseia o êxito do resultado final.

Depois de separadas as fichas, começamos a procurar os sinais da esquerda (mais +) e (menos –) que são os mais importantes. Assim, o primeiro processo está finalizado.

Em seguida, começaremos a organizar os resultados, valendo-nos da tabela de Hegar, que podem ser preparados em fichas – oito fichas de cores diferentes –, começando por esboçar os fatores elementares.

Depois a linha de Cobbaert, com suas esferas **intelectual**, **caráter** e **social**, é um bom caminho.

O método que proponho é o de perseguir ao máximo o achado **quíntuplo**. A ordem que adotamos não importa, e o sistema pode ser o de Matilde Ras, ou o de Cobbaert; entretanto, ao afirmarmos que uma pessoa é impaciente, independente, sociável etc., esse sinal deverá repetir-se pelo menos **cinco vezes** em suas fichas no lado esquerdo (+/–) ou no meio (+), à exceção da **introversão** e **extroversão**, que se descobre pela soma de todos os sinais de **extroversão** e de **introversão**, calculados em termos percentuais.

Por exemplo:

12 traços de extroversão e

12 traços de introversão.

24 = 100

Neste caso, não há dúvida de que registramos 50% de ambos os ingredientes.

O SISTEMA DAS DOMINANTES

É, de certa maneira, o método proposto por Annia Teillard, psicanalista junguiana e excelente grafóloga (falecida recentemente), em seu livro *El alma y la escritura*, que todos os grafólogos utilizam para trabalhos não muito profundos, jornalísticos, históricos, literários.

Augusto Vels cita em seus livros esse método e o emprega para demonstrar como, seguindo os traços que se destacam mais fortemente, pode-se desenhar um extraordinário perfil da personalidade. Não há dúvida de que na organização dos elementos devemos seguir sempre uma ordem. Essa ordem já foi mencionada quando nos referimos aos métodos de alguns grafólogos.

A análise das *dominantes*, ou por esse método, tem a vantagem de ser muito literária e apresentar nuances ou resultados muito diferentes entre um e outro.

Imaginemos que uma escrita seja **sobrelevada**, **pausada**, **angulosa**, **pressão muito forte**, **ligada** e **bem organizada**. Podemos formar uma boa imagem dessa personalidade se dizemos, por exemplo, que ela é: reflexiva, metódica e enérgica.

Com um amor-próprio tão forte que as ofensas dos demais, mesmo quando inexistentes, causam-lhe ressentimentos. É sociável, mas exigente.

Digamos que pela sobrelevação vemos orgulho; pela velocidade pausada, reflexão e seriedade; pela letra angulosa, energia e também intransigência; pela letra ligada, sociável; pela boa disposição do texto, metódica.

A grande vantagem do método é que nos fixamos apenas nos traços mais salientes, que se destacam sobre os demais, e analisamos unicamente 4, 5 ou 6 para chegar às nossas conclusões. Esses traços são chamativos e por isso mesmo característicos dessa personalidade. Criamos uma espécie de caricatura, vigorosa, e de acordo com nossa forma particular de realizá-la.

O modo de executar um trabalho depende muito do destino que se quer dar a ele. Vou oferecer alguns exemplos. Há uma diferença entre publicar um trabalho sobre um artista famoso num jornal ou numa revista recreativa, e fazê-lo numa revista científica, de grafologia, psicologia ou de pesquisa histórica.

No primeiro caso serão suficientes umas pinceladas vigorosas e uma caricatura de suas virtudes e defeitos, sem ofender, e que revelem os aspectos que mais se destacam em seu caráter. Daremos mais importância à literatura, apoiada em alguns pontos seguros, do que a um exaustivo estudo da personalidade. Numa revista especializada, psicológica ou de pesquisa histórica, é muito importante um estudo organizado da personalidade e uma análise da evolução da escrita ao longo do tempo que, com certeza, terá a ver com as transformações de sua própria vida e que um pesquisador histórico deverá valorizar devidamente.

Mas, se a informação se destina a uma seleção de pessoal, para saber qual dos candidatos é o mais qualificado para determinada função, temos que analisar todos os pretendentes sob o mesmo ângulo, para verificar, aspecto por aspecto, em que situação cada um deles se encontra.

Para isso, devemos organizar um esquema preparado para cada caso, de acordo com as características exigidas pelo cargo a ser desempenhado. Se tivermos que orientar um psiquiatra sobre um doente, além de fazer uma exposição da sua personalidade com cores reais e sem omitir nada, devemos externar nosso ponto de vista sobre as doenças somáticas ou psíquicas que podem acometer o paciente, independentemente de suas próprias suposições. É também aconselhável fornecer um prognóstico. (Estes dois últimos casos são muito específicos e não é simples chegar a essas conclusões.)

Mencionei tudo isto para explicar que as análises grafológicas variam, segundo o uso que se fizer de nossos laudos.

Há outro aspecto. A **incompatibilidade de gênios** no casal ou o estudo das **tensões matrimoniais**, em que a grafologia pode ser de grande utilidade, pois pesquisa profundamente as áreas de conflito.

Já conseguimos chegar a métodos que determinam, em primeiro lugar, se existe ou não compatibilidade de gênios, para só então analisar as falhas, áreas de conflito etc.

O que esse método revela de mais importante e surpreendente é o fato de se poder comprovar verdadeiramente os traços da personalidade por meio da análise da escrita.

Ele supre o trabalho de muitas sessões ou entrevistas, que se destinam a penetrar na personalidade e nas motivações do indivíduo. Este livro é para mim uma obra de introdução ao tema. O título *Grafologia para todos* é expressivo.

Para chegar aos conhecimentos que fui armazenando nestes quase quarenta anos de profissão (comecei em 1946) seriam necessários, aproximadamente, 12 ou 14 volumes de trezentas a quatrocentas páginas cada um.

A redação do relatório

Finalmente, a arte interpretativa chega à redação do relatório final. Cada um, de acordo com sua maneira de escrever e seus conhecimentos, irá tirar deste livro ensinamentos e aplicações. Entretanto, são necessários alguns esclarecimentos complementares.

Seja positivo e seguro em seu diagnóstico. Não diga **parece que...**, nem "**você não é sensível...**".

Evite termos confusos. Procure ser absolutamente preciso em seus laudos. O segredo de fazer bons trabalhos está em prepará-los antes, ou seja, identificar bem as escritas e a morfologia, que nos propiciarão grande segurança no relatório final.

Procure oferecer pontos de vista construtivos, diga preferivelmente aquilo que é positivo e o que for negativo e puder ser corrigido. Não revele, à pessoa que o consultar, o que não tiver serventia para ela.

Ao redigir um relatório, use linguagem simples e acessível.

No começo você pode ter dúvidas. Isso já aconteceu a todos nós, em classificar uma escrita, em esclarecer uma contradição aparente. Mesmo que no princípio seja difícil, que você não se saia bem, que o trabalho fique malfeito, lembre-se de que a experiência e a prática que irá adquirindo serão os mestres que lhe ensinarão o caminho seguro.

Não creia que basta ler este livro para tornar-se um profissional realizado. A carreira de grafólogo é uma profissão que se apóia na psicologia e na caracterologia. Estudar psicologia, conhecer obras de grandes mestres da grafologia e praticar sem desânimo será o único meio de atingir sua meta.

Últimas palavras

Só quatro palavras finais. O autor vive através de seu livro. É possível que desta mesma editora surjam novos livros sobre o assunto. O tema grafológico requer amplos conhecimentos, longa prática e somente estudando e praticando sem trégua chega-se à meta do profissionalismo.

Já disse, mas repito, não é simples plasmar o homem num cubículo, aprisioná-lo num centímetro, imprimi-lo numa gráfica, elevá-lo a algarismos.

O homem, como ser individual, possui peculiaridades próprias que o distinguem de todos os demais seres vivos, apesar de seus muitos pontos em comum. A tarefa que o grafólogo vai enfrentar em cada análise que fizer é a de detetive da psique humana.

Por isso, do estudo profundo e constante da grafologia, sempre surgem coisas novas, termos psicológicos, conhecimentos, a base da sua profissão.

Ser grafólogo no futuro será como ser diplomado em Filosofia, Letras, Medicina ou Direito, porque o estado de introspecção a que nos obriga a escrita é de tal amplitude que requer o trabalho de um verdadeiro perito.

Se você quiser consultar-me, pedir esclarecimentos sobre algum ponto ou sugerir que aperfeiçoe as próximas edições deste livro, pode dirigir-se a mim por meio da editora Ágora, ou para a caixa postal 40.099 de Madri (Espanha).

Minha vontade é que este nosso primeiro contato se prolongue em novos livros e novos interesses.

Também informarei, se for seu desejo, como tornar-se grafólogo ou ser membro de alguma sociedade nacional ou estrangeira.

O que mais uma vez agradeço é que não vacile em apontar qualquer defeito que encontrar em meu livro. Graças às muitas cartas que recebemos após a publicação da primeira edição, foi possível melhorar e ampliar as edições seguintes e tenho a certeza de que, se houver defeitos ou for conveniente ampliar alguma coisa, poderemos aperfeiçoá-la definitivamente e em maior grau.

Relação de grafólogos hispano-americanos*

ABAD ALEGRIA, Francisco*. Zaragoza, Espanha.
ABAD Y BENITES, José Luis. Santa Cruz de Tenerife.
ABERASTURI, Federico. Buenos Aires, Argentina.
ACERETE, Mª Isabel. Barcelona.
AGUILLO, José Antonio. Madri.
AGUSTIN SOSA, Blas*. Buenos Aires, Argentina.
ALCAZAR ANGUITA, Eufrasio*. Guadalajara, Espanha.
ALDECOA, Carmen. Madri.
ALMELA, Madre M.* Barcelona.
ALONSO LOPEZ, Rosa Matilde. Madri.
APLHERAT*. Buenos Aires, Argentina.
ALLENDE DEL CAMPO, Juan Luis*. Madri.
ANDRESCO, Victor. Madri.
ANDRESS METGE, Berta. Madri.
ANSIPOROVICH, Hilda. Buenos Aires, Argentina.
AZOREY, Pampin*. Barcelona.

* Os cerca de duzentos grafólogos são aqui citados por terem publicado um livro (*), por lecionarem ou serem colaboradores em artigos ou publicações.

BALLANDRAS, Amado J.* Buenos Aires, Argentina.
BAQUERO GOYANES, Arcadio*. Madri.
BARCELO ROLDAN, Antonio. Málaga.
BARON SALANOVA, Mª. José. Madri.
BELDA Gª.-FRESCA, Carmen. Valencia, Espanha.
BELDA Gª.-FRESCA, Germán Antonio. Barcelona.
BELDA Gª.-FRESCA, Teresa. Madri.
BELDA GONZALES, P-Germán*. Madri.
BESUMAN MANSO, Mª. Pilar. Madri.
BIEDMA*. Buenos Aires, Argentina.
BLANCO PICABEA, Alfonso. Sevilha.
BOBIN CIRIAQUIN, A*. Barcelona.
BONED, Arturo. Madri.
BORGEZ ROSALES, Julio. Caracas, Venezuela.
BORJA, Esther. Madri.
BORQUE PALACIN, Alfredo*. Madri.
BOYADJIEFF, Jennya*. México, D.F.
BRAMS, dr.* Madri.
BUREO Y VINADE, Antonio*. Barcelona.

CANU, Emilio.
CAPELO, Concha. Barcelona.
CARBALLO, Ramon CL. Buenos Aires, Argentina.
CARRASCO, Carmen. Bilbao, Espanha.
CASTAÑEDA RUBIO, Mª. Carmen*. Madri.
CARRERAS BATTLE, Ricardo. Barcelona.
CASANOVA, María Antonia*. Madri.
CASTRO, Rodolfo. Buenos Aires, Argentina.
COIRE, Margarita. Buenos Aires, Argentina.
COLOMAR, Orencia*. Barcelona.
COLOMER MARTI, José*. Barcelona.
COLORADO, Alberto. Madri.
CONDE DEL VILLAR, Mª. Isabel. Madri.
CORTES ELVIRA, Rafael. Madri.
CUESTA D., Carlos de la. Madri.
CHAMORRO GUNDIN, Fernando. Madri.
CHAMPOURCIN, Michel de*. Barcelona.

D'ALFONSO, Pedro G.* Buenos Aires, Argentina.
DEUSEDES JUYA, Buenaventura. Barcelona.
DILLA, Teresa. Barcelona.
DREYFUS, Mariana. Buenos Aires, Argentina.

ECHEVARRIA, Mª. Elina*. Madri.
ESCOBAR, Antonio*. (Veja REPOLLES).
ESCRICHE, Vicente*. Valencia, Espanha.
ESTEBAN CASTRO, Mª. Angeles*. Madri.
EXPOSITO, Raul. Buenos Aires, Argentina.

FOGLIA, Pedro*. Buenos Aires, Argentina.

GALVEZ ROBLES, Angel*. Murcia, Espanha.
GARAÑA, J. P.*. Buenos Aires, Argentina.
GARCIA DE CELIS, Mª. Soledad. Madri.
GARCIA-FRESCA MARINEZ, Carmen. Madri.
GARCIA GARCIA, Mª. Teresa. Valencia, Espanha.
GASPAR, Carmem. Barcelona.
GRAFOS, dr*. Madri.
GRANDA ASPRA, Alfonso*. Granada, Espanha.
GUTIERREZ DEL ALAMO, Clotilde. Madri.

HERNANDEZ, Jesús. Vigo, Espanha.
HERRERO CANDELA, Concepción, Madri.
HERRERO GARCIA, Paulino. Madri.
HERVAS SEGUI, prof. B.* Barcelona.
HERNANDEZ LANDA, Olivia. Barcelona.
HONROTH, Curt A.* Buenos Aires, Argentina.
HUARTE SAN JUAN. Juan de Dios*.
HUELVES, José E. Toledo. Espanha.
HUGO*. Madri.

JURADO MACHO, Alfonso. Madri.

KIRSCHABAUM, Manuel. Buenos Aires, Argentina.

LACUEVA, Francisco*. La Coruña, Espanha.
LADRON DE GUEVARA, Angelina*. Madri.
LILLO, Enrique. Madri.
LOPE, Esperanza de. Madri.
LOPEANDIA, Maria del Carmen. Madri.
LOPEZ ORUEZABAL, Rosa. Vitoria, Espanha.
LLAUGE, Felix. Barcelona.
LLUYS, Elisenda*. Barcelona.

MARRERO MIRABAL, Luis. Tenerife, Espanha.
MARTIN, Rafael. Madri.

MARTIN, Tomás*. Madri.
MARTIN BONET, Elena. Zaragoza, Espanha.
MARTINEZ CARRASCO, Alicia. Bilbao, Espanha.
MARTINEZ VILLA, Luis*. Madri.
MATA, Nélida E. Buenos Aires, Argentina.
MEDIANO RUBIO, Miguel. Madri.
MELGAREJO, Miguel. Madri.
MELLADO PIEDRA, Deogracias*. Barcelona.
MENA C., José María de*. Sevilha, Espanha.
MENDEZ, Francisco. Madri.
MENDEZ APARICIO, Mª. Dolores. Madri.
MEYNIEL ROYAN, Andrés*. Madri.
MIRA Y LOPES, E.* México.
MIRACLE Y. CARBONELL, Federico*. Barcelona.
MONTES, Joaquín Miguel*. Madri.
MORETA, Pilar. Madri.
MORERA JANSA, J.* Murcia, Espanha.
MUNÑOZ ESPINALT, Carlos*. Barcelona.
MUÑOZ-RIVERO LOPEZ*. Madri.
MURGA Y DE MALTRANA, Gloria. Madri.

NANOT VIAYNA, Adolfo*. Barcelona
NIETO DE TEJEDOR, Adela. Buenos Aires, Argentina.

O'NEILL PECINO, May. Madri.
ORTIZ GARCIA, Manuel. Barcelona.

PANADES DE FERRER, Mª. Rosa*. Barcelona
PASTORS, Antonio. Madri.
PELS, Margarita. Buenos Aires, Argentina.
PEREZ, Luis Miguel. Madri.
PEREZ CALLEJON, Carmen. Alemanha.
PEREZ CALVO, Lin. Barcelona.
PEREZ DE MELLADO, Mª. Teresa. Madri.
PEREZ SLOCKER, Luis. Madri.
PERMUY CASTAÑON, José*. Madri.
PIQUERAS, Sergio*. Madri.
PORRO VILLARRUBI, Purificación. Madri.
POSADA ANGEL, Alberto*. Medellin, Colômbia.
PRIANTE, Matilde. Barcelona.
PUGA MARTINEZ, Gerardo Luis. Madri.

RAMOS GASCON, Carlos. Madri.

RAS, Matilde*. Madri.
RAS PIERO, Silvia*. Madri.
REAL VILLARREAL, Mariano A. Gerona, Espanha.
REPOLLES, José*. Barcelona.
RIBERA, Ramón*. Buenos Aires, Argentina.
RICHOUFFTZ, Ana de. Barcelona.
RIO, Pilar del. Madri.
RODRIGUES BRAVO, Olga. Madri.
ROMAY GRAÑA, Miguel. Madri.
RONTOME, Pilar. Madri.
RUEDA Y CALLES, Joaquín. Durango, Espanha.

SANDURNI SELVA, José. Barcelona.
SANCHEZ-BERNUY, Isabel*. Madri.
SANCHEZ PULIDO, Filomeno. Madri.
SANS, Georgina. Barcelona
SANTOS, María del Carmen*. Barcelona.
SEN, María Victoria. Barcelona.
SERRA SANZ, María Mercedes*. Barcelona.
SERRANO DE CASAS, Cirilo*. Madri.
SOLER, Elena. Barcelona.

THOMAS MENDAZA, Rafael*. Madri.
TIERNO JIMENEZ, Bernabé*. Madri.
TORRENS BOTEY, María Rosa. Barcelona.
TUTUSAUS LOVEZ, Jaime. Barcelona.

VAL LATIERRO, Felix del.* Madri.
VEGA, Gloria*. Madri.
VELASQUEZ POSADA, L. Gonzalo*. Medellin, Colômbia.
VELS, Augusto*. Barcelona.
VILLACIS, José. Madri.
VILLALOBOS FRANCO, José*. México.
VILLAVERDE, José Luis. (Veja P. Germán BELDA).
VIÑALS, Francisco. Barcelona.

XANDRÓ, Mauricio. (Veja P. Germán BELDA).

YTAM*. Barcelona.

ZAMORA, María Luz. Madri.
ZAPICO SOPEÑA, Jesús. Gijon, Espanha.
ZARZA, R.* Buenos Aires, Argentina.

Bibliografia em castelhano

AGUSTÍN SOSA, Blas. *Grafologia*. Buenos Aires, Cosmopolita, 1954.
AJURIAGUERRA, J. de. *La escritura del niño*. (2. t.). Barcelona, Laia, 1973.
ALBERN, R. *Nuevo album caligrafico*. Barcelona, A. J. Bastinos, 1918.
ALCÁZAR ANGUITA, Eufrasio. *Tecnica y peritacion caligraficas*. (8ª. ed.). Guadalajara, 1952.
______. *La escritura del niño* (2ª. ed.). Guadalajara, 1952.
ALMELA, M. M. *Grafologia pedagogica*. Barcelona, Herder, 1965.
ALPHERAT. *¿Que oculta su letra?* Buenos Aires, Kier, 1948.
______. *¿Que revela su letra?* Buenos Aires, Acuario, 1964.
AZCOAGA, Juan E. *¿Que es la dislexia escolar?* Argentina, Biblioteca Rosario, 1969.
AZOREY, Pampin. *El caracter a traves de la escritura*. Barcelona, Bruguera, 1945.
BANG, Winh. *Evolucion de la escritura del niño al adulto*. Buenos Aires, Kapelusz, 1962.
BINET, Alfredo. *Grafologia y ciencia*. Buenos Aires, Paidós, 1954.
BOBIN CIRIAQUIAN, A. *Curacion por la escritura*. Barcelona, Sintes, 1949.
BRAMKS, dr. *Manual de grafologia*. Madri, 1924.
CASANOVA, María Antonia. *Grafologia y educacion*. Madri, M. Español, 1973.
CERAM, C. W. *Dioses, tumbas y sabios*. Barcelona, Destino, 1972.
CHAMPOURCIN, F. Michel de. *¿Que es la grafologia?* Barcelona, Imprenta Vives, 1902.
COBBAERT, A. M. *La grafologia*. Barcelona, Bruguera, 1962.

COHEN, Marcel. *La escritura y la psicologia de los pueblos*. México, Siglo XXI, 1971.
CRÉPIEUX-JAMIN, Jean. *La escritura y el caracter*. Barcelona, Jorro, 1933.
______. *ABC de la grafologia*. Barcelona, Ariel, 1957.
DEANE, R. S. *La escritura, espejo del caracter*. Barcelona, Molino, 1952.
DELACHAUX, S., e BOUSQUET, L. *Grafologia: aptitud y vocacion*. Buenos Aires, Troquel, 1968.
DIRKS, Heinz. *La psicologia*. Barcelona, C. Lectores, 1969.
DORESTE, Federico. *Metodologia de la lectura y la escritura*. Buenos Aires, Losada, 1944.
DOTTRENS, Robert. *La escritura "script"*. Buenos Aires, Kapelusz, 1950.
FERNÁNDEZ-BAROJA, Fernanda *et alii*. *La dislexia*. Madri, Cepe, 1974.
FICHOT, Anne-Marie. *Las dificultades en la escritura y su correccion*. Madri, M. Español, 1970.
FORGIONE, José D. *La lectura y la escritura por el metodo global*. Buenos Aires, El Ateneo, 1965.
GARAÑA, J. P. *Escritura y vida*. Buenos Aires, Kier, SRL, 1956.
GRAFOS, prof. *Manual de grafologia*. Madri, Rialto, 1943.
HERTZ, Helbert. *La grafologia*. Barcelona, Oikos-Tau, 1972.
HERVAS SEGUI, B. *Grafologia*. Barcelona, Fama, 1954.
HONROTH, Curt A. *Grafologia: reacciones animicas*. Buenos Aires, Troquel, 1960.
______. *Grafologia emocional*. Buenos Aires, Troquel, 1959.
______. *Grafologia emocional objetiva*. Buenos Aires, Troquel, 1962.
HONROTH, Curt A., e RIBERA, Ramón, dr. *Grafologia: teoria y practica*. Buenos Aires, Troquel, 1957.
______. *La escritura infantil*. Buenos Aires, Kapelusz, 1952.
HONROTH, Curt A., e ZARZA, Angel. *Ritmologia grafologica aplicada*. Buenos Aires, Troquel, 1964.
______. *Si y no en la grafologia clasica*. Buenos Aires, Troquel, 1961.
______. *Tipologia del estado de animo*. Buenos Aires, Troquel, 1964.
HUGO. *ABC de la grafologia*. Madri, Reus, 1943.
INSTITUTO FRANCO ESPAÑOL. *Tablas grafologicas*. San Sebastián, Torres, 1950.
KLAGES, Ludwig. *Escritura y caracter*. Buenos Aires, Paidós, 1954.
LACUEVA, Francisco. *La clave de la grafologia*. Barcelona, Bruguera, 1960.
LAMBDA, Gamma. *La grafologia a su alcance*. Barcelona, Cisne.
LLAUGE, Félix. *Lo que usted debe saber sobre los demas*. Barcelona, Betta, 1971.
LOCARD, Edmond. *Manual de tecnica policiaca*. Barcelona, José Montesó, 1963.
MARCUSE, Irene. *Grafologia*. Buenos Aires, Glem, 1967.

MARTÍNEZ VILLA, Luis. *Grafologia*, Madri, Doncel, 1974.

MIRA y LÓPEZ, E. *Psicodiagnostico miokinetico* (C.M.K.). Buenos Aires, Paidós, 1951.

MORETTI, O. F. M., Jerónimo. *Los santos a traves de la escritura*. Madri, Stvdivm, 1964.

MÜLLER, Mary. *Grafologia*. Barcelona, Plaza Janés, 1963.

MÜLLER-FREIENFELS, Richard. *Tu alma y la ajena*. Barcelona, Labor, 1966.

MUÑOZ ESPINALT, Carlos. *Grafologia aplicada*. Barcelona, Toray, 1959.

______. *La interpretacion grafologica*. Barcelona, Hymsa, 1954.

______. *Grafologia de la firma*. Barcelona, Toray, 1956.

MUÑOZ-RIVERO LÓPEZ, Emilio. *La grafologia como tecnica proyectiva*. Madri, Rehabilitación, 1968.

NANOT VIAYNA, Adolfo. *Enciclopedia de la grafologia*. Barcelona, De Gasso Hnos, 1962.

PANADÉS, María Rosa. *Prontuario de grafologia*. Barcelona, Zeus, 1963.

PIQUERAS, Sergio. *Su caracter por la escritura*. Madri, Espejo, 1972.

POSADA ANGEL, Alberto. *Grafologia y grafotecnia*. Medellín, Colombia, Bedout, 1952.

PULVER, Max. *El impulso y el crimen en la escritura*. Madri, Victoriano Suárez, 1952.

______. *El simbolismo de la escritura*. Madri, Victoriano Suárez, 1953.

______. *La inteligencia en la expresion de la escritura*. Madri, Victoriano Suárez, 1961.

______. *Persona, caracter, destino*. Madri, Victoriano Suárez, 1962.

RAS, Matilde. *Estudio del caracter por la escritura*. Barcelona, Estudio, 1917.

______. *Grafologia*. (3ª. ed.). Barcelona, Labor, 1942.

______. *La inteligencia y la cultura en el grafismo*. Barcelona, Labor, 1945.

______. *El retrato grafologico*. Madri, Goñi, 1947.

______. *Diario de Matilde Ras*. Madri, Reus, 1949.

______. *Los artistas escriben*. Madri, Alhambra, 1953.

______. *Historia de la escritura y grafologia*. Madri, Plus Ultra, 1951.

______. *Grafopatologia*. Madri, Toro, 1968.

RAS, Silva e GUEVARA, A. L. *Grafologia morfologica*. Madri, Paraninfo, 1972.

______. *Grafotecnia, grafologia interpretativa*. Madri, Paraninfo, 1973.

RELAÑO, Emilio. *Babel, las lenguas del mundo*. Buenos Aires, Javier Morata, 1946.

REPOLLÉS AGUILAR, José. *La personalidad al desnudo*. Barcelona, Bruguera, 1974.

SÁNCHEZ CANO, F. *Efigies y firmas de los reyes de España*. Madri, 1963.

SANTOS, María del Carmen. *La grafologia*. Barcelona, Bruguera, 1970.
SERRANO, Cirilo. *Nociones de grafologia*. Madri, 1913.
SCHNEIDEMÜHL, Jorge. *Grafologia*. Barcelona, Labor, 1925.
STAVANGER, Edvard. *Grafologia sistematizada*. Buenos Aires, Edes, 1969.
TAVELLA, Nicolás. *Dificultades en la lectura y la escritura*. Argentina, Biblioteca Rosario, 1969.
TEILLARD, Ania. *El alma y la escritura*. Madri, Paraninfo, 1974.
TERCAFS, R. *La escritura*. Barcelona, Daimon, 1973.
TORRENS BOTEY, R. *Grafologia*. Barcelona, Alas, 1971.
VAL, Félix del. *Grafocritica*. Madri, Tecnos, 1956.
VELS, Augusto. *El lenguaje de la escritura*. Barcelona, Miracle, 1949.
______. *Escritura e personalidade*. (3ª ed.). Barcelona, Miracle, 1961.
______. *La seleccion de personal*. Barcelona, Miracle, 1971.
______. *Diccionario de la grafologia*. Barcelona, Cedel, 1972.
VILLALOBOS FRANCO, José. *Plumadas detectoras*. México, 1952.
VILLAVERDE CANO, J. Luis. *Grafologia para todos*. Madri, Paraninfo, 1971.
______. *El analisis grafologico*. Madri, Paraninfo, 1972.
______. *Tests graficos de personalidad*. Madri, Paraninfo, 1973.
______. *Fisiognomia para todos*. Madri, Paraninfo, 1974.
XANDRÓ, Mauricio. *Psicologia y grafologia*. Bilbao, La Halbana, Conf. e Ensayos, 1949.
______. *Abecedario grafologico*. Onãte (Guipúzcoa), Aránzazu, 1954.
______. *Grafologia: tratado de iniciacion*. Madri, Stvdivm, 1955.
______. *Los sentimientos de inferioridad en la escritura*. Madri, La Habana, Conf. e Ensayos.
______. *La seleccion de personal: problema de las empresas*. Madri, Stvdivm, 1970.
______. *Machover, pareja, familia*. Madri, Inst. EOS, 1971.
XANDRÓ, Mauricio *et alii*. *Temas de grafologia*. Madri, Escuela de Medicina Legal.
______. *Grafologia elemental*. (2ª ed.). Madri, Stvdivm, 1973.
______. *Grafologia superior*. Madri, Stvdivm, 1974.
YTAM-VELS. *Tratado de grafologia*. Barcelona, Vives, 1945.

Bibliografia em português

ARRUDA, Maria Bernadete. *Almanaque planeta grafologia.* São Paulo, Editora Três, 1980.

ASSESSORIA TÉCNICA BANCÁRIA. *Grafotecnia.* São Paulo, Resenha Tributária, 1972.

BRESARD, Suzanne. *A grafologia.* Portugal, Mira-Sintra New Martins, Publicações Europa América, 1976.

BRUNO, Marcos Luiz. A escrita: produto do cérebro em funcionamento. *Almanaque planeta grafologia.* São Paulo, Editora Três, 1980, p. 64.

CAMPAGNANI, Vittorio. Diagrama de análise gráfica e definição dos termos grafotécnicos. *Revista Brasileira de Criminalística*, ano 1, out. 1977.

CASTELL, Victor. *Grafologia.* São Paulo, Pioneira, 1966.

CHIOTA, Motoho. *Almanaque Planeta Grafologia.* São Paulo, Editora Três, 1980.

COBBAERT, A. M. *Os segredos da grafologia.* Lisboa, Editorial Presença, 1975.

DEOS, Claudemir de. Grafoterapia: corrigindo as disfunções da personalidade. *Almanaque Planeta Grafologia.* São Paulo, Editora Três, 1980, p. 54.

GAILLAT, Gisele. *A grafologia.* Lisboa, Círculo de Leitores, 1977.

______. *A grafologia.* Lisboa, Edições Ática, 1977.

GOUVEA, Tatiana Belinky. *Almanaque Planeta Grafologia.* São Paulo, Editora Três, 1980.

GUTIERREZ, Elena. *Almanaque Planeta Grafologia*. São Paulo, Editora Três, 1980.

HILL, Barbara. *Grafologia*. Rio de Janeiro, Tecnoprint, 1982.

KATZENSTEIN SCHOENFELD, Bettina. *Grafologia*. Rio de Janeiro, Freitas Bastos, 1964.

______. Na ponta do lápis, a criança e seu mundo. *Almanaque Planeta Grafologia*. São Paulo, Editora Três, 1980, p. 60.

LOEVI, Odette Serpa. *Grafologia*. São Paulo, Sarvier, 1987.

______. *Almanaque Planeta Grafologia*. São Paulo, Editora Três, 1980.

MARCUSE, Irene, *Grafologia*. Rio de Janeiro, Bloch, 1966.

MINICUCCI, Agostinho. *Grafoanálise: Teoria e sistemas*. São Paulo, Atlas, 1991.

SANTOS, Cacilda Cuba dos. *Grafologia*. São Paulo, Sarvier, 1987.

SCHERMANN, Rafael. *Os segredos da caligrafia*. Rio de Janeiro, Record, 1976.

SINGER, Eric. *Conhece-te pela letra*. Rio de Janeiro, Tecnoprint, 1960.

SURANY, Marguerite de. *Manual de grafologia moderna*. São Paulo. Pensamento, 1980.

VALENTIN, Jô. *Almanaque Planeta Grafologia*. São Paulo, Editora Três, 1980.

VELS, Augusto. *Dicionário de grafologia*. São Paulo, Pensamento.

WEST, Peter. *Grafologia: Entenda o que a caligrafia revela*. São Paulo, Hemus, 1983.

XANDRÓ, Mauricio. *Grafologia elementar*. São Paulo, Pensamento, 1992.

Mauricio Xandró é espanhol e atua na área da grafologia desde 1946, na Espanha e na Europa.

É um profissional conhecido e respeitado, pois já teve colunas e artigos publicados em uma centena de jornais, revistas e programas de rádio e TV. Ele atua também na área de Recursos Humanos.

Xandró escreveu vários livros, principalmente sobre grafologia, constantemente reeditados. Entre eles, *Grafologia superior*, *Grafologia y complexos,* além de *Grafologia para todos*.

Atualmente, a Revista Bilbao publica uma série de artigos seus com análises de personalidades bascas.

Impressão e Acabamento
Com fotolitos fornecidos pelo Editor

EDITORA e GRÁFICA
VIDA & CONSCIÊNCIA

R. Santo Irineu, 170 • São Paulo • SP
✆ (11) 5549-8344 • FAX (11) 5571-9870
e-mail: gasparetto@snet.com.br
site: www.gasparetto.com.br

dobre aqui

ISR 40-2146/83
UP AC CENTRAL
DR/São Paulo

CARTA RESPOSTA
NÃO É NECESSÁRIO SELAR

O selo será pago por

SUMMUS EDITORIAL

05999-999 São Paulo-SP

dobre aqui

recorte aqui

ÁGORA

CADASTRO PARA MALA-DIRETA

Recorte ou reproduza esta ficha de cadastro, envie completamente preenchida por correio ou fax, e receba informações atualizadas sobre nossos livros.

Nome: ____________ Empresa: ____________
Endereço: ☐ Res. ☐ Coml. ____________ Bairro: ____________
CEP: ______-____ Cidade: ____________ Estado: ______ Tel.: ( ) ____________
Fax: ( ) ____________ E-mail: ____________ Data de nascimento: ____________
Profissão: ____________ Professor? ☐ Sim ☐ Não Disciplina: ____________

1. Você compra livros:

☐ Livrarias ☐ Feiras
☐ Telefone ☐ Correios
☐ Internet ☐ Outros. Especificar: ____________

2. Onde você comprou este livro?

____

3. Você busca informações para adquirir livros:

☐ Jornais ☐ Amigos
☐ Revistas ☐ Internet
☐ Professores ☐ Outros. Especificar: ____________

4. Áreas de interesse:

☐ Psicologia ☐ Comportamento
☐ Crescimento Interior ☐ Saúde
☐ Astrologia ☐ Vivências, Depoimentos

5. Nestas áreas, alguma sugestão para novos títulos?

____

____

6. Gostaria de receber o catálogo da editora? ☐ Sim ☐ Não

7. Gostaria de receber o Ágora Notícias? ☐ Sim ☐ Não

cole aqui

Indique um amigo que gostaria de receber a nossa mala-direta

Nome: ____________ Empresa: ____________
Endereço: ☐ Res. ☐ Coml. ____________ Bairro: ____________
CEP: ______-____ Cidade: ____________ Estado: ______ Tel.: ( ) ____________
Fax: ( ) ____________ E-mail: ____________ Data de nascimento: ____________
Profissão: ____________ Professor? ☐ Sim ☐ Não Disciplina: ____________

Editora Ágora

Rua Itapicuru, 613 Conj. 72 05006-000 São Paulo - SP Brasil Tel (11) 3872 3322 Fax (11) 3872 7476
Internet: http://www.editoraagora.com.br e-mail: agora@editoraagora.com.br